기초 탄 탄

오토캐드 LT

AutoCAD

도면 작성 강의

HAJIMETE NO AutoCAD LT 2021/2020
SAKUZU TO SHUSEI NO SOSA GA WAKARU HON
Copyright ⓒ 2020 Yuri Haga

Korean translation copyright © 2021 J-Pub Co., Ltd.
Original Japanese language edition published by Socym Co., Ltd.
Korean translation rights arranged with Socym Co., Ltd. through Danny Hong Agency.

이 책의 한국어판 저작권은 대니홍 에이전시를 통한 저작권사와의 독점 계약으로 (주)제이펍에 있습니다.
저작권법에 의해 한국 내에서 보호를 받는 저작물이므로 무단전재와 복제를 금합니다.

기초 탄탄 오토캐드 LT 도면 작성 강의

1쇄 발행 2021년 3월 10일

지은이 하가 유리
옮긴이 구수영
펴낸이 장성두
펴낸곳 주식회사 제이펍

출판신고 2009년 11월 10일 제406-2009-000087호
주소 경기도 파주시 회동길 159 3층 3-B호 / **전화** 070-8201-9010 / **팩스** 02-6280-0405
홈페이지 www.jpub.kr / **원고투고** submit@jpub.kr / **독자문의** help@jpub.kr / **교재문의** textbook@jpub.kr

편집부 김정준, 이민숙, 최병찬, 이주원 / **소통기획부** 송찬수, 강민철 / **소통지원부** 민지환, 김유미, 김수연
진행 및 교정·교열 송찬수 / **편집 디자인** 인투 / **내지 및 표지 디자인** 이민숙
용지 신승지류유통 / **인쇄** 해외정판사 / **제본** 광우제책사

ISBN 979-11-90665-83-4 (13000)
값 22,000원

제이펍은 독자 여러분의 아이디어와 원고 투고를 기다리고 있습니다. 책으로 펴내고자 하는 아이디어나 원고가 있는
분께서는 책의 간단한 개요와 차례, 구성과 저(역)자 약력 등을 메일(submit@jpub.kr)로 보내 주세요.

기 초 탄 탄

오토캐드 LT
AutoCAD

도면 작성 강의

하가 유리 지음
구수영 옮김

진짜 쉬운
오토캐드LT
입문서

Jpub
제이펍

☑ 연습용 파일 다운로드

이 책에서는 SECTION마다 연습용 파일을 제공합니다. 각 SECTION의 첫 페이지에 연습용 파일명을 기재해 두었으니, 연습용 파일을 다운로드한 후에는 CHAPTER별 폴더(ch01~ch07)에서 해당 파일을 찾아 연습해 보세요. 연습용 파일은 아래 URL에서 다운로드할 수 있습니다.

⬇ https://bit.ly/j_autocad

이 책의 구성

이 책은 AutoCAD LT 2021 버전을 기준으로 설명하고 있습니다. 하지만 버전에 따라 조작 방법이 다른 부분은 별도로 표시하여 AutoCAD LT 2009부터 최신 버전까지 모든 버전에서 학습할 수 있도록 구성하였습니다.

SECTION
학습할 내용을 간단하게 설명합니다.
어떤 연습용 파일을 이용하는지도 여기에서
확인할 수 있습니다.

기능 설명
[미리 보기]에서 소개한 기능을 구체적으로 설명합니다.
또한, 주로 사용하는 명령의 리본 메뉴, 아이콘 모양,
메뉴 위치 등도 함께 소개합니다.

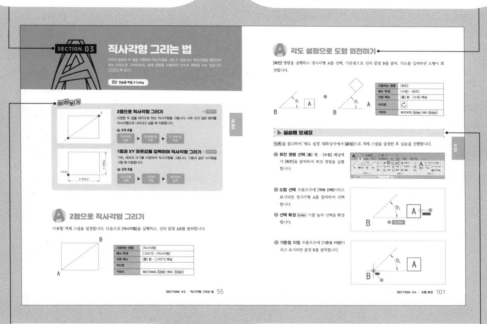

미리 보기
기능의 목적 및 조작 포인트,
조작 흐름 등을 보면서 학습할 내용을
미리 파악할 수 있습니다.

실습해 보세요
어떤 과정으로 도면을 작성하는지 자세하게
설명합니다. 설명 과정에 표시된 번호와 그림의 번호는
일대일로 대응합니다.

기초 탄탄 연습 문제, 레벨업 실력 다지기
CHAPTER 02 ~ 04에는 마지막 부분에 연습 문제 와 실력 다지기 가 있습니다. 앞서 배운 기능을 사용해 실제로 도면을 작성해 볼 수 있는 구성으로, 주어진 HINT 와 작업 흐름을 참고하여 직접 완성해 보세요.

종합 연습
CHAPTER 06에서는 템플릿 작성부터 축척 설정, 기호와 문자 입력, 그리고 출력까지 실제로 하나의 도면을 완성하는 과정을 체험해 볼 수 있습니다.

차 례

1일차
CHAPTER 01   AutoCAD LT 설치와 기본 조작 방법   15

2일차
CHAPTER 02 **도면 작성을 위한 기본 명령** **41**

**7일차
CHAPTER 07** **도면 작성이 더욱 편리해지는 기능** **311**

어린 시절, "나는 커서 이렇게 생긴 집에 살 거야!"라며 미래에 살고 싶은 집의 평면도를 그려 본 적 있지 않나요? 저 또한 그랬습니다. 독특한 모양의 건물을 짓고 방이나 가구 배치를 고민하며 종이에 연필로 평면도를 그리던 기억이 새록새록 떠오릅니다. 그러다 성인이 되어서는 이사할 집의 가구 배치를 위해 파워포인트나 포토샵 같은 프로그램으로 집의 평면도를 그려 보기도 했지요.

물론 오토캐드(AutoCAD) 같은 캐드 프로그램을 쓰면 깔끔하고 정확하게 도면을 그릴 수 있다는 것은 알았지만, 전문가나 디자인을 전공한 사람들만 사용하는 어렵고 복잡한 프로그램이라는 생각에 실제로 도전해 볼 마음은 먹지 못했습니다.

하지만 이번에 이 책을 번역하면서 실제로 오토캐드를 사용해 보니 생각보다 사용법이 어렵지 않아서 놀랐습니다. 도면을 그릴 때 필요한 기능이 전부 갖춰져 있기에 간단히 책에서 알려 주는 방법에 따라 선과 원을 그려 넣고 도형을 배치함으로써 제가 원하던 공간을 손쉽게 만들어 낼 수 있었습니다.

이 책은 비록 평면의 건축 도면 작성을 위한 LT 버전을 소개하지만, 이번 번역을 하면서 오토캐드로 평면 건축 디자인만 할 수 있는 건 아니라는 사실을 알게 되었습니다. 정확한 치수가 필요한 도구나 기계의 도면을 그리는 산업디자인 분야에서 매우 다양하고 광범위하게 사용된다고 하더군요. 요즘에는 패션이나 주얼리 업계에서도 오토캐드를 사용하여 디자인하는 분들이 늘어나고 있다고 합니다. 그만큼 다양한 기능과 편리한 사용 환경을 제공한다는 의미겠지요.

저는 기본 기능을 따라 하는 수준에 그쳤지만, 오토캐드 LT 버전을 활용하여 도면 작성이라는 매력적인 일에 도전하려는 분이라면 분명 기초부터 제대로 다질 수 있는 지침서가 되어 줄 것입니다. 첫술에 배부를 수 없듯이 이 책으로 평면도 작성의 기본기를 제대로 다진 후에 3D 설계 부분까지 배움을 넓혀 나가는 것도 좋은 선택지가 되리라 생각합니다.

저처럼 오토캐드라는 이름에 겁먹지 말고, 이 책을 처음부터 차례대로 실습해 보세요. 분명 그 한 걸음이 여러분의 능력을 한 단계 끌어올리는 첫걸음이 되어 줄 것입니다.

구수영 드림

이 책은 단 한 번도 AutoCAD를 사용해 본 적이 없는 사용자를 대상으로 하며, AutoCAD LT의 수많은 기능 중에서 가장 기본이 되는 기능을, 가장 쉽고 빠르게 배울 수 있도록 안내하는 책입니다. AutoCAD LT 2021을 기준으로 설명하였지만, AutoCAD LT 2009 이상이라면 학습하는 데 불편함이 없도록 버전별로 조작 방법의 차이를 설명하였습니다. 오랜 기간 AutoCAD를 강의하면서 쌓은 경험을 살려서, 기본적인 마우스와 키보드 조작부터 초보자가 틀리기 쉽고, 실수하기 쉬운 부분까지 빠짐없이 설명하려고 노력했습니다.

CHAPTER 01에서는 AutoCAD LT의 기본을, CHAPTER 02부터 CHAPTER 05까지는 도면 작성, 수정, 문자, 치수, 도면층을 설명합니다. CHAPTER 02부터 CHAPTER 04에는 [연습 문제]와 [실력 다지기]가 포함되어 있으며, CHAPTER 06에서는 실제 업무 현장에서 필요한 템플릿 작성부터 도면 작성 순서, 출력에 관하여 종합적으로 학습합니다. 마지막 CHAPTER 07은 응용편으로 블록, 배치 등을 소개합니다. 본 책에 맞춰 실습할 수 있도록 연습용 파일을 제공하므로 꼭 직접 실습해 보시기 바랍니다.

✅ **연습용 파일 다운로드** https://bit.ly/j_autocad

수많은 초보 수강생에게 AutoCAD를 가르치면서 항상 '이런 도형을 그리고 싶은데, 이때는 어떤 기능을 사용하면 좋을까?'를 생각하는 연습이 필요하다고 이야기합니다. 이 책은 그런 연습을 도와줄 수 있는 방향으로 연습 문제 와 실력 다지기 라는 구성 요소를 포함하였습니다. 또한, 단순하게 AutoCAD LT의 기능을 설명하는 것이 아니라 간단한 도면부터 차근차근 직접 그리면서 제대로 배울 수 있도록 구성하였습니다.

이 책을 시작으로 여러분이 AutoCAD를 활용하여 다양한 도면을 작성해 보면서 실력이 일취월장하기를 진심으로 응원합니다.

하가 유리 드림

CHAPTER 01

AutoCAD LT 설치와
기본 조작 방법

SECTION 01 AutoCAD LT 시작하기

AutoCAD LT는 AutoCAD에서 3D 기능을 생략하여 조금 저렴하고, 가볍게 사용할 수 있는 버전입니다. AutoCAD LT를 이용하여 다양한 종류의 2D 도면을 작성하고 DWG 파일로 저장하기에 앞서 체험판 설치부터 시작해 봅니다.

체험판 설치하기

❶ **AutoCAD LT 체험판 다운로드 페이지 접속** AutoCad LT 무료 체험판 다운로드 페이지 (https://www.autodesk.co.kr/products/autocad-lt/free-trial)에 접속합니다.

❷ **체험판 다운로드 및 설치** [무료 체험판 다운로드] 버튼을 클릭합니다. 팝업 창이 열리면 사용할 운영체제를 선택합니다. [AutoCAD LT]를 선택하고 [다음]을 클릭합니다. 계속해서 동작 환경, 사용 용도 등의 옵션을 선택한 후 [다음]을 클릭합니다.

❸ **계정 작성** 체험판을 이용하려면 Autodesk에 가입해야 합니다. 다음과 같은 화면이 표시되면 [계정 작성]을 클릭합니다. 화면의 지시에 따라 메일 주소 등을 입력하면 신규 계정을 만들 수 있습니다. 계정 작성 후 메일 주소와 비밀번호를 입력하여 로그인합니다.

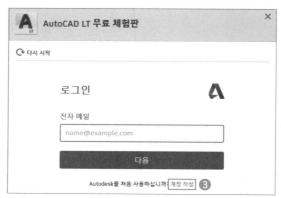

❹ **기타 항목 입력** 로그인 후 회사 이름 등의 개인 정보를 입력합니다.

❺ **다운로드 시작** 체험판에 관한 안내사 항 등을 확인하고 **[다운로드 시작]** 버튼 을 클릭합니다.

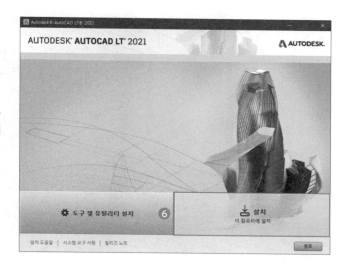

❻ **설치 시작** 설치 파일을 더블 클릭해서 실행한 후 **[설치]** 버튼을 클릭합니다. 일 정 시간이 소요되며, 설치 과정 중 화면 의 지시에 따라 조작을 계속합니다.

[TIP] 다운로드한 설치 파일은 사용 중인 웹 브라 우저에 따라 다를 수 있으며, 대부분 [다운로드] 폴더에 저장됩니다.

❼ **설치 완료** 다음과 같은 화면이 표시되 면 설치가 완료된 것입니다. **[지금 실행]** 버튼을 클릭하고 화면의 지시에 따라 조작합니다.

AutoCAD LT 실행하기

AutoCAD LT 실행

바탕화면의 단축 아이콘을 더블 클릭합니다. AutoCAD LT
를 처음 실행하는 것이라면 몇 가지 설정 및 로그인 과정을
거칩니다. 또한 체험판이라면 **[체험판 시작]**을 클릭해 기본 화
면을 확인할 수 있습니다.

단축 아이콘

잔여 일수

TIP AutoCAD LT를 실행했을 때 창 가장 위쪽(제목 표시줄)에서 오른쪽 부분에 잔여 사용 일수가 표시된다면 체험판을 사용 중이라는
의미입니다.

COLUMN 체험판에 관하여

체험판은 AutoCAD LT를 구매하기 전 시험적으로 사용해 볼 수 있도록 제공하는 제품입니다. 그러므로 30일이라는 체
험 기간이 설정되어 있습니다. 이 기간이 지나면 체험판을 이용할 수 없으며, 삭제한 후 다시 설치한다고 해도 체험 기
간이 초기화되지 않습니다.

이러한 체험판을 사용하거나 이후 유료로 구매하려면 Autodesk 계정이 필요합니다. 그러니 미리 계정을 만들어 놓는
것이 좋습니다.

AutoCAD LT 종료하기

AutoCAD LT 종료

AutoCAD LT를 종료하려면 오른쪽 위에
있는 **[닫기]** 버튼을 클릭합니다.

> **TIP** [닫기] 버튼 왼쪽에는 창을 최소화하거나 최대화
> 할 수 있는 버튼이 있습니다.

[닫기] 버튼

COLUMN 화면의 색

AutoCAD LT를 처음으로 실행하면 버전에 따라 배경색과 리본 메뉴의 아이콘들이 어둡게 설정되어 있습니다. 책에서는 가독성을 고려하여 전체적인 색상을 밝게 변경하여 설명하였습니다. 색을 변경하려면 다음과 같이 실행하세요.

AutoCAD LT 왼쪽 위에 있는 로고 모양의 [프로그램 메뉴█]를 클릭한 후 [옵션]을 클릭하면 다음과 같은 '옵션' 대화상자가 표시됩니다. 만약 [프로그램 메뉴]를 클릭했을 때 [옵션]이 표시되지 않으면 새로운 도면을 작성하거나 파일을 하나 열어 주세요([25쪽] 참고).

① [화면표시] 탭을 클릭한 후 ② [색상 구성표]를 [경량]으로 변경합니다. 계속해서 ③ [색상] 버튼을 클릭하여 '도면 원도우 색상' 대화상자를 열고 ④ [컨텍스트]에서 [2D 모형 공간]을, ⑤ [인터페이스 요소]에서 [배경]을 각각 선택한 후 ⑥ [색상]에서 [흰색]으로 설정한 후 ⑦ [적용 및 닫기] 버튼을 클릭합니다. 이어서 '옵션' 대화상자에서도 ⑧ [확인] 버튼을 클릭하여 모든 대화상자를 닫으면 설정이 완료됩니다.

SECTION 02

AutoCAD LT의 기본 화면 구성

여기서는 AutoCAD LT의 화면 구성을 살펴보겠습니다. 버전이나 모니터 해상도에 따라 리본 메뉴의 아이콘 배치, 상태 표시줄의 아이콘 종류나 명령 행의 모양 등이 다소 다를 수 있습니다.

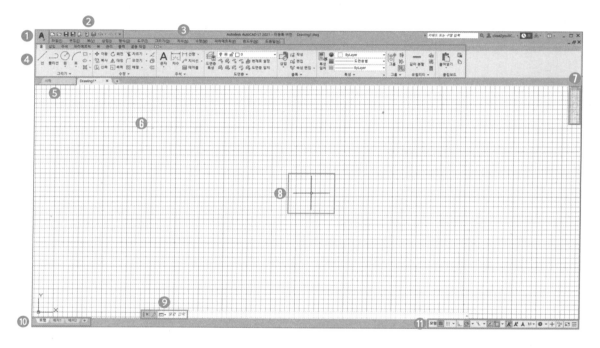

❶	**프로그램 메뉴**	파일이나 인쇄에 관한 메뉴가 표시됩니다.
❷	**빠른 실행 도구 모음**	파일 열기/저장 및 인쇄 등 자주 사용하는 기능이 표시됩니다.
❸	**메뉴 막대**	AutoCAD LT의 다양한 명령을 실행할 수 있습니다. 초기 상태에서는 표시되지 않습니다(21쪽 참고).
❹	**리본 메뉴**	아이콘을 클릭하여 명령을 실행할 수 있습니다. 탭과 패널로 구성됩니다(21쪽 참고).
❺	**파일 탭**	열려 있는 파일 목록이 표시되며, 탭을 클릭하여 전환할 수 있습니다.
❻	**작업 영역**	도형 등을 그리고 편집하는 영역입니다.
❼	**탐색 막대**	화면 조작(화면의 확대, 축소 등) 기능이 표시됩니다.
❽	**마우스 십자선**	마우스 커서입니다.
❾	**명령 행**	명령을 직접 입력하여 실행할 수 있고, 현재 실행 중인 명령이 메시지로 표시됩니다(22쪽 참고).
❿	**모형/배치 탭**	모형 탭과 배치 탭을 전환할 수 있습니다(23쪽 참고).
⑪	**상태 표시줄**	도면 작성에 사용하는 보조 기능이 표시됩니다(24쪽 참고).

메뉴 막대 표시하기

대부분의 기능은 리본 메뉴에서 사용할 수 있으므로, 초기 상태에서 메뉴 막대는 표시되지 않습니다. 메뉴 막대를 사용하려면 **[빠른 실행 도구 모음]**의 오른쪽 끝에 있는 ▼ 버튼을 클릭한 후 **[메뉴 막대 표시]** 메뉴를 선택합니다

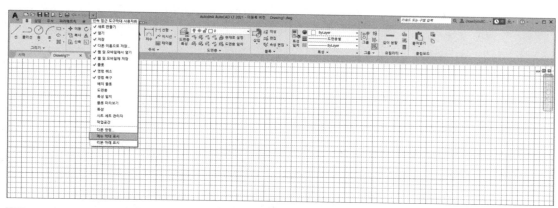

TIP AutoCAD LT 2009 버전에는 ▼ 버튼이 없으므로 [빠른 실행 도구 모음]에서 마우스 오른쪽 버튼을 클릭하세요

 ## 리본 메뉴 살펴보기

리본 메뉴는 **[리본 탭]**과 **[리본 패널]**로 구성되어 있으며, 각 패널 하단에는 패널 이름이 표시됩니다.

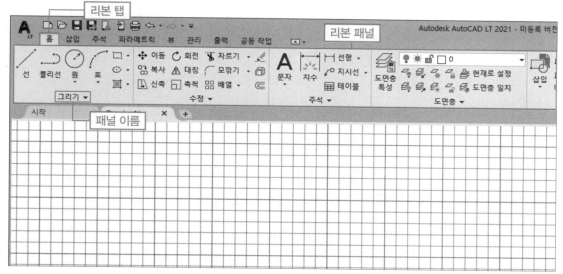

리본 패널 다루기

패널 이름 오른쪽에 ▼ 버튼이 표시되어 있다면 패널 이름을 클릭해서 패널을 펼칠 수 있습니다.

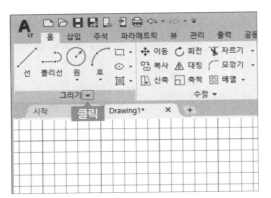
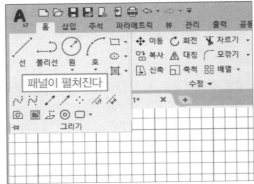

패널에 있는 각 기능 아이콘에 마우스 커서를 가져가면 간단한 사용 방법을 확인할 수 있습니다. 또한 기능 아이콘 오른쪽이나 아래쪽에 표시되는 ▼ 버튼을 클릭하면 숨겨진 아이콘들이 표시됩니다.

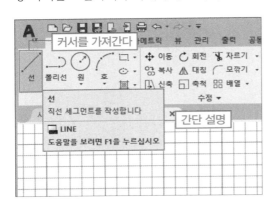
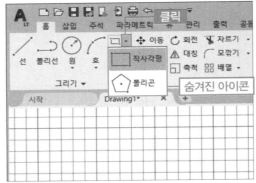

 명령 행 살펴보기

사용자가 AutoCAD LT에서 실행하는 각종 기능을 사용하거나 동작을 수행하는 것을 **[명령]**이라고 부릅니다. 이러한 명령을 실행하면 명령과 관련된 간단한 조작 방법이 **[명령 행]**에 표시됩니다. **[명령]**을 실행하는 방법은 33쪽 **[SECTION 05 기본 조작 방법 익히기]**를 참고하세요.

[F2] 키를 누르면 명령 행이 확장되면서 사용 내역을 확인할 수 있습니다.

```
명령:
명령:
명령: _Options
명령:
명령: _Options
명령:
명령:
명령: _circle
원에 대한 중심점 지정 또는 [3점(3P)/2점(2P)/Ttr - 접선 접선 반지름(T)]:
원의 반지름 지정 또는 [지름(D)]:
C:\Users\user\AppData\Local\Temp\Drawing1_1_2151_74604828.sv$(으)로 자동 저장 ...
명령:
명령: 반대 구석 지정 또는 [울타리(F)/윈도우폴리곤(WP)/걸침폴리곤(CP)]:
명령:
명령:
명령: _circle
원에 대한 중심점 지정 또는 [3점(3P)/2점(2P)/Ttr - 접선 접선 반지름(T)]:
원의 반지름 지정 또는 [지름(D)] <518.3804>:
```

모형 탭과 배치 탭

AutoCAD LT에서는 하나의 파일에 한 개의 **[모형]** 탭과 여러 개의 **[배치]** 탭을 포함할 수 있습니다. **[모형]** 탭에서 도면을 작성하며, **[배치]** 탭에서는 인쇄 설정을 합니다. 그러므로 **[배치]** 탭은 사용자가 필요한 수만큼 만들 수 있습니다.

[모형] 탭   [배치] 탭

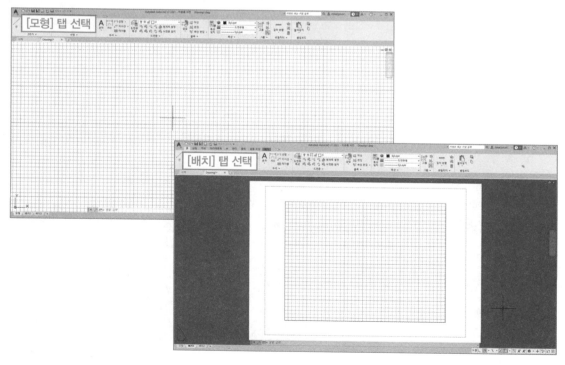

[모형] 탭 선택

[배치] 탭 선택

상태 표시줄 살펴보기

[상태 표시줄]에는 도면 작성에 사용하는 보조 기능 아이콘들이 나열되어 있으며, 도면 작성 상황에 따라 표시되는 아이콘이 달라집니다. 예를 들어 [뷰포트 최대화] 아이콘은 [배치] 탭을 활성화한 상태에서 표시됩니다.

[모형] 탭에서 도면 작성

[배치] 탭(도면 공간)에서 도면 작성

[배치] 탭(모형 공간)에서 도면 작성

①	모형 또는 도면 공간	⑪	주석 축척(뷰포트 축척)
②	그리드	⑫	작업공간 전환
③	스냅	⑬	주석 감시
④	직교 모드	⑭	객체 분리
⑤	극좌표 추적	⑮	화면 정리
⑥	ISODRAFT	⑯	사용자화
⑦	객체 스냅 추적	⑰	뷰포트 최대화
⑧	객체 스냅	⑱	뷰포트 잠금
⑨	주석 객체 표시	⑲	뷰포트 축척 동기화
⑩	자동 주석		

COLUMN ▶ AutoCAD LT 2014 이전 버전의 상태 표시줄

AutoCAD LT 2015부터 상태 표시줄의 아이콘 디자인이 변경되었습니다. AutoCAD LT 2014 이전 버전을 사용 중이라면 아래를 참고하세요. 또한, 아이콘의 명칭도 위 표와 다를 수 있습니다.

[모형] 탭에서 도면 작성

[배치] 탭(도면 공간)에서 도면 작성

[배치] 탭(모형 공간)에서 도면 작성

SECTION 03

파일 관리하기

파일 열기, 닫기, 새로 만들기, 저장 등 기본적인 파일 관리 방법을 배웁니다. 빠른 실행 도구 모음을 사용하면 편리합니다. 앞으로 만들고 관리할 AutoCAD LT의 파일 확장자는 dwg입니다.

📁 연습용 파일 1-3.dwg

 새로운 파일 만들기

AutoCAD LT에서 새로운 파일을 만듭니다. 이때, 템플릿이라고 부르는 사전 설정 파일을 선택합니다(확장자는 dwt).

❶ **[새로 만들기] 실행** 빠른 실행 도구 모음에서 [새로 만들기] 아 이콘을 클릭합니다.

❷ **템플릿 파일 선택** '템플릿 선택' 대화상자가 표시되면 템플릿 목 록에서 [acadltiso.dwt]를 클릭 하여 선택합니다.

❸ **파일 열기** [열기] 버튼을 클릭합 니다. '템플릿 선택' 대화상자가 닫히면서 선택한 템플릿 파일이 실행됩니다.

> **TIP** 파일 확장자를 표시하려면 Windows [파일 탐색기]를 실행한 후 [보기] 탭에 있 는 [파일 확장명]에 체크합니다.

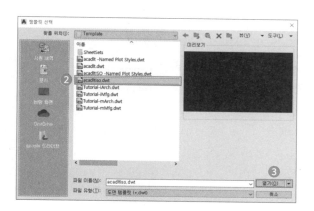

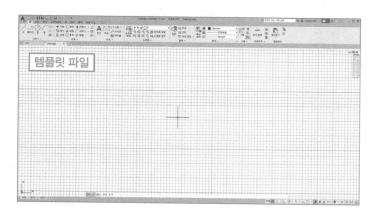

템플릿 파일

저장한 파일 열기

직접 만들어서 저장했거나 다른 사용자에게 받은 파일을 열 수 있습니다.

❶ **[열기] 실행** 빠른 실행 도구 모음에서 **[열기]** 아이콘을 클릭합니다.

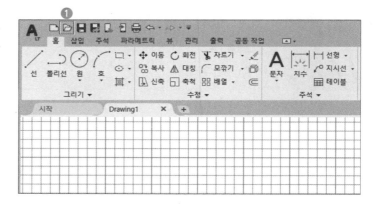

❷ **파일 선택** '파일 선택' 대화상자가 열리면 연습용 파일 저장 폴더를 찾아 **[1-3.dwg]**를 클릭하여 선택합니다.

❸ **파일 열기 [열기]** 버튼을 클릭합니다. '파일 선택' 대화상자가 닫히며, 선택한 파일이 열립니다.

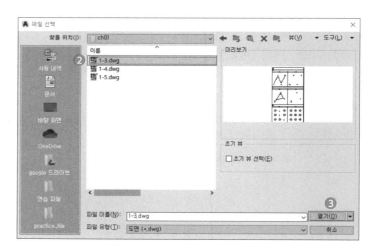

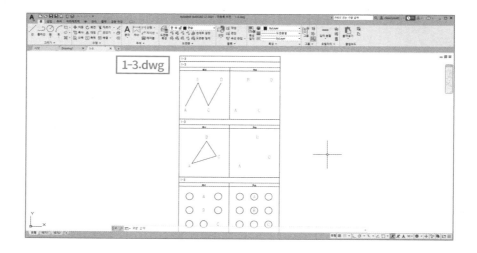

템플릿 파일이란?

AutoCAD LT를 처음 실행한 후 [새로 만들기]를 실행해서 선택할 수 있는 주요 템플릿 파일에는 아래와 같은 종류가 있습니다. 템플릿 파일에 사전 설정된 항목은 주로 도면층, 문자 스타일, 선 종류, 도면틀 등입니다. 템플릿 작성에 관해서는 231쪽 을 참고하세요.

파일 이름	템플릿 내용
acadlt.dwt	인치 계열, 색상 종속 플롯 스타일을 사용
acadltiso.dwt	미터 계열, 색상 종속 플롯 스타일을 사용
acadlt -Named Plot Styles.dwt	인치 계열, 명명된 플롯 스타일을 사용
acadltISO -Named Plot Styles.dwt	미터 계열, 명명된 플롯 스타일을 사용

 ## 파일 저장하기

새로 만들어서 도면을 작성했거나 기존 파일을 열어서 편집 중인 파일을 저장합니다.

[저장] 실행

빠른 실행 도구 모음의 [저장] 아이콘을 클릭합니다. 명령 행에 'QSAVE'라고 표시되며, 파일이 저장됩니다. 처음 저장하는 파일이라면 '다른 이름으로 도면 저장' 대화상자가 표시됩니다.

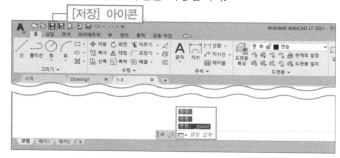

 ## DWG 버전을 지정하여 저장하기

AutoCAD LT의 버전에 따라 DWG 파일의 버전도 다릅니다. AutoCAD LT 2021 버전이라며 DWG 파일 버전은 2018 형식의 DWG입니다. 여기에서는 더 하위 버전의 AutoCAD LT 사용자와도 협업할 수 있도록 2010 형식의 DWG로 저장해 봅니다.

❶ **[다른 이름으로 저장] 실행** 빠른 실행 도구 모음에서 [다른 이름으로 저장] 아이콘을 클릭합니다.

② **파일 이름 입력** '다른 이름으로 도면 저장' 대화상자가 표시되면 [파일 이름]에 원하는 파일 이름을 입력합니다.

③ **파일 유형 선택** 버전을 지정하기 위해 [파일 유형]을 클릭하고 [AutoCAD 2010/ LT2010 도면(*.dwg)]을 선택합니다.

④ **저장** [저장] 버튼을 클릭합니다. 상단 제목 표시줄에 저장한 파일 이름이 표시됩니다.

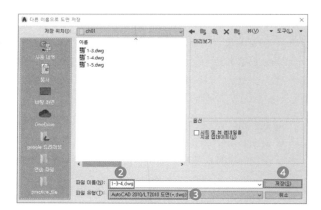

COLUMN DWG의 버전과 AutoCAD LT 버전

새로운 버전의 DWG는 오래된 버전의 AutoCAD LT에서 열 수 없습니다. 그러므로 다른 사용자에게 DWG 파일을 전달할 때는 상대방의 버전을 확인한 후 위 방법으로 버전에 맞춰 다른 이름으로 저장한 후 보내는 것이 좋습니다.

AutoCAD/AutoCAD LT 버전	DWG 파일 버전
2000·2000i·2002	2000 형식 DWG
2004·2005·2006	2004 형식 DWG
2007·2008·2009	2007 형식 DWG
2010·2011·2012	2010 형식 DWG
2013·2014·2015·2016·2017	2013 형식 DWG
2018·2019·2020·2021	2018 형식 DWG

 DXF 파일 열기

AutoCAD가 아닌 다른 CAD 작성 프로그램과 호환되도록 파일을 주고받을 때는 DXF 파일을 사용합니다.

① **[열기] 실행** 빠른 실행 도구 모음의 [열기] 아이콘을 클릭합니다.

❷ **파일 종류를 DXF로 변경** '파일 선택' 대화
상자가 열리면 [파일 유형]에서 [DXF(*.dxf)]
를 선택합니다.

❸ **파일 선택** 연습용 파일 저장 폴더에서
[1-3.dxf]를 클릭하여 선택합니다.

❹ **파일 열기** [열기] 버튼을 클릭합니다. '파일
선택' 대화상자가 닫히며, 선택한 DXF 파
일이 열립니다.

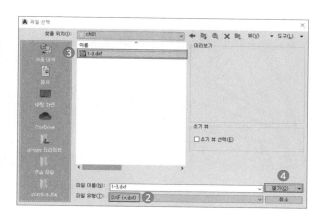

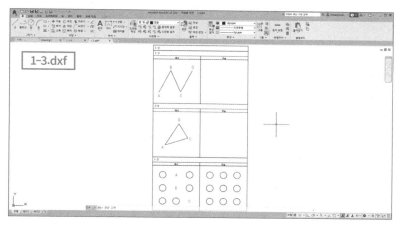

1-3.dxf

COLUMN ▶ 백업 파일과 자동 저장 파일

BAK 백업 파일

AutoCAD LT에서는 초기 설정으로 파일을 저장할 때 백업 파일(*.bak)을 도면 파일과 같은 폴더에 만들도록 설정되어
있습니다. Windows의 [파일 탐색기] 등에서 확장자를 dwg로 변경하여 파일을 열 수 있습니다.

자동 저장 파일

AutoCAD LT에는 일정 시간마다 DWG 파일을 자동으로 저장하
는 기능이 있습니다. 오류 등으로 프로그램이 강제 종료되는 사태
를 대비하여 자동 저장 기능을 설정해 둡시다.

AutoCAD LT 왼쪽 위에 있는 로고 모양의 [프로그램 메뉴] 아이콘
을 클릭한 후 [옵션]을 클릭하면 다음과 같은 '옵션' 대화상자가 열
립니다. ① [열기 및 저장] 탭을 클릭한 후 ② [자동 저장]에 체크
하고 자동 저장 간격을 입력합니다. ③ [확인] 버튼을 클릭하면 입
력한 자동 저장 간격에 맞춰 '옵션' 대화상자의 파일 탭에 있는 [자
동 저장 파일 위치]에 저장됩니다. 확장자는 sv$이며, 확장자를
dwg로 변경하면 열 수 있습니다.

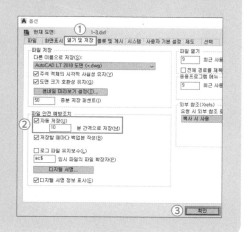

SECTION 04 화면 이동과 확대/축소

화면 확대/축소 및 이동 등 화면 표시 상태를 변경하는 방법을 연습합니다. 주로 마우스 휠 버튼(중앙 버튼)을 활용하므로, 휠 버튼이 제대로 작동하는 마우스를 사용해야 편리한 작업이 가능해집니다.

📁✓ **연습용 파일 1-4.dwg**

화면 확대 및 축소하기

마우스 휠을 위/아래로 굴리는 것만으로 화면 표시를 손쉽게 확대/축소할 수 있습니다.

❶ **확대** 확대할 부분의 중심에 마우스 십 자선을 맞춘 후 마우스 휠을 위로 굴립 니다. 마우스 십자선을 중심으로 화면 이 확대됩니다.

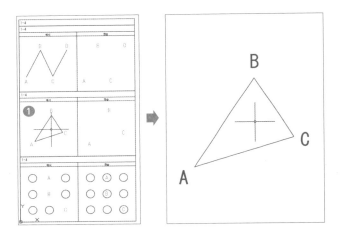

❷ **축소** 축소할 부분의 중심에 마우스 십 자선을 맞춘 후 휠을 아래로 굴립니다. 마우스 십자선을 중심으로 화면이 축 소됩니다.

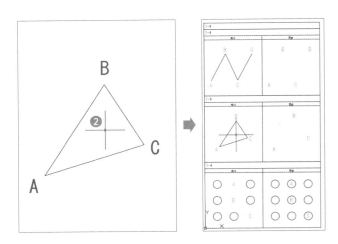

화면 표시 위치 이동하기

마우스 휠 버튼으로 클릭하여 드래그하면 화면에 표시되는 위치를 옮길 수 있습니다.

이동

마우스의 휠 버튼을 클릭하면 마우스 커서가 손바닥 모양으로 바뀝니다. 이때 화면에서 드래그하면 원하는 위치로 화면을 이동할 수 있습니다.

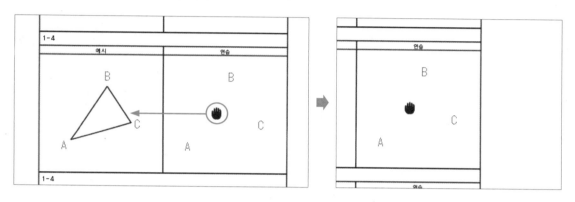

 # 화면에 맞추는 줌 범위

줌 범위를 실행하면 도면에 그려진 모든 도형을 한 화면에서 볼 수 있도록 확대/축소 비율이 자동으로 조정됩니다.

[줌 범위] 실행

마우스 휠 버튼을 더블 클릭합니다. 도형에 따라 화면이 확대/축소되면서 그려진 도형을 한눈에 확인할 수 있습니다.

TIP 버튼을 빠르게 두 번 누르는 것을 더블 클릭이라고 합니다.

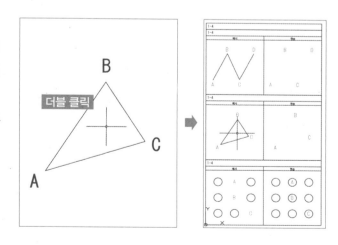

범위를 지정하는 줌 윈도우

줌 윈도우는 두 지점을 클릭하여 직사각형 범위를 지정하면, 그 범위가 확대되는 명령입니다.

❶ [줌 윈도우] 선택 화면 오른쪽에 있는 [탐색 막대]에서 [줌 도구]의 ▼ 버튼을 클릭하고 [줌 윈도우]를 선택합니다.

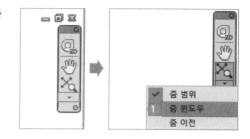

❷ 줌할 범위 두 곳 선택

확대하고 싶은 범위의 한 지점을 클릭하고 대각선에 있는 지점을 클릭합니다. 두 지점이 대각선으로 연결되는 직사각형 범위만큼 화면이 확대됩니다.

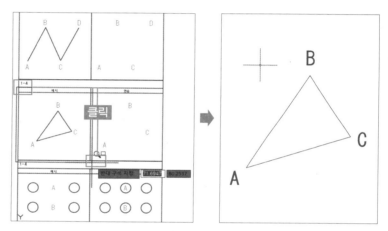

> **TIP** AutoCAD LT 2009/2010 버전에는 탐색 막대가 따로 없습니다. 대신 상태 표시줄에 있는 [줌] 아이콘을 사용하세요.

COLUMN 마우스 사용법

마우스에는 왼쪽 버튼, 오른쪽 버튼, 그리고 왼쪽 버튼과 오른쪽 버튼 사이에 휠 버튼이 있습니다.

- **왼쪽 버튼:** 왼쪽 버튼을 한 번 누르는 동작을 [클릭]이라고 합니다. 아이콘이나 메뉴 선택, 도형 선택, 점의 지정 등의 명령에 사용합니다.
- **오른쪽 버튼:** 오른쪽 버튼을 한 번 누르는 동작을 [우클릭]이라고 합니다. 단축 메뉴 표시 등에 사용합니다.
- **드래그:** 흔히 마우스 왼쪽 버튼을 누른 채 마우스를 움직인 후 원하는 지점에서 버튼의 손을 떼는 일련의 동작을 드래그라고 합니다.
- **휠 버튼:** 휠 버튼을 위아래로 굴리면 손쉽게 화면을 확대/축소할 수 있습니다. 또한 휠 버튼을 이용하여 드래그하면 화면을 원하는 위치로 이동할 수 있고, 휠 버튼을 더블 클릭하면 줌 범위(그려진 도형을 한 화면에 표시) 명령을 실행할 수 있습니다.

SECTION 05

기본 조작 방법 익히기

AutoCAD LT에서 다양한 조작을 실행하는 것을 [명령]이라고 합니다. 명령을 실행하면 명령 행이나 툴팁에 다음 조작을 요구하는 메시지가 표시되며, 이 메시지를 [프롬프트]라고 합니다. 프롬프트에 따라 수치를 입력하거나 조작 옵션을 선택하면 명령이 종료됩니다. 실제 명령을 사용하면서 기본적인 조작 방법을 배워 보겠습니다.

☑ 연습용 파일 1-5.dwg

미리보기

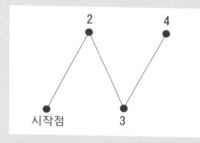

선 명령 실행하기 >> 034쪽

선 명령을 실행하고 프롬프트를 확인하면서 조작합니다. 점 지정이 끝난 후에는 Enter를 눌러 확정하여 명령을 종료하세요.

◈ 조작 흐름

선 명령의 닫기 옵션 선택하기 >> 037쪽

명령 실행 중에 명령 옵션을 선택합니다. 명령 옵션은 우클릭 메뉴에서 선택할 수 있습니다.

◈ 조작 흐름

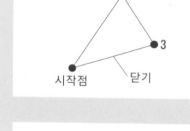

지우기 명령 실행하기 >> 039쪽

지우기 명령을 실행하고 도형을 클릭하여 선택합니다. 도형을 선택한 후에는 확정하여 명령을 종료하세요.

◈ 조작 흐름

선 명령 실행하기

선 명령을 실행하고 A, B, C, D점을 클릭합니다. 마지막 점을 클릭한 후 [Enter] 키를 눌러 선 명령을 종료합니다.

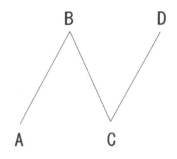

메뉴 막대	[그리기] - [선]
리본 메뉴	[홈] 탭 - [그리기] 패널
아이콘	
키보드	LINE [Enter] (L [Enter])

COLUMN 명령을 실행하는 다양한 방법

명령을 실행하는 방법은 다음과 같이 세 가지가 있습니다. 이 책은 처음 입문하는 사용자 대상이므로 주로 리본 메뉴의 아이콘을 이용하여 실행하는 방법을 소개합니다.

- **아이콘을 클릭**: 리본 메뉴 등에서 명령에 해당하는 아이콘을 클릭합니다.
- **메뉴에서 선택**: 명령에 해당하는 메뉴를 선택합니다. 메뉴 막대를 표시하는 방법은 21쪽을 참고하세요.
- **키보드로 입력**: 키보드에서 바로 명령어를 입력한 후 [Enter]를 눌러 실행할 수 있습니다. 대문자, 소문자 모두 가능합니다.

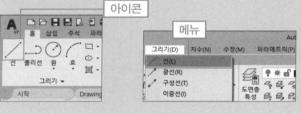

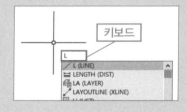

▷ **실습해 보세요**

❶ **선 명령 선택** [홈] 탭 - [그리기] 패널에서 [선]을 클릭합니다.

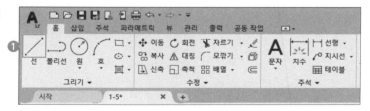

❷ **시작점 지정** 선 명령이 실행되며, 프 롬프트에 [**첫 번째 점 지정**]이라고 표 시됩니다. 임의 점 A를 클릭합니다. 첫 번째 점이 지정되며, 프롬프트에 [**다음 점 지정 또는**]이라고 표시됩니다.

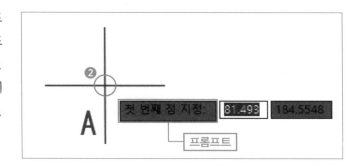

❸ **다음 점 지정** 임의 점 B, C, D를 연 달아서 클릭하여 2, 3, 4번째 점을 지정합니다.

> TIP 이 책에서는 조작 과정을 알아보기 쉽도 록 점이나 선 또는 클릭하는 부분 등에 알파벳 을 입력해 두었습니다. 이는 책과 연습용 파일 간에 다소 차이가 있을 수 있으며, 조작 진행에 따라 위치 등이 달라질 수 있습니다.

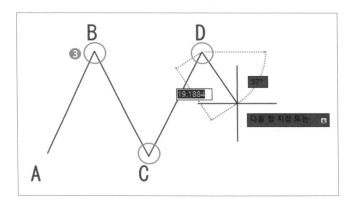

❹ **선 명령 종료** Enter 키를 누릅니다. 프롬프트가 확정되며, 선 명령이 끝납니다. 명령 행에 아무 표시 도 없는 것(아무 명령도 실행되고 있지 않은 상태)을 확인합니다.

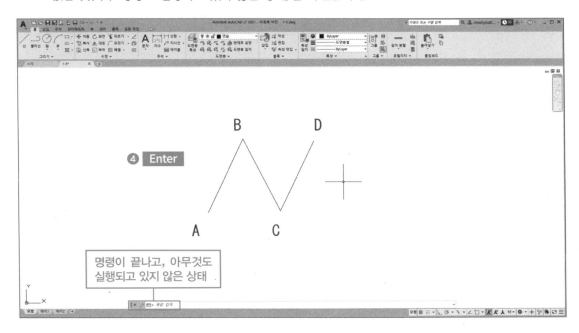

동적 입력

동적 입력은 마우스 커서 근처에 프롬프트가 표시되며, 키보드 입력란도 마우스 커서 근처에 표시되는 옵션입니다. 이 책에서는 별도의 표시가 없는 한 기본 설정에 따라 동적 입력이 켜진 상태로 설명합니다.

AutoCAD LT 2014 이전 버전에서는 상태 표시줄에 [동적 입력] 아이콘이 기본으로 표시되어 있지만, AutoCAD LT 2015 이후 버전에서는 다음 방법으로 [동적 입력]을 꺼내서 사용할 수 있습니다.

① 상태 표시줄에서 오른쪽 끝에 있는 [사용자화] 버튼을 클릭한 후 ② [동적 입력]에 체크합니다.

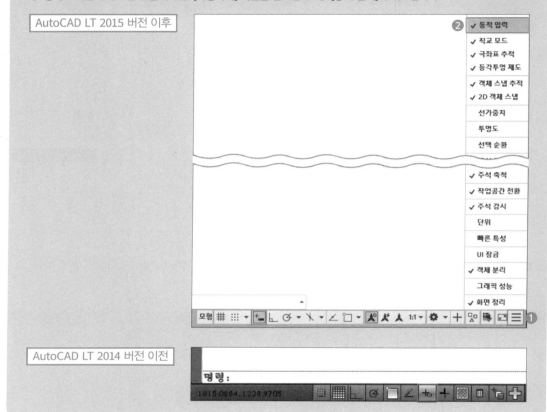

AutoCAD LT 2015 버전 이후

AutoCAD LT 2014 버전 이전

프롬프트 확정

프롬프트 메시지를 끝내려면 Enter 키를 눌러서 확정합니다. 예를 들어 다음과 같은 경우, 확정 조작이 필요합니다.

• 선 명령의 [다음 점 지정] → Enter 키로 확정 → 선 명령 종료
• 지우기 명령의 [객체 선택] → Enter 키로 확정 → 지우기 명령 종료
• 복사 명령의 [객체 선택] → Enter 키로 확정 → 다음 프롬프트 [기본점 지정] 표시

선 명령의 닫기 옵션 선택하기

선 명령을 실행하고 A, B, C점을 클릭한 후 옵션의 **[닫기(C)]**를 선택하면 닫힌 도형이 그려지면서 선 명령이 끝납니다.

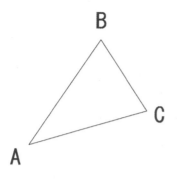

메뉴 막대	[그리기] – [선]
리본 메뉴	[홈] 탭 – [그리기] 패널
아이콘	
키보드	LINE Enter (L Enter)

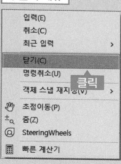
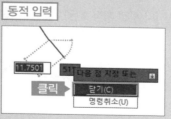
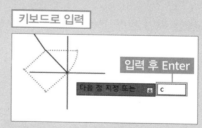

❶ **선 명령 선택** [홈] 탭 – [그리기] 패널에서 [선]을 클릭합니다.

❷ **시작점 지정** 프롬프트에 [첫 번째 점 지정]이 라고 표시되면 임의 점 A를 클릭합니다. 첫 번째 점이 지정되며, 프롬프트에 [다음 점 지 정 또는]이라고 표시됩니다.

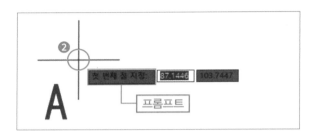

❸ **다음 점 지정** 임의 점 B, C를 클릭하여 2, 3 번째 점을 지정합니다.

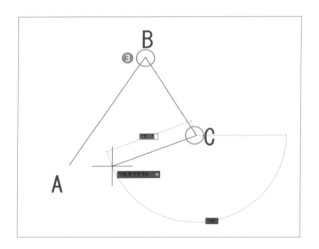

❹ **옵션 확인** 명령 행을 보면 프롬프트는 [다음 점 지정 또는], 옵션은 [닫기(C)]와 [명령취소(U)]가 표시됩 니다.

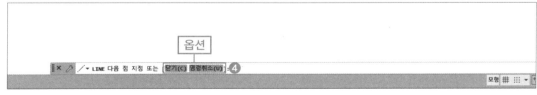

TIP 끝점과 시작점을 이어서 닫힌 도형을 만들 때는 [닫기(C)] 옵션을, 앞서 클릭한 점으로 돌아가려면 [명령취소(U)]를 사용하면 됩니다.

⑤ **[닫기] 옵션 선택** 옵션 메뉴를 선택하기 위해 마우스 우클릭 후 표시된 메뉴에서 **[닫기(C)]**를 선택합니다. C점에서 A점까지 선이 그려지면서 선 명령은 종료됩니다. 명령 행에 아무 표시도 없는 것(아무 명령도 실행되고 있지 않은 상태)을 확인합니다.

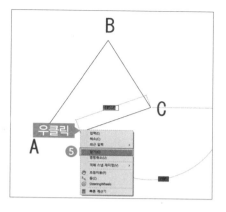

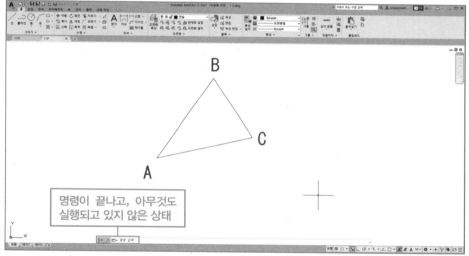

명령이 끝나고, 아무것도
실행되고 있지 않은 상태

 지우기 명령 실행하기

지우기 명령을 실행하고 원 A, B, C를 클릭하여 선택합니다. 마지막에 Enter 키를 눌러서 지우기 명령을 완료합니다.

메뉴 막대	[수정] - [지우기]
리본 메뉴	[홈] 탭 - [수정] 패널
아이콘	✎
키보드	ERASE Enter (E Enter)

❶ **지우기 명령** 선택 [홈] 탭 - [수정] 패널에서 [지우기] 아이콘을 클릭합니다.

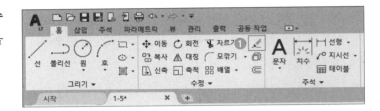

❷ **도형 선택** 프롬프트에 [객체 선택]이 표시되면 원 A를 클릭하여 선택합니다. 선택한 원은 하이라이트 표시(색이 강조된 상태 또는 점선 상태)됩니다. 프롬프트에는 계속해서 [객체 선택]이 표시됩니다.

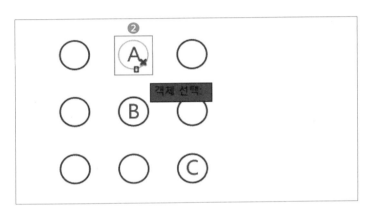

❸ **도형 선택** 계속해서 원 B, C를 클릭하여 선택합니다.

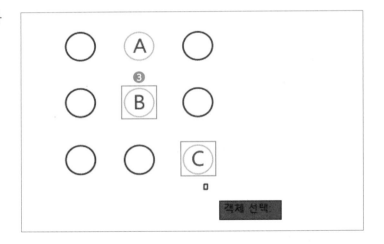

❹ **지우기 명령 종료** Enter 키를 눌러 프롬프트를 확정합니다. 선택한 원이 모두 지워지면서 지우기 명령이 끝납니다. 명령 행에 아무 표시도 없는 것(아무 명령도 실행되고 있지 않은 상태)을 확인합니다.

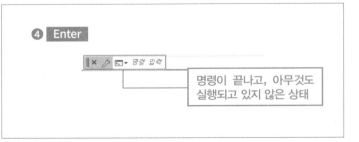

CHAPTER 02

도면 작성을 위한
기본 명령

SECTION 01

선 그리는 법

선이란 시작점과 끝점을 연결한 것으로 AutoCAD LT에서는 흔히 직선을 의미합니다. 선을 그릴 때는 시작점과 끝점 또는 시작점과 방향 및 길이를 지정하여 원하는 길이나 방향으로 그릴 수 있습니다.

📁 ✓ 연습용 파일 2-1.dwg

미리보기

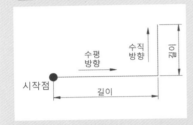

수평·수직 방향으로 선 그리기 >> 043쪽

수평, 수직 방향으로 선을 그립니다. 직교 모드를 켜면 커서의 이동만으로 손쉽게 수평 또는 수직 방향을 지정할 수 있습니다.

🔷 조작 흐름

각도와 길이로 선 그리기 >> 045쪽

임의의 각도로 선을 그립니다. 극좌표 추적을 켜면 지정한 각도의 방향을 커서의 이동만으로 손쉽게 지정할 수 있습니다.

🔷 조작 흐름

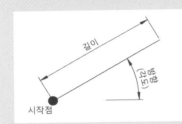

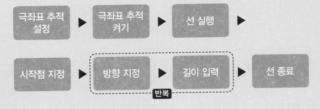

기존 도형의 점을 이용하여 선 그리기 >> 047쪽

도형의 점을 지정하기 위해 객체 스냅을 사용합니다. 객체 스냅을 켜면 선이나 호의 끝점이나 중간점, 중심점 등을 손쉽게 선택할 수 있습니다.

🔷 조작 흐름

수평·수직 방향으로 선 그리기

우선 직교 모드를 켭니다. 다음으로 [선] 명령을 실행하고 방향과 길이를 지정합니다.

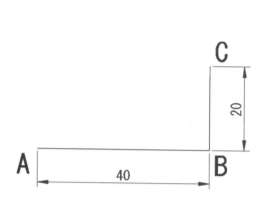

사용하는 명령	[선]
메뉴 막대	[그리기] - [선]
리본 메뉴	[홈] 탭 - [그리기] 패널
아이콘	
키보드	LINE Enter (L Enter)

사용하는 기능	[직교 모드]
상태 표시줄	
키보드	{F8}

2일차

COLUMN 직교 모드

직교 모드를 켜면 커서의 움직임이 XY축 방향(수평 또는 수직 방향)으로 고정됩니다. 그러므로 수평선 및 수직선을 그리거나 수평 방향 및 수직 방향으로 이동, 복사하고 싶을 때 활용하면 편리합니다.

▷ 실습해 보세요

❶ 직교 모드 켜기 상태 표시줄에서 [직교 모드] 아이콘을 클릭하여 직교 모드를 켭니다. 직교 모드가 켜지면 아이콘이 파란색으로 변합니다(꺼진 상태는 검은색 또는 회색입니다).

❷ 선 명령 선택 [홈] 탭 - [그리기] 패널에서 [선]을 클릭해서 선 명령을 실행합니다.

❸ **시작점 지정** 프롬프트에 [첫 번째 점 지정]이라고 표시되면 임의 점 A를 클릭합니다. 첫 번째 점이 지정되며, 프롬프트에 [다음 점 지정 또는]이라고 표시됩니다.

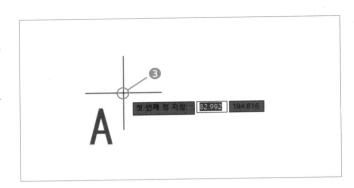

❹ **방향 지정** 마우스를 움직여서 십자선을 그리고 싶은 방향으로 이동합니다. 여기에서는 수평 방향(A에서 B 방향)으로 움직입니다. 마우스 움직임에 따라 가상선이 표시됩니다.

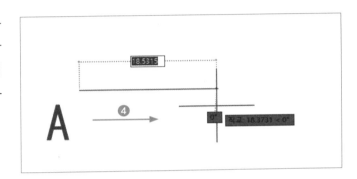

❺ **길이 입력** 키보드로 [40]을 입력하고 Enter 키를 누릅니다. 선 AB가 그려지며, 프롬프트에 [다음 점 지정 또는]이라고 표시되어 선 명령이 계속됩니다.

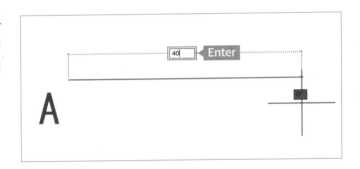

❻ **방향 지정** 마우스를 움직여 십자선을 그리고 싶은 방향으로 이동합니다. 여기에서는 수직 방향(B에서 C 방향)으로 움직입니다.

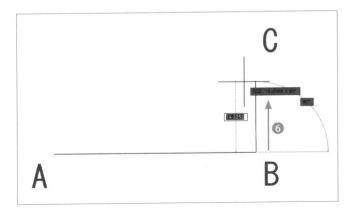

❼ **길이 입력** 키보드로 [20]을 입력하고 Enter 키를 누릅니다. 선 BC가 그려지고, 프롬프트에 [다음 점 지정 또는] 이라고 표시됩니다.

❽ **선 명령 종료** Enter 키를 누릅니다. 프롬프트가 확정되며, 선 명령이 끝납니다.

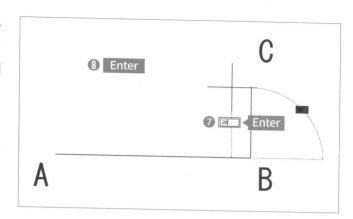

각도와 길이로 선 그리기

우선 극좌표 추적을 설정합니다. 다음으로 [선] 명령을 실행하고 방향과 길이를 지정합니다.

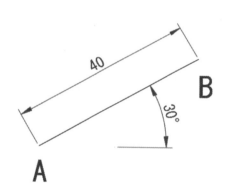

사용하는 명령	[선]
메뉴 막대	[그리기] - [선]
리본 메뉴	[홈] 탭 - [그리기] 패널
아이콘	
키보드	LINE Enter (L Enter)

사용하는 기능	[극좌표 추적]
상태 표시줄	⌖
키보드	F10

COLUMN 극좌표 추적

극좌표 추적을 켜면 설정한 각도에 [정렬 경로]라 불리는 보조선을 표시할 수 있습니다. 정렬 경로를 이용하여 각도와 길이를 지정하여 선을 그릴 수 있고, 기존 선과의 교차점을 구하는 보조선으로 이용할 수 있습니다.

① **극좌표 추적 설정** 상태 표시줄에서 [극좌표 추적] 아이콘을 우클릭하여 [30, 60, 90, 120…]을 선택합니다. 30 도 단위로 극좌표 추적 각도가 설정 됩니다.

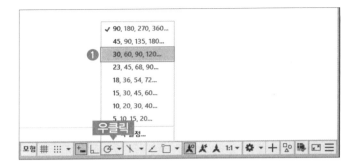

② **극좌표 추적 상태 확인** 극좌표 추적 각도를 설정하면서 자동으로 극좌표 추적이 켜집니다. 아이콘이 파란색 인지 확인합니다.

③ **선 명령 선택** [홈] 탭 – [그리기] 패널 에서 [선]을 클릭합니다. 선 명령이 실행되며, 프롬프트에 [첫 번째 점 지 정]이라고 표시됩니다.

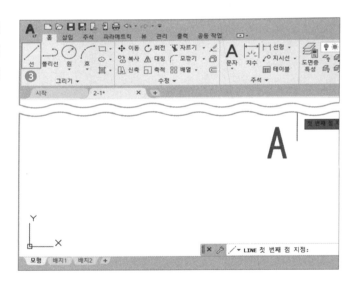

④ **시작점 지정** 임의 점 A를 클릭합니 다. 첫 번째 점이 지정되며, 프롬프 트에 [다음 점 지정 또는]이라고 표시 됩니다.

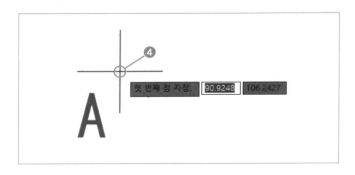

⑤ **방향 지정** 마우스를 움직여 십자선을 그리고 싶은 방향으로 이동합니다. 30° 각도(A에서 B 방향)로 움직이면 툴팁에 [30°]라고 표시되며, 정렬 경로 보조선이 표시됩니다.

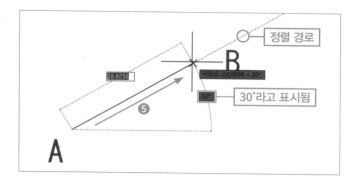

⑥ **길이 입력** 키보드로 [40]을 입력하고 Enter 키를 누릅니다. 선 AB가 그려집니다.

⑦ **선 명령 종료** Enter 키를 눌러 프롬프트를 확정하고, 선 명령을 종료합니다.

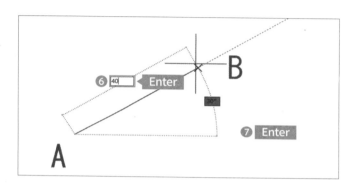

 # 기존 도형의 점을 이용하여 선 그리기

우선 객체 스냅을 설정합니다. 다음으로 [선] 명령을 실행하고 객체 스냅을 사용하여 직사각형의 끝점 및 중간점을 클릭합니다.

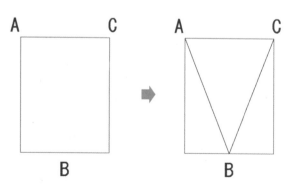

사용하는 명령	[선]
메뉴 막대	[그리기] - [선]
리본 메뉴	[홈] 탭 - [그리기] 패널
아이콘	╱
키보드	LINE Enter (L Enter)

사용하는 기능	[객체 스냅]
상태 표시줄	▱
키보드	F3

객체 스냅은 객체(도형)의 정확한 점을 지정하는 기능입니다. 끝점 및 중간점 등 특정한 점과 정확히 일치하는 점을 지정할 수 있습니다. 한 번 설정하면 계속해서 사용할 수 있는 [활성 객체 스냅]과 한 번만 사용할 수 있는 [우선 객체 스냅]이 있습니다(50쪽 참고).

객체 스냅을 켠 상태에서 점의 지정을 요구하는 프롬프트가 표시될 때 도형에 마우스 커서를 가까이 가져가면 객체 스냅의 마커와 툴팁이 표시됩니다. 객체 스냅의 종류는 51쪽을 참고하세요.

▷ 실습해 보세요

❶ 설정 화면 표시 상태 표시줄의 [객체 스냅] 아이콘을 마우스 우클릭한 후 [객체 스냅 설정]을 선택합니다.

❷ 사용할 객체 스냅 설정 '제도 설정' 대화상자가 표시되면 [끝점], [중간점]에만 체크하고, 다른 객체 스냅은 모두 체크 해제한 후 [확인] 버튼을 클릭하여 '제도 설정' 대화상자를 닫습니다.

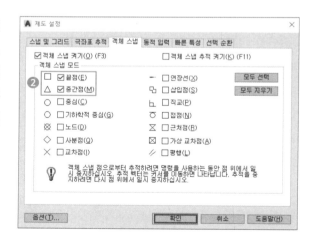

❸ **객체 스냅 켜기** 상태 표시줄에 서 [객체 스냅] 아이콘을 클릭하 여 켭니다. 만약 직교 모드나 극 좌표 추적이 켜져 있다면 여기서 는 필요하지 않으므로 아이콘을 클릭해서 끕니다.

TIP 아이콘이 파란색이면 켜진 상태, 검은색 또는 회색이면 꺼진 상태입니다.

❹ **선 명령 선택** [홈] 탭 – [그리기] 패널에서 [선]을 클릭하여 선 명 령을 실행합니다.

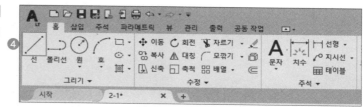

❺ **끝점 지정** 프롬프트에 [첫 번째 점 지정]이라고 표시되면 직사각 형의 끝점 A로 커서를 옮긴 후 사각형 마커□가 표시될 때 클릭 합니다. 끝점 A가 지정되며, 프 롬프트에 [다음 점 지정 또는]이라 고 표시됩니다.

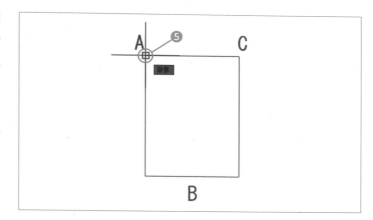

❻ **중간점 지정** 직사각형의 중간점 B로 커서를 옮긴 후 삼각형 마커 △가 표시되면 클릭합니다. 중간 점 B가 지정되며, 프롬프트에 [다음 점 지정 또는]이라고 표시됩 니다.

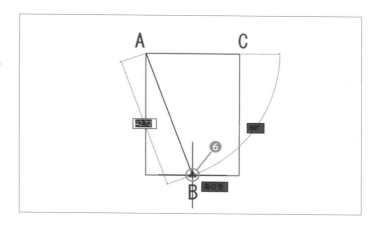

❼ 끝점 지정 직사각형의 끝점 C로 커서를 옮긴 후 사각형 마커ㅁ가 표시되면 클릭합니다. 끝점 C가 지정되며, 프롬프트에 **[다음 점 지정 또는]**이라고 표시됩니다.

❽ 선 명령 종료 Enter 키를 눌러 프롬프트를 확정하고 선 명령을 끝냅니다.

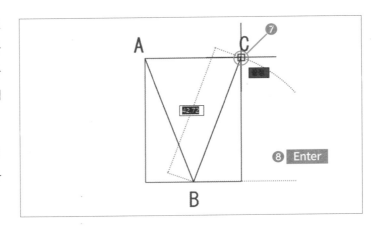

COLUMN 우선 객체 스냅

사용 빈도가 적은 객체 스냅은 Shift 키를 누른 채로 우클릭하면 표시되는 [우선 객체 스냅] 메뉴를 사용하면 편리합니다. 여기에서는 [2점 사이의 중간]이라는 우선 객체 스냅을 소개합니다. 두 점을 지정하고, 두 점 사이의 중간점을 선택할 수 있는 편리한 객체 스냅입니다. 아래는 직사각형의 중앙에 원을 그리는 예입니다.

[홈] 탭 – [그리기] 패널에서 [원]을 클릭하여 원 명령을 실행합니다(53쪽 참고). ① 중심점을 지정하라는 프롬프트가 표시되면 Shift 키를 누른 채로 우클릭하여 [2점 사이의 중간]을 선택합니다. ② 직사각형에서 대각선 상의 점 A와 B를 각각 클릭합니다. 클릭한 두 점 AB의 중간점 C가 지정되며 원 명령이 계속됩니다.

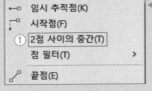

Shift + 우클릭

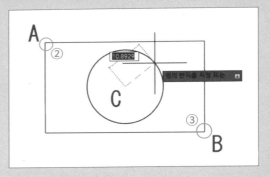

COLUMN 객체 스냅 사용 시 주의할 점

객체 스냅의 마커가 표시되는 경우에는 클릭한 위치가 아니라 객체 스냅이 우선 적용됩니다. 이러한 우선 적용 방식을 이용하여 원주 위를 클릭하여 원의 중심점을 지정할 수 있습니다.

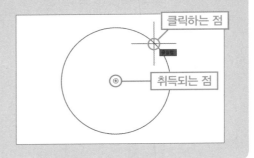

여기에서는 객체 스냅에서 지정할 수 있는 점을 소개합니다([기하학적 중심]은 AutoCAD LT 2016 버전 이후부터 사용할 수 있습니다).

끝점	중간점	중심	기하학적 중심	노드
선이나 호의 양 끝점	선이나 호의 중간점	원이나 호의 중심점	직사각형 등의 닫힌 폴리선 도형의 중심	점 도형의 점

사분점	교차점	연장선	삽입점	직교
원이나 호의 0°, 90°, 180°, 270°의 점	선이나 호의 교차점	선이나 호의 연장선상의 점	문자나 블록의 삽입점	한 점에서 선이나 원, 호와 만나는 직교점

접점	근처점	가상 교차점
한 점에서 원이나 호에 접하는 점	도형상의 임의 점	도형의 연장선상의 교차점

평행
다른 선과 평행한 점

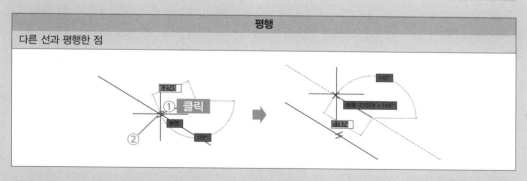

SECTION 02

원 그리는 법

중심점과 반지름 지정, 2점 지정 등 다양한 방법으로 원을 그릴 수 있습니다. 원을 그린 후 자르기 명령으로 일부를 자르면 호를 만들 수 있습니다. 자르기 명령은 111쪽을 참고합니다.

📁 ✓ 연습용 파일 2-2.dwg

미리보기

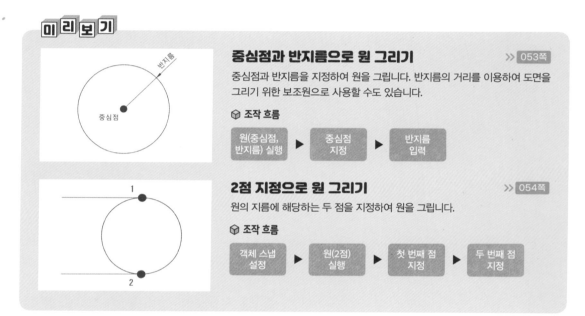

중심점과 반지름으로 원 그리기 ≫ 053쪽

중심점과 반지름을 지정하여 원을 그립니다. 반지름의 거리를 이용하여 도면을 그리기 위한 보조원으로 사용할 수도 있습니다.

📦 조작 흐름

원(중심점, 반지름) 실행 ▶ 중심점 지정 ▶ 반지름 입력

2점 지정으로 원 그리기 ≫ 054쪽

원의 지름에 해당하는 두 점을 지정하여 원을 그립니다.

📦 조작 흐름

객체 스냅 설정 ▶ 원(2점) 실행 ▶ 첫 번째 점 지정 ▶ 두 번째 점 지정

COLUMN ◀ 원을 그리는 다양한 방법

원을 그리는 방법은 다음과 같이 매우 다양합니다.

- 중심점, 반지름
- 중심점, 지름
- 2점
- 3점
- 접선, 접선, 반지름
- 접선, 접선, 접선

명령 입력으로 원 명령을 실행하면 객체를 지정하는 방식이 복잡하므로, 아직 익숙하지 않다면 리본 메뉴나 메뉴 막대를 이용하는 것이 좋습니다.

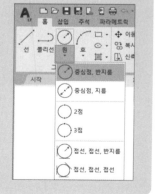

중심점과 반지름으로 원 그리기

리본 메뉴에서 [중심점, 반지름]을 실행, 임의의 중심점 A를 클릭하고 반지름을 입력합니다.

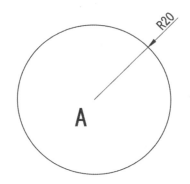

사용하는 명령	[중심점, 반지름]
메뉴 막대	[그리기] - [원] - [중심점, 반지름]
리본 메뉴	[홈] 탭 - [그리기] 패널
아이콘	
키보드	CIRCLE Enter (C Enter)

▷ 실습해 보세요

❶ **원 명령 선택** [홈] 탭 - [그리기] 패널에서 [원]의 ▼를 클릭하고, 표시된 메뉴에서 [중심점, 반지름]을 선택해서 원 명령을 실행합니다.

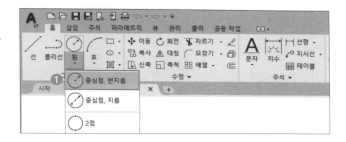

❷ **중심점 지정** 프롬프트에 [원에 대한 중심점 지정 또는]이라고 표시되면 임의 점 A를 클릭하여 중심점을 지정합니다.

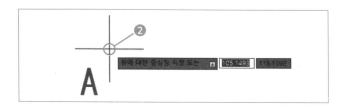

❸ **반지름 입력** 프롬프트에 [원의 반지름 지정 또는]이라고 표시되면 키보드로 [20]을 입력하고 Enter 키를 누릅니다. 반지름이 20인 원이 그려집니다.

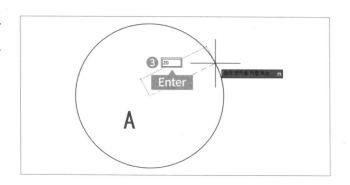

2점 지정으로 원 그리기

우선 사용할 객체 스냅을 설정합니다. 다음으로 리본 메뉴에서 **[2점]**을 실행하고, 객체 스냅을 사용하여 선의 끝점 A, B를 클릭합니다.

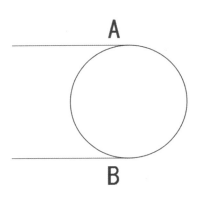

사용하는 명령	[2점]
메뉴 막대	[그리기] - [원] - [2점]
리본 메뉴	[홈] 탭 - [그리기] 패널
아이콘	
키보드	CIRCLE Enter (C Enter)
명령 옵션	2점(2P)

사용하는 기능	[객체 스냅]
상태 표시줄	
키보드	F3

▷ 실습해 보세요

객체 스냅 설정

먼저 객체 스냅 설정을 실행합니다. 48쪽 [실습해 보세요]의 과정을 참고하여 객체 스냅 모드에서 [끝점]을 설정합니다.

❶ **원 명령 선택** [홈] 탭 - [그리기] 패널에서 [원] 아래에 있는 ▼를 클릭하고, 표시된 메뉴에서 **[2점]**을 선택하여 원 명령을 실행합니다.

❷ **첫 번째 점 지정** 프롬프트에 [원 지름의 첫 번째 끝점 지정]이라고 표시되면 선의 끝점 A를 클릭하여 끝점을 지정합니다.

❸ **두 번째 점 지정** 프롬프트에 [원 지름의 두 번째 끝점을 지정]이라고 표시되면 선의 끝점 B를 클릭합니다. AB를 지름으로 하는 원이 그려집니다.

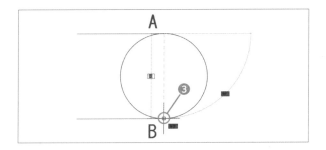

SECTION 03

직사각형 그리는 법

대각선 방향의 두 점을 지정하여 직사각형을 그릴 수 있습니다. 직사각형은 폴리선이라는 도형으로 그려지므로, 분해 명령을 사용하여 선으로 변환할 수도 있습니다 (335쪽 참고).

📁 연습용 파일 2-3.dwg

2일 차

미리보기

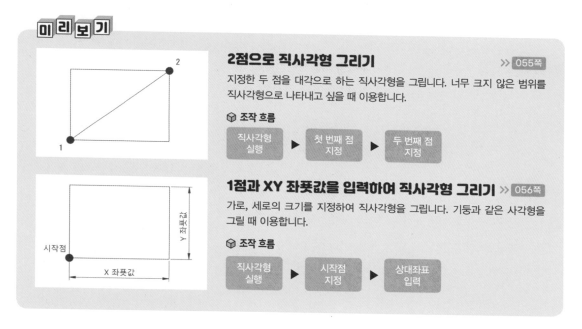

2점으로 직사각형 그리기 >> 055쪽

지정한 두 점을 대각으로 하는 직사각형을 그립니다. 너무 크지 않은 범위를 직사각형으로 나타내고 싶을 때 이용합니다.

◈ 조작 흐름

직사각형 실행 ▶ 첫 번째 점 지정 ▶ 두 번째 점 지정

1점과 XY 좌푯값을 입력하여 직사각형 그리기 >> 056쪽

가로, 세로의 크기를 지정하여 직사각형을 그립니다. 기둥과 같은 사각형을 그릴 때 이용합니다.

◈ 조작 흐름

직사각형 실행 ▶ 시작점 지정 ▶ 상대좌표 입력

 2점으로 직사각형 그리기

사용할 객체 스냅을 설정합니다. 다음으로 [직사각형]을 실행하고, 선의 끝점 AB를 클릭합니다.

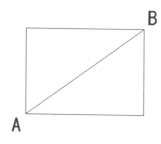

사용하는 명령	[직사각형]
메뉴 막대	[그리기] – [직사각형]
리본 메뉴	[홈] 탭 – [그리기] 패널
아이콘	⬚
키보드	RECTANG Enter (REC Enter)

객체 스냅 설정

먼저 객체 스냅 설정을 실행합니다. 48쪽 을 참고하여 객체 스냅 모드에서 [끝점]을 설정합니다.

① **직사각형 명령 선택** [홈] 탭 – [그리기] 패널에서 [**직사각형**]을 클릭하여 직사각형 명령을 실행합니다.

② **꼭짓점 지정** 프롬프트에 [첫 번째 구석점 지정 또는]이라고 표시되면 선의 끝점 A를 클릭하여 직사각형의 꼭짓점을 지정합니다.

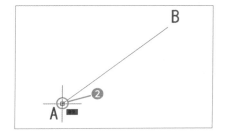

③ **대각선 방향의 꼭짓점 지정** 프롬프트에 [다른 구석점 지정 또는]이라고 표시되면 선의 끝점 B를 클릭합니다. 선의 끝점 AB를 대각으로 하는 직사각형이 그려집니다.

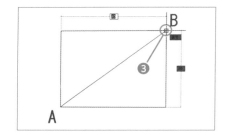

 1점과 XY 좌푯값을 입력하여 직사각형 그리기

[**직사각형**]을 실행하여 임의 점 A를 클릭한 후 상대좌표를 사용하여 점 B를 지정합니다.

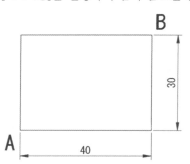

사용하는 명령	[직사각형]
메뉴 막대	[그리기] – [직사각형]
리본 메뉴	[홈] 탭 – [그리기] 패널
아이콘	⬓
키보드	RECTANG Enter (REC Enter)

상대좌표

상대좌표란 직전 점에서 X축 방향으로의 거리, Y축 방향으로의 거리를 입력하여 점을 지정하는 방법을 말하며, [X, Y] 방식으로 각각의 거리를 수치로 입력합니다. 오른쪽 예에서는 A점에서 B점으로 선을 그렸습니다. 이때, 점 B는 직전 점 A에서 X 방향으로 40, Y 방향으로 30만큼 떨어져 있는 점이므로, [40, 30]을 입력합니다.

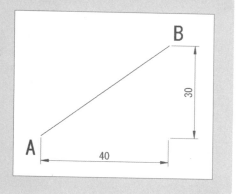

▷ 실습해 보세요

❶ 직사각형 명령 선택 [홈] 탭 – [그리기] 패널에서 [**직사각형**]을 클릭하여 직사각형 명령을 실행합니다.

❷ 꼭짓점 지정 프롬프트에 [**첫 번째 구석점 지정 또는**]이라고 표시되면 임의점 A를 클릭하여 직사각형의 꼭짓점을 지정합니다.

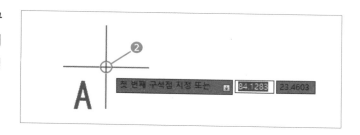

❸ 상대좌표 입력 프롬프트에 [**다른 구석점 지정 또는**]이라고 표시됩니다. 키보드로 [**40, 30**]을 입력하고, Enter 키를 누릅니다. 점 B가 지정되며, 가로가 40, 세로가 30인 직사각형이 그려집니다.

TIP X와 Y의 입력은 키보드의 Tab 키로 전환할 수 있습니다. 입력을 잘못한 경우에는 전환하여 고쳐 보세요.

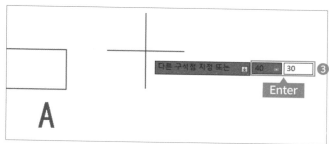

상대좌표의 방향

상대좌표의 X축 방향과 Y축 방향에는 +방향과 –방향
이 있습니다. 오른쪽 그림에서 왼쪽 아래에 있는 UCS
아이콘의 방향이 +방향에 해당합니다. 그림을 예로 들
면, A점에서 B점으로 선을 그릴 때, 점 B는 직전 점 A
에서 X방향으로는 +방향으로 40, Y방향으로는 –방향
으로 30이므로 [40, –30]을 입력합니다.

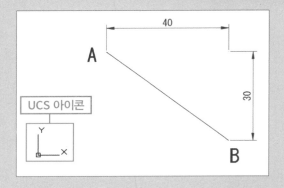

숫자키로 숫자가 입력되지 않을 때

키보드 오른쪽에는 숫자키가 모여 있습니다. 이 숫자키를 눌렀을 때 숫자가 입력되지 않는다면 NumLock 키를 누른 다음
다시 시도해 보세요. NumLock 키는 대부분 숫자키의 왼쪽 위에 있습니다.

연 습 문 제

Q.1 다음 그림처럼 그려 보세요.

해답 >> 060쪽

- 반지름이 15인 원 1개
- 길이가 10인 선 4개
- 선은 0°, 90°, 180°, 270°에 배치

HINT 선 명령, 원 명령, 직교 모드, 객체 스냅(사분점)

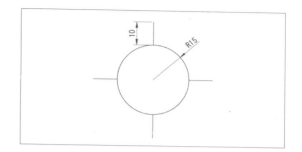

Q.2 다음 그림처럼 그려 보세요.

해답 >> 063쪽

- 가로 40, 세로 30인 직사각형 1개
- 반지름이 8인 원 1개
- 원은 직사각형의 중앙에 배치

HINT 선 명령, 원 명령, 직사각형 명령, 지우기 명령, 상대좌표, 객체 스냅(끝점, 중간점)

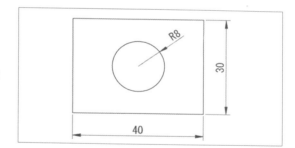

Q.3 기존의 원 A가 있습니다. 다음 그림처럼 그려 보세요.

해답 >> 067쪽

- 가로 10, 세로 10인 직사각형 1개
- 직사각형의 왼쪽 아래 꼭짓점은 원 A의 중심점과 일치
- 가로 15, 세로 20인 직사각형 1개
- 직사각형의 오른쪽 위 꼭짓점은 원 A의 중심점과 일치

HINT 직사각형 명령, 상대좌표, 객체 스냅(중심)

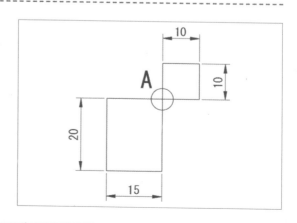

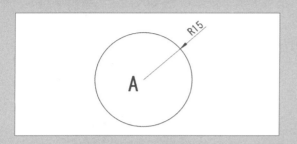

● 임의 점 A를 중심점으로 지정하고, 반지름이 15인 원을 그립니다.

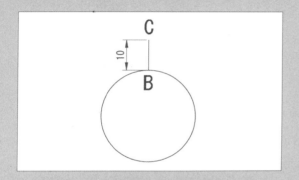

● 객체 스냅에서 원의 사분점 B를 클릭하고, 직교 모드를 사용하여 길이가 10인 선 BC를 그립니다.

● 같은 방식으로 선 DE, FG, HI를 그립니다.

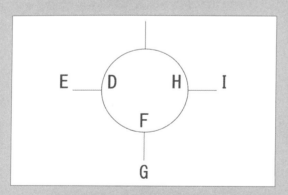

해답

● **원 명령 선택** [홈] 탭 - [그리기] 패널에서 [원]의 아래에 있는 ▼를 클릭하고, 표시된 메뉴에서 [중심점, 반지름]을 선택합니다.

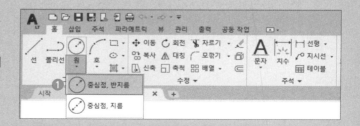

② **중심점 지정** 프롬프트에 [원에 대한 **중심점 지정 또는**]이라고 표시되면 임의 점 A를 클릭하여 중심점을 지정합니다.

③ **반지름 입력** 프롬프트에 [원의 반지름 지정 또는]이라고 표시되면 키보드로 [15]를 입력하고 Enter 키를 누릅니다. 반지름이 15인 원이 그려지며, 원 명령이 끝납니다.

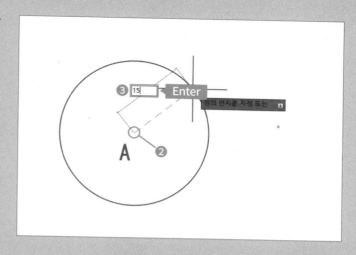

④ **객체 스냅의 설정 화면 표시** 상태 표시줄의 [객체 스냅] 아이콘 위에서 마우스 우클릭 후 [객체 스냅 설정]을 선택합니다.

⑤ **사용할 객체 스냅 설정** '제도 설정' 대화상자가 표시되면 [사분점]에 체크한 후 [확인] 버튼을 클릭합니다. 대화상자가 닫히며, 객체 스냅이 설정됩니다.

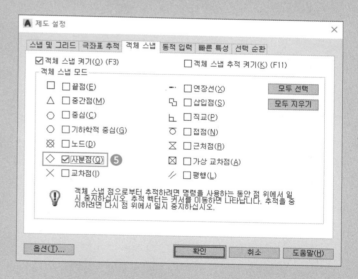

⑥ **직교 모드, 객체 스냅 켜기** 상태 표시줄에서 [직교 모드]와 [객체 스냅] 아이콘을 클릭해서 켭니다.

⑦ **선 명령 선택** [홈] 탭 – [그리기] 패널에서 [선]을 클릭하여 선 명령을 실행합니다.

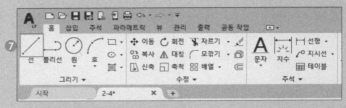

⑧ **시작점 지정** 프롬프트에 [첫 번째 점 지정]이라고 표시되면 사분점 B를 클릭하여 첫 번째 점을 지정합니다.

⑨ **방향과 길이 지정** 프롬프트에 [다음 점 지정 또는]이라고 표시되면 마우스 커서를 위로 이동한 후 키보드로 [10]을 입력하고 Enter 키를 눌러 다음 점을 지정합니다.

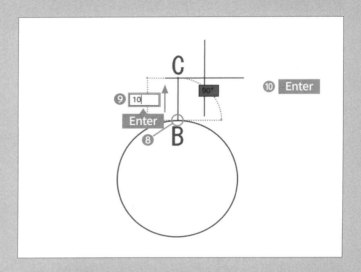

⑩ **선 명령 종료** Enter 키를 한 번 더 눌러 선 명령을 끝내면 선 BC가 그려집니다.

⑪ **다른 선 그리기** 선 명령 선택부터 선 명령 종료까지의 과정을 반복하여 선 DE, FG, HI를 그려 완성합니다.

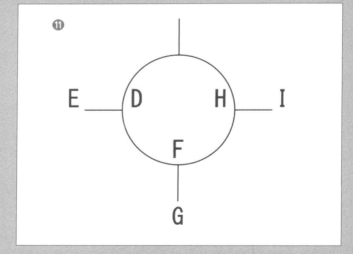

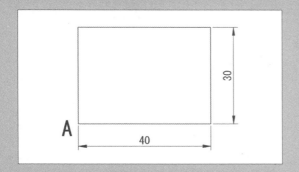

● 임의 점 A를 첫 번째 점으로 지정하고, 상대좌표를 사용하여 가로 40, 세로 30인 직사각형을 그립니다.

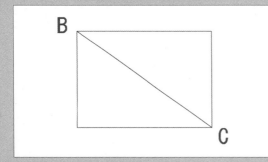

● 객체 스냅으로 직사각형의 꼭짓점 B, C를 클릭하여 선을 그립니다. 원을 그리기 위한 보조선으로 삼습니다.

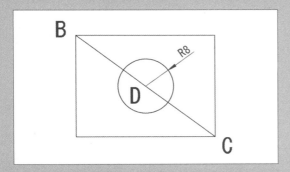

● 선 BC의 중간점 D를 중심점으로 지정하고, 반지름 8인 원을 그립니다. 마지막으로 보조선으로 사용한 선 BC를 지웁니다.

해답

● **직사각형 명령 선택** [홈] 탭 - [그리기] 패널에서 [직사각형]을 클릭합니다.

② **직사각형의 꼭짓점 지정** 프롬프트
에 [첫 번째 구석점 지정 또는]이라고
표시되면 임의 점 A를 클릭하여 점
을 지정합니다.

③ **대각선 방향의 꼭짓점을 상대좌표
로 지정** 프롬프트에 [다른 구석점 지
정 또는]이라고 표시되면 키보드로
[40, 30]을 입력하고 Enter 키를 누
릅니다. 가로 40, 세로 30인 직사각
형이 그려지며, 명령이 끝납니다.

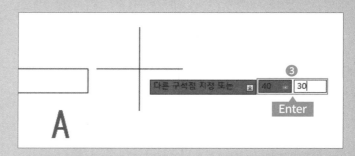

④ **객체 스냅의 설정 화면 표시** 상태
표시줄의 [객체 스냅] 아이콘 위에서
마우스 우클릭 후 [객체 스냅 설정]을
선택합니다.

⑤ **사용할 객체 스냅 설정** '제도 설정'
대화상자가 표시되면 [끝점]과 [중간
점]에 체크한 후 [확인] 버튼을 클릭
합니다. 대화상자가 닫히며, 객체
스냅이 설정됩니다.

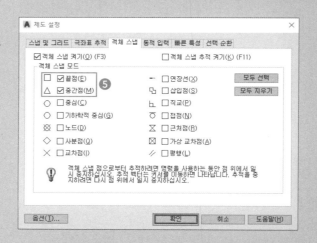

⑥ **직교 모드 끄기, 객체 스냅 켜기** 상
태 표시줄에서 [직교 모드]는 끄고,
[객체 스냅]은 켭니다.

⑦ **선 명령 선택** [홈] 탭 - [그리기] 패널에서 [선]을 클릭합니다.

⑧ **점 지정** 끝점 B, C를 클릭하여 첫 번째와 두 번째 점을 지정합니다.

⑨ **선 명령 종료** 프롬프트에 [다음 점 지정 또는]이라고 표시되면 Enter 키를 누릅니다. 선 명령이 끝나며, 선 BC가 그려집니다.

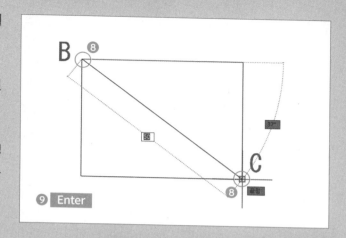

⑩ **원 명령 선택** [홈] 탭 - [그리기] 패널에서 [원]을 클릭합니다.

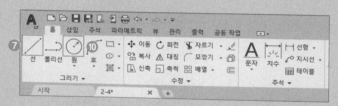

⑪ **중심점 지정** 프롬프트에 [원에 대한 중심점 지정 또는]이라고 표시되면 선의 중간점 D를 클릭하여 중심점을 지정합니다.

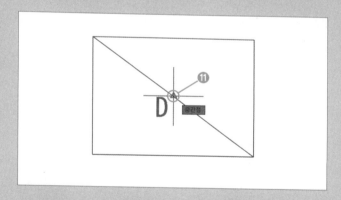

⑫ **반지름 입력** 프롬프트에 [원의 반지름 지정 또는]이라고 표시되면 키보드로 [8]을 입력하고 Enter 키를 누릅니다. 반지름이 8인 원이 그려지며, 원 명령이 끝납니다.

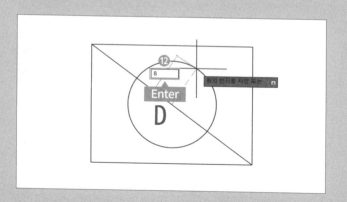

⑬ **지우기 명령** 선택 [홈] 탭 - [수정] 패널
에서 [지우기]를 클릭합니다.

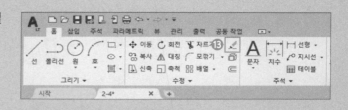

⑭ **도형 선택** 프롬프트에 [객체 선택]이라
고 표시되면 선 BC를 클릭하여 선택합
니다. 선택한 선 BC는 하이라이트 표
시되고, 프롬프트에는 [객체 선택]이라
고 표시됩니다.

⑮ **지우기 명령 종료** Enter 키를 누릅니
다. 지우기 명령이 끝나며, 선 BC가 지
워집니다.

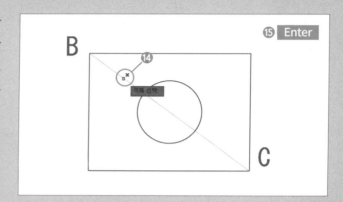

A.3 작업 흐름 살펴보기

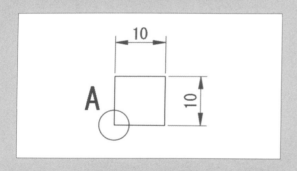

● 원 A의 중심점을 첫 번째 점으로 지정하고, 상대좌
표를 사용하여 가로 10, 세로 10인 직사각형을 그립
니다.

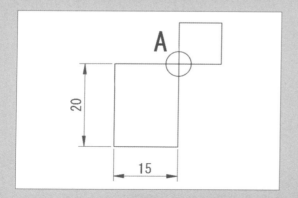

● 원 A의 중심점을 첫 번째 점으로 지정하고, 상대좌
표를 사용하여 가로 15, 세로 20인 직사각형을 그립
니다. 상대좌표를 입력할 때, XY 방향에 주의하세요.

해답

① **객체 스냅의 설정 화면 표시** 상태 표시줄의 [객체 스냅] 아이콘 위에서 우클릭 후 [객체 스냅 설정]을 선택합니다.

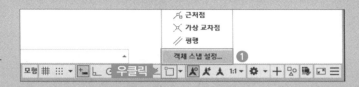

② **사용할 객체 스냅 설정** '제도 설정' 대화상자가 표시되면 [끝점]과 [중심]에 체크한 후 [확인] 버튼을 클릭합니다. 대화상자가 닫히며, 객체 스냅이 설정됩니다.

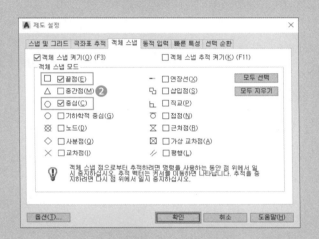

③ **직교 모드 끄기, 객체 스냅 켜기** 상태 표시줄에서 [직교 모드]는 끄고, [객체 스냅]은 켭니다.

④ **직사각형 명령을 선택하고, 꼭짓점을 지정** [홈] 탭 – [그리기] 패널에서 [직사각형]을 클릭하고, 원 A의 중심점을 클릭합니다.

[직사각형] 명령 실행 후

⑤ **대각선 방향의 꼭짓점을 상대좌표로 지정**
키보드로 [10, 10]을 입력하고, Enter 키를
누릅니다. 가로 10, 세로 10인 직사각형이
그려지며, 직사각형 명령이 끝납니다.

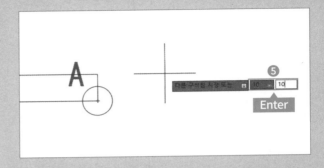

⑥ **직사각형 명령을 선택하고, 꼭짓점을 지정**
[홈] 탭 - [그리기] 패널에서 [직사각형]을 클
릭하고, 원 A의 중심점을 클릭합니다.

⑦ **대각선 방향의 꼭짓점을 상대좌표로 지정**
키보드로 [-15, -20]을 입력하고, Enter 키
를 누릅니다. 가로 15, 세로 20인 직사각형
이 그려지며, 직사각형 명령이 끝납니다.

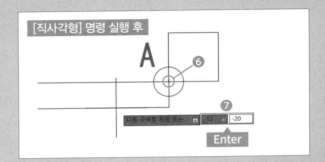

COLUMN 툴팁에 표시되는 아이콘

툴팁에는 다양한 아이콘이 표시되며, 각각에 의미가 있습니다. 대표적으로 다음과 같습니다.

명령 옵션
명령 실행 시에 툴팁에 표시되는 아이콘 ⊡은 '명령 옵션이 있다'라는 의미입니다. 명령 행을 확인하면 명령 옵션의 종류가 표시되어 있습니다.

도면층 잠금
객체에 커서를 가까이 댔을 때 표시되는 아이콘 🔒은 '이 객체의 도면층은 잠겨 있다'라는 의미입니다. 도면층은 214쪽 , 도면층 잠금은 224쪽 을 참고하세요.

Q.1 다음 그림처럼 그려 보세요.

해답 >> 071쪽

● 가로 40, 세로 30인 직사각형 1개
● 직사각형의 꼭짓점을 잇는 대각선 1개
● 직사각형의 꼭짓점에서 대각선과 수직인 선 1개
● 직사각형 2변과 대각선에 접하는 원 1개

HINT 직사각형 명령, 선 명령, 원 명령, 객체 스냅(끝점, 직교)

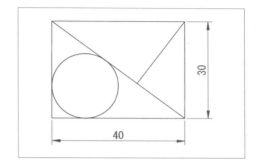

Q.2 기존 선 AB가 있습니다. 다음 그림처럼 그려 보세요.

해답 >> 076쪽

● 점 B를 사분점의 12시로 삼는 반지름 8인 원 1개
● 선 AB와 수직이며 점 B를 중간점으로 삼는 선을 1개
● 앞서 그린 선의 끝점에서 Y 방향으로 10 떨어진 점을 중심점으로 삼는 반지름 5인 원 2개

HINT 선 명령, 원 명령, 지우기 명령, 직교 모드, 객체 스냅(끝점, 사분점)

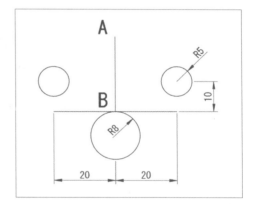

COLUMN 상대좌표 입력 문제

동적 입력이 켜진 상태와 꺼진 상태의 상대좌표 입력 방법이 다릅니다. 우선 동적 입력의 설정 여부를 확인하고(36쪽 참고), 동적 입력이 꺼졌다면 상대좌표를 입력할 때 @를 이용합니다.

동적 입력	상대좌표 입력
ON	X좌표, Y좌표
OFF	@X좌표, Y좌표

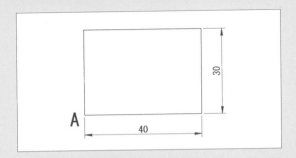

● 임의 점 A를 첫 번째 점으로 지정하고, 상대좌표를 사용하여 가로 40, 세로 30인 직사각형을 그립니다.

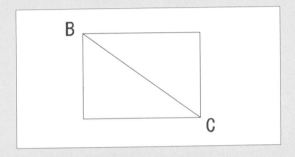

● 객체 스냅을 사용하여 직사각형의 꼭짓점 B, C에 선을 그립니다.

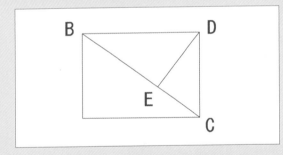

● 직사각형의 꼭짓점 D를 시작점으로 지정하고, 객체 스냅의 직교를 사용해 선 BC에 수직인 선분 DE를 그립니다.

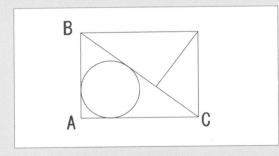

● 원 명령의 [접선, 접선, 접선]을 사용하여 선 AB, BC, AC에 접하는 원을 그립니다.

COLUMN 리본 메뉴 표시 방법 변경하기

리본 메뉴에서 리본 탭의 오른쪽 끝에는 [공동 작업] 탭이 있고 그 오른쪽에 작은 버튼이 있습니다. 이 버튼을 누를 때마다 리본 메뉴가 [패널 버튼으로 최소화], [패널 제목으로 최소화], [탭으로 최소화]로 변경됩니다.

패널 버튼으로 최소화

패널 제목으로 최소화

탭으로 최소화

해답

① **직사각형 명령 선택** [홈] 탭 - [그리기] 패널에서 [직사각형]을 클릭하여 직사각형 명령을 실행합니다.

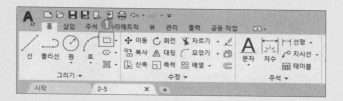

② **직사각형의 꼭짓점 지정** 임의 점 A를 클릭하여 점을 지정합니다.

③ **대각선 방향의 꼭짓점을 상대좌표로 지정** 프롬프트에 [다른 구석점 지정 또는]이라고 표시되면 키보드로 [40, 30]을 입력하고 Enter 키를 누릅니다. 가로 40, 세로 30인 직사각형이 그려지며, 직사각형 명령이 끝납니다.

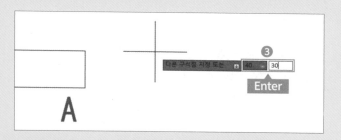

④ **객체 스냅의 설정 화면 표시** 상태 표시줄의 [객체 스냅] 아이콘 위에서 우클릭 후 [객체 스냅 설정]을 선택합니다.

⑤ **사용할 객체 스냅 설정** '제도 설정' 대화상자가 표시되면 [끝점]과 [직교]에 체크한 후 [확인] 버튼을 클릭합니다. 대화상자가 닫히며, 객체 스냅이 설정됩니다.

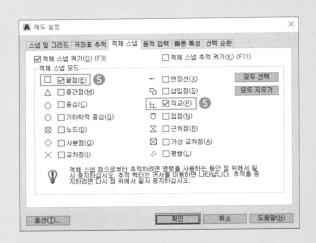

⑥ **직교 모드 끄기, 객체 스냅 켜기** 상태 표시줄에서 [직교 모드]는 끄고, [객체 스냅]은 켭니다.

⑦ **선 명령 선택** [홈] 탭 - [그리기] 패널에서 [선]을 클릭하여 선 명령을 실행합니다.

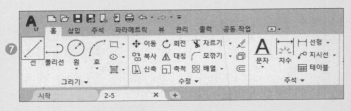

⑧ **점 지정** 프롬프트에 [첫 번째 점 지정]이라고 표시되면 끝점 B, C를 클릭하여 첫 번째, 두 번째 점을 지정합니다.

⑨ **선 명령 종료** 프롬프트에 [다음 점 지정 또는]이라고 표시되면 Enter 키를 누릅니다. 선 명령이 끝나며, 선 BC가 그려집니다.

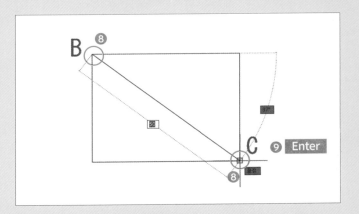

⑩ 선 명령 선택 [홈] 탭 - [그리기] 패널
에서 [선]을 클릭하여 선 명령을 실
행합니다.

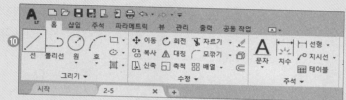

⑪ 점 지정 프롬프트에 [첫 번째 점 지정]
이라고 표시되면 끝점 D를 클릭하
여 첫 번째 점을 지정합니다.

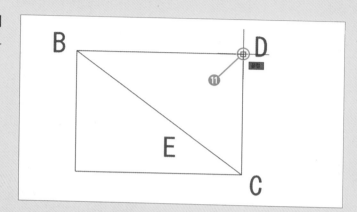

⑫ 점 지정 프롬프트에 [다음 점 지정 또
는]이라고 표시됩니다. 선 BC와 수직
인 점 E를 객체 스냅의 직교를 사용해
클릭하여 두 번째 점을 지정합니다.

⑬ 선 명령 종료 프롬프트에 [다음 점
지정 또는]이라고 표시되면 [Enter] 키
를 누릅니다. 선 명령이 끝나며, 선
DE가 그려집니다.

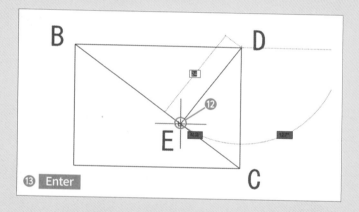

⑭ 원 명령 선택 [홈] 탭 - [그리기] 패널
에서 [원]의 아래쪽에 있는 ▼을 클
릭하고, 표시된 메뉴에서 [접선, 접
선, 접선]을 선택합니다.

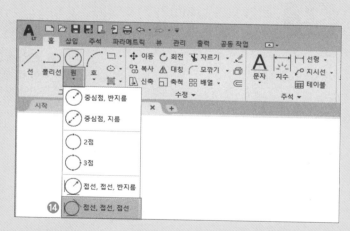

⑮ **선 선택** 프롬프트에 [원 위의 첫 번째 점 지정: 대상]이라고 표시되면 접선으로 삼을 선 AB, BC, AC를 각 각 클릭하여 선택합니다. AB, BC, AC 세 선에 접하는 원이 그려집니다.

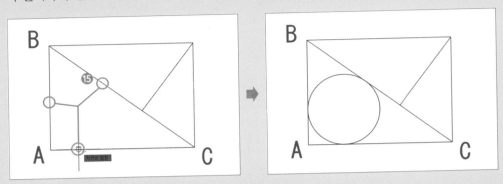

COLUMN 화면 표시 트러블

갑자기 화면이 아래에서 왼쪽 그림처럼 리본 메뉴가 보이지 않는다면 화면 정리 명령이 켜져 있을 가능성이 높습니다. 상태 표시줄에서 [화면 정리] 아이콘을 확인해 보세요. [화면 정리] 아이콘이 회색이나 검은색으로 꺼진 상태라면 리본 메뉴의 표시 방법이 변경되었는지 확인해 보세요. 71쪽 참고

A.2 작업 흐름 살펴보기

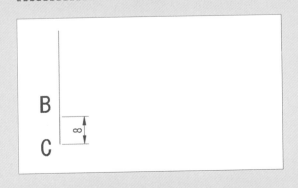

● 선의 끝점 B에서 직교 모드를 사용하여 길이가 8인 선 BC를 그립니다. 반지름이 8인 원을 그리는 보조 선으로 삼습니다.

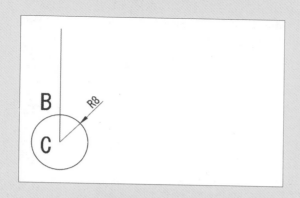

● 선의 끝점 C를 중심점으로 반지름이 8인 원을 그립니다. 보조선 BC는 지웁니다.

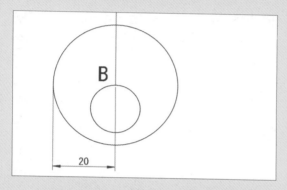

● 선의 끝점 B를 중심점으로 지정하여 반지름이 20인 원을 그립니다. 다음으로 그릴 선을 위한 보조원으로 삼습니다.

2일 차

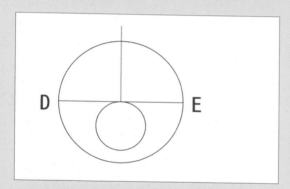

● 사분점 D, E를 사용하여 선을 그립니다. 보조원은 지웁니다.

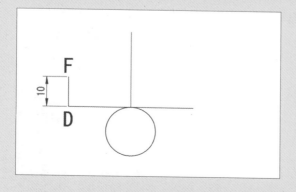

● 선의 끝점 D에서 직교 모드를 사용하여 길이가 10인 선 DF를 그립니다. 원을 그리는 보조선으로 삼습니다.

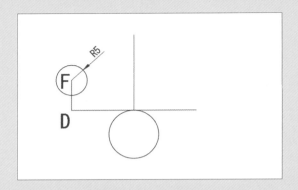

● 선의 끝점 F를 중심점으로 지정하여 반지름이 5인 원을 그립니다. 보조선 DF는 지웁니다.

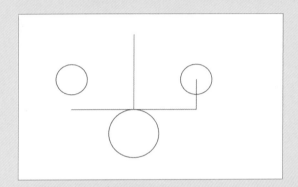

● 오른쪽 원도 같은 방식으로 보조선을 그린 후 원을 그립니다. 마지막으로 보조선은 지웁니다.

해답

① **객체 스냅의 설정 화면 표시** 상태 표시줄의 [객체 스냅] 아이콘 위에서 우클릭 후 [객체 스냅 설정]을 선택합니다.

② **사용할 객체 스냅 설정** '제도 설정' 대화상자가 표시되면 [끝점]과 [사분점]에 체크한 후 [확인] 버튼을 클릭합니다. 대화상자가 닫히며, 객체 스냅이 설정됩니다.

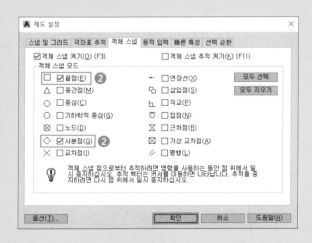

③ **직교 모드, 객체 스냅 켜기** 상태 표시줄에서 [직교 모드] 아이콘과 [객체 스냅] 아이콘을 클릭해서 켭니다.

④ **선 명령 및 시작점과 방향, 길이 지정** [홈] 탭 – [그리기] 패널에서 [선]을 클릭하여 선 명령을 실행합니다. 선의 점 B를 클릭하고 커서를 아래로 옮긴 후 키보드로 [8]을 입력하고 Enter 키를 누릅니다.

⑤ **선 명령 종료** Enter 키를 누릅니다. 선 명령이 끝나며, 선 BC가 그려집니다.

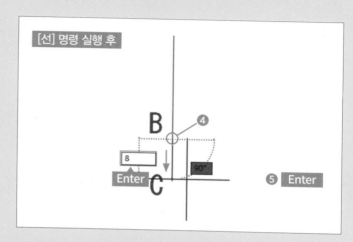

⑥ **원 명령 및 중심점과 반지름 지정** [홈] 탭 – [그리기] 패널에서 [원]의 아래쪽에 있는 ▼을 클릭하고, 표시된 메뉴에서 [중심점, 반지름]을 선택해서 원 명령을 실행합니다. 중심점으로 선의 끝점 C를, 반지름으로 선의 끝점 B를 클릭합니다.

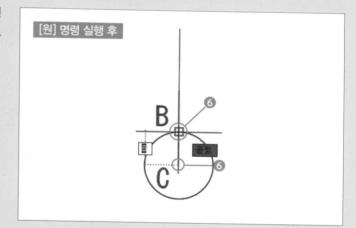

⑦ **지우기 명령 선택** [홈] 탭 – [수정] 패널에서 [지우기]를 클릭합니다.

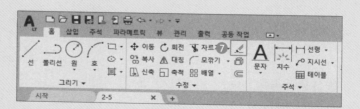

❽ **도형 선택** 선 BC를 클릭하여 선택
합니다.

❾ **지우기 명령 종료** Enter 키를 누릅
니다. 지우기 명령이 끝나며, 선 BC
가 지워집니다.

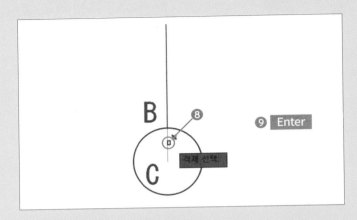

❿ **원 명령 및 중심점과 반지름 지정**
[홈] 탭 - [그리기] 패널에서 [원]을 클
릭한 후 선의 끝점 B를 클릭하고 키
보드로 [20]을 입력한 후 Enter 키
를 누릅니다. 반지름 20인 원이 그
려지며, 원 명령이 끝납니다.

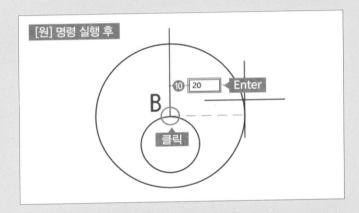

⑪ **선 명령 선택** [홈] 탭 - [그리기] 패널
에서 [선]을 클릭하여 선 명령을 실
행합니다.

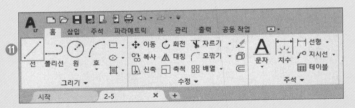

⑫ **점 지정** 원의 사분점 D, E를 클릭
하여 첫 번째 점과 두 번째 점을 지
정합니다.

⑬ **선 명령 종료** Enter 키를 눌러 선 명
령을 끝내면 선 DE가 그려집니다.

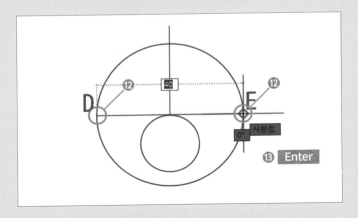

⑭ **지우기 명령 및 도형 선택** [홈] 탭 – [수정] 패널에서 [지우기]를 클릭하여 지우기 명령을 실행한 후 보조로 사용한 원을 클릭하여 선택합니다.

⑮ **지우기 명령 종료** Enter 키를 눌러 지우기 명령을 끝내면 원이 지워집니다.

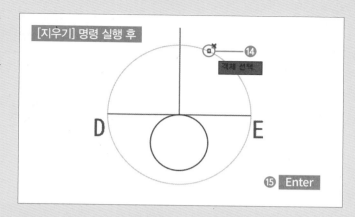

⑯ **선 명령 선택** [홈] 탭 – [그리기] 패널에서 [선]을 클릭합니다.

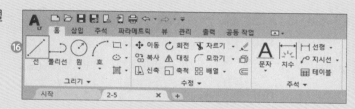

⑰ **시작점과 방향, 길이 지정** 선의 끝점 D를 클릭하고 커서를 위로 이동, 키보드로 [10]을 입력한 후 Enter 키를 누릅니다.

⑱ **선 명령 종료** Enter 키를 눌러 선 명령을 끝내면, 선 DF가 그려집니다.

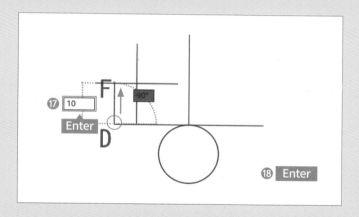

⑲ **원 명령 선택** [홈] 탭 – [그리기] 패널에서 [원]을 클릭합니다.

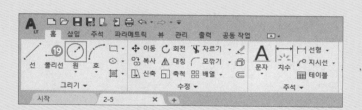

⑳ **중심점과 반지름 지정** 선의 끝점 F
를 클릭하고 키보드로 [5]를 입력한
후 Enter 키를 누릅니다. 반지름이
5인 원이 그려지며, 원 명령이 끝납
니다.

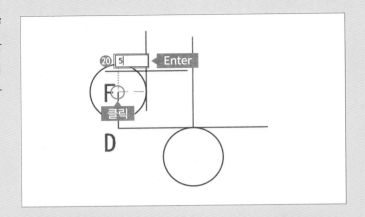

㉑ **지우기 명령 선택** [홈] 탭 – [수정]
패널에서 [지우기]를 클릭합니다.

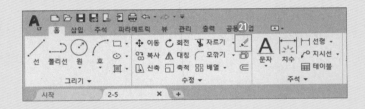

㉒ **도형 선택** 보조로 사용한 선 DF를
클릭하여 선택합니다.

㉓ **지우기 명령 종료** Enter 키를 누릅
니다. 지우기 명령이 끝나며, 선이
지워집니다.

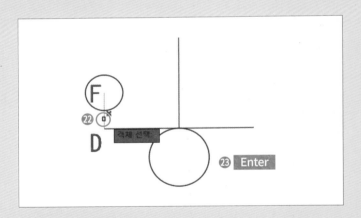

㉔ **오른쪽 원 그리기** 왼쪽 원을 그린
과정을 참고하여 오른쪽 원을 그려
완성합니다.

TIP 명령 실행 중에 F1 키를 누르면 실행 중
인 명령의 도움말이 켜집니다. 도움말은 인터넷
에 접속한 상태가 아니면 표시되지 않습니다.

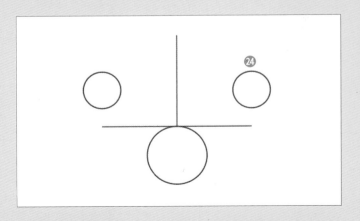

CHAPTER 03

도면 수정을 위한
필수 명령

SECTION 01

도형 지우기

도형을 지우기 위해서는 지우기 명령을 실행하는 방법과 도형을 선택한 후 Delete 키를 누르는 방법이 있습니다. 여기에서는 지우기 명령을 실행하는 방법을 설명합니다. 만약 도형의 일부만을 지울 때는 자르기 명령을 사용하세요(113쪽 참고).

📁 ✔ 연습용 파일 3-1.dwg

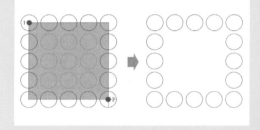

윈도우 선택을 사용하여 도형 지우기 ≫ 083쪽

윈도우 선택(직사각형 영역으로 완전히 감싼 도형을 선택하는 방법)을 사용하여 한 번에 도형을 지웁니다. 정확하게 직사각형 영역 안에 포함된 도형을 지울 때 편리합니다.

◈ 조작 흐름

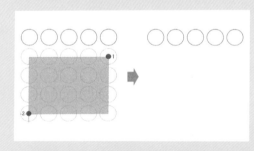

교차 선택을 사용하여 도형 지우기 ≫ 084쪽

교차 선택(직사각형 영역에 일부라도 포함된 도형을 선택하는 방법)을 사용하여 한 번에 도형을 지웁니다. 직사각형 영역과 겹친 모든 것을 지울 때 사용합니다.

◈ 조작 흐름

선택 해제를 사용하여 도형 지우기 ≫ 087쪽

여러 도형을 선택한 후 그중 일부만 선택을 해제하고 지웁니다. 일부분이 잘못 선택되었거나, 특정 부분만 선택에서 제외할 때 사용합니다.

◈ 조작 흐름

윈도우 선택을 사용하여 도형 지우기

[지우기] 명령을 실행하고 원 A의 안쪽, 원 B의 안쪽 순으로 클릭하여 윈도우 선택을 합니다. 마지막으로
Enter 키를 눌러 프롬프트를 확정합니다.

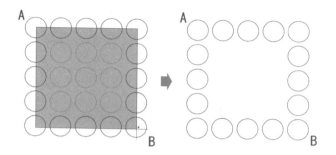

사용하는 명령	[지우기]
메뉴 막대	[수정] - [지우기]
리본 메뉴	[홈] 탭 - [수정] 패널
아이콘	
키보드	ERASE Enter (E Enter)

COLUMN 윈도우 선택

윈도우 선택이란 왼쪽에서 오른쪽으로 도형을 둘러싸듯 두 점을 클릭하고, 직사각형 영역에 완전히 둘러싸인 객체를 선
택하는 방법입니다. 완전히 둘러싸이지 않은 객체는 선택되지 않습니다. 직사각형 영역 안에 선택하고 싶지 않은 것이
있는 경우에 편리합니다.

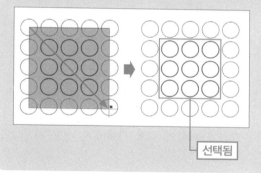

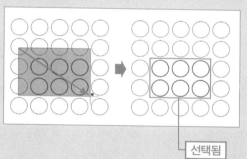

▷ 실습해 보세요

① **지우기 명령 선택** [홈] 탭 - [수정] 패
널에서 [지우기]를 클릭하여 지우기
명령을 실행합니다.

❷ **윈도우 선택 시작** 프롬프트에 [객체 선택]이
표시되면 원 A의 안쪽을 클릭하고, 커서를
클릭한 위치보다 [오른쪽] 아래로 이동합니
다. 윈도우 선택이 시작되며, 파란색 직사각
형이 표시됩니다.

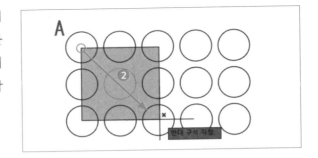

❸ **윈도우 선택 종료** 프롬프트에 [반대 구석 지
정]이라고 표시되면 원 B의 안쪽을 클릭합니
다. 윈도우 선택이 끝나며, 파란색 직사각형
에 완전히 둘러싸인 원 9개가 선택되어 하이
라이트 표시됩니다.

❹ **지우기 명령 종료** 프롬프트에 [객체 선택]이라
고 표시되면 Enter 키를 누릅니다. [객체 선
택] 프롬프트가 확정되며, 지우기 명령이 끝
납니다.

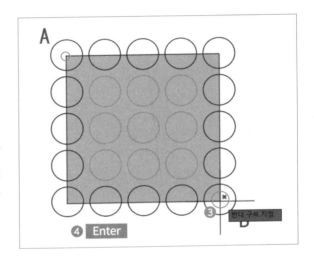

 교차 선택을 사용하여 도형 지우기

[지우기] 명령을 실행하고 원 A의 안쪽, 원 B의 안쪽 순으로 클릭하여 교차 선택을 합니다. 마지막으로
Enter 키를 눌러 프롬프트를 확정합니다.

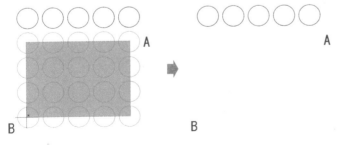

사용하는 명령	[지우기]
메뉴 막대	[수정] – [지우기]
리본 메뉴	[홈] 탭 – [수정] 패널
아이콘	
키보드	ERASE Enter (E Enter)

교차 선택이란 오른쪽에서 왼쪽으로 도형을 둘러싸듯 두 점을 클릭하고, 직사각형 영역에 일부라도 들어간 객체를 선택하는 방법입니다. 직사각형 영역 안에 있는 모든 것을 선택하고 싶을 때 편리합니다. 윈도우 선택과 차이점을 확인해 둡시다.

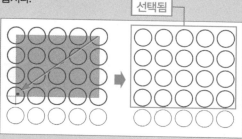
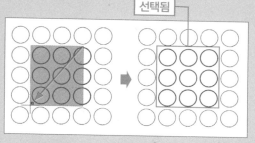

▷ 실습해 보세요

❶ 지우기 명령 선택 [홈] 탭 - [수정] 패널에서 [지우기]를 클릭하여 지우기 명령을 실행합니다.

❷ 교차 선택 시작 프롬프트에 [객체 선택]이 표시되면 원 A의 안쪽을 클릭하고, 커서를 클릭한 위치보다 [왼쪽] 아래로 이동합니다. 교차 선택이 시작되며, 초록색 직사각형이 표시됩니다.

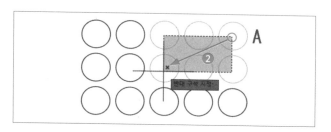

❸ 교차 선택 종료 프롬프트에 [반대 구석 지정]이라고 표시되면 원 B의 안쪽을 클릭합니다. 교차 선택이 끝나며, 초록색 직사각형에 일부라도 들어간 원이 20개 선택되어 하이라이트 표시됩니다.

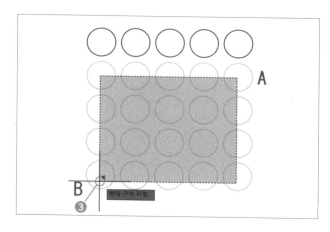

❹ 지우기 명령 종료 프롬프트에 [객체 선택]이라고 표시되면 Enter 키를 누릅니다. [객체 선택] 프롬프트가 확정되며, 지우기 명령이 끝납니다.

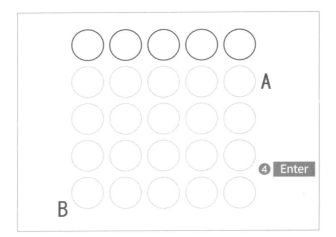

COLUMN 울타리 선택

윈도우 선택이나 교차 선택 이외에도 울타리 선택을 사용할 수 있습니다. 울타리 선을 그려 그 선과 겹치는 객체를 선택하는 방법입니다.

[수정] 패널에서 임의의 명령 아이콘을 클릭해서 실행합니다. 프롬프트에 [객체 선택]이라고 표시되면 ① 키보드로 [F]를 입력하고 Enter 키를 누릅니다. 울타리 선 그리기가 시작됩니다. ② 선택할 객체를 통과하듯 임의의 점을 몇 군데 클릭합니다. ③ Enter 키를 누르면 울타리 선택이 끝나며, 선에 걸친 객체가 선택됩니다.

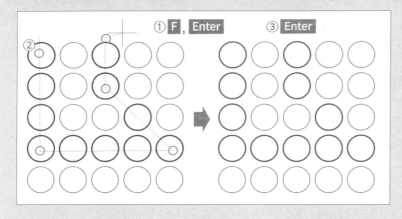

선택 해제를 사용하여 도형 지우기

[지우기] 명령을 실행하고 원 A의 안쪽, 원 B의 안쪽 순으로 클릭하여 교차 선택합니다. 그 후 Shift 키를 누른 채로 원 C의 안쪽, 원 D의 안쪽 순으로 교차 선택합니다. Shift 키를 누른 채로 교차 선택한 영역이 선택 해제됩니다. 마지막으로 Enter 키를 눌러 프롬프트를 확정합니다.

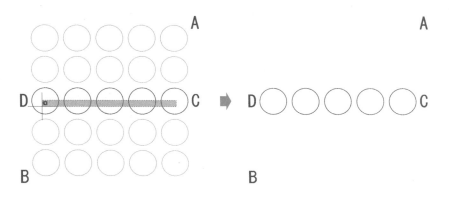

사용하는 명령	[지우기]
메뉴 막대	[수정] – [지우기]
리본 메뉴	[홈] 탭 – [수정] 패널
아이콘	
키보드	ERASE Enter (E Enter)

COLUMN 선택 제외

Shift 키를 누른 채로 객체를 선택하면 해당 객체가 선택에서 제외됩니다. 범위를 잘못 지정하여 선택되었거나, 선택한 후에 변경이 생겨 일부를 제외하고 싶을 때 이용하면 효율적입니다.

▷ 실습해 보세요

① 지우기 명령 선택 [홈] 탭 – [수정] 패널에서 [지우기]를 클릭하여 지우기 명령을 실행합니다.

❷ **교차 선택 시작** 프롬프트에 [객체 선택]
이라고 표시되면 원 A의 안쪽을 클릭한
후 커서를 [왼쪽] 아래로 이동합니다. 교
차 선택이 시작되어 초록색 직사각형이
표시됩니다.

❸ **교차 선택 종료** 프롬프트에 [반대 구석
지정]이라고 표시되면 원 B의 안쪽을 클
릭합니다. 교차 선택이 끝나며, 원이 전
부 선택됩니다.

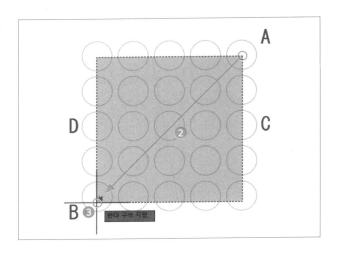

❹ **선택 제외 시작** 프롬프트에 [객체 선택]
이라고 표시되면 [Shift] 키를 누른 채로
원 C의 안쪽을 클릭하고, 커서를 [왼쪽]
으로 이동합니다. 선택 제외를 위한 교
차 선택이 시작되어 초록색 직사각형이
표시됩니다.

❺ **선택 제외 종료** 프롬프트에 [반대 구석
지정]이라고 표시되면 원 D의 안쪽을 클
릭합니다. 교차 선택한 5개의 원이 선택
에서 제외되며 하이라이트 표시가 해제
됩니다.

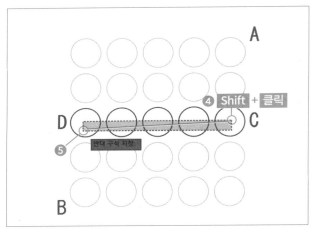

❻ **지우기 명령 종료** 프롬프트에 [객체 선
택]이라고 표시되면 [Enter] 키를 누릅니
다. [객체 선택] 프롬프트가 확정되며, 지
우기 명령이 끝납니다.

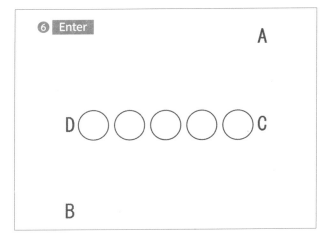

폴리곤 윈도우, 폴리곤 교차 선택

다각형을 윈도우 선택, 교차 선택에 활용하는 방법을 폴리곤 윈도우 선택, 폴리곤 교차 선택이라고 합니다.

[수정] 패널에 있는 임의의 명령 아이콘을 클릭해서 실행합니다. ① 프롬프트에 [객체 선택]이라고 표시되면 키보드로 옵션 키를 입력하고 Enter 키를 누릅니다. 폴리곤 윈도우 선택은 [WP]를, 폴리곤 교차 선택은 [CP]를 입력하면 됩니다. ② 임의 점을 몇 군데 클릭합니다. ④ Enter 키를 누르면 선택 옵션이 끝나며, 객체가 선택됩니다.

폴리곤 윈도우

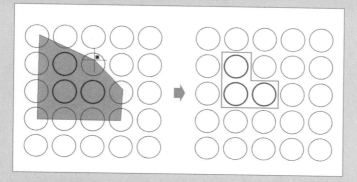

폴리곤 교차

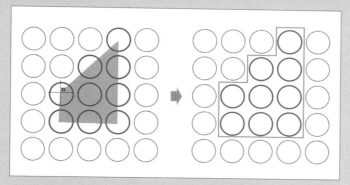

SECTION 02

도형 이동

도형을 옮길 때는 원본의 기준점과 이동할 지점인 목적점을 지정하며, 목적점을 지정할 때는 객체 스냅이나 직교 모드를 이용합니다. 처음부터 정확한 위치에 도면을 그리는 것이 아니라, 임의의 위치에 도면을 그린 후 정확한 위치로 옮겨 도면을 완성할 수도 있습니다.

📁 연습용 파일 3-2.dwg

미리보기

기존 도형의 점을 이용하여 도형 이동하기

>> 091쪽

이동을 시작할 기준점과 이동할 지점인 목적점을 지정하여 도형을 이동합니다. 기준점과 목적점을 객체 스냅 등으로 지정할 수 있는 경우에 사용합니다.

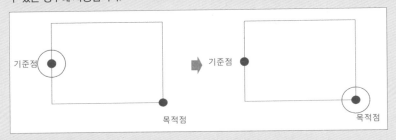

🔲 조작 흐름

객체 스냅 설정 ▶ 이동 실행 ▶ 도형 선택 (반복) ▶ 기준점 지정 ▶ 목적점 지정

수평·수직으로 도형 이동하기

>> 093쪽

수평 또는 수직 방향으로 이동하고 싶다면 직교 모드를 사용하여 커서 움직임을 수평, 수직 방향으로 고정하여 이동합니다.

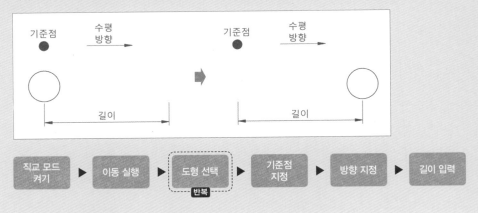

직교 모드 켜기 ▶ 이동 실행 ▶ 도형 선택 (반복) ▶ 기준점 지정 ▶ 방향 지정 ▶ 길이 입력

기존 도형의 점을 이용하여 도형 이동하기

우선 객체 스냅을 설정합니다. 다음으로 [이동] 명령을 실행하고 원 A를 선택, 기준점으로 원 A의 중심점을 클릭, 목적점으로 직사각형의 꼭짓점 B를 클릭하면 원이 이동합니다.

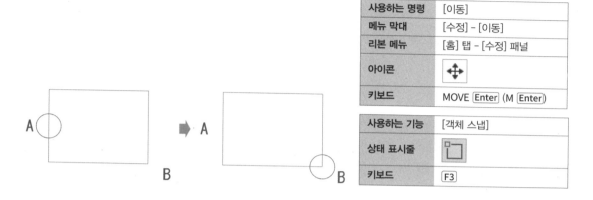

사용하는 명령	[이동]
메뉴 막대	[수정] – [이동]
리본 메뉴	[홈] 탭 – [수정] 패널
아이콘	✥
키보드	MOVE Enter (M Enter)

사용하는 기능	[객체 스냅]
상태 표시줄	⬜
키보드	F3

▷ 실습해 보세요

① **객체 스냅의 설정 화면 표시** 상태 표시줄의 [객체 스냅] 아이콘 위에서 우클릭한 후 [객체 스냅 설정]을 선택합니다.

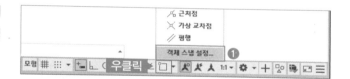

② **사용할 객체 스냅 설정** '제도 설정' 대화상자가 표시되면 [끝점]과 [중심]에 체크한 후 [확인] 버튼을 클릭합니다. 대화상자가 닫히며, 객체 스냅이 설정됩니다.

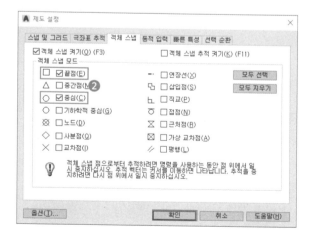

③ **직교 모드 끄기, 객체 스냅 켜기**

❹ **이동 명령 선택** [홈] 탭 - [수정] 패널에서 [이동]을 클릭하여 이동 명령을 실행합니다.

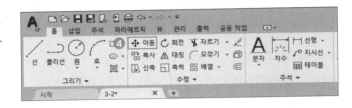

❺ **도형 선택** 프롬프트에 [객체 선택]이라고 표시되면 원 A를 클릭하여 선택합니다.

❻ **선택 확정** 프롬프트에는 [객체 선택]이라고 표시됩니다. 선택할 도형이 더는 없으므로, Enter 키를 눌러 선택을 확정합니다.

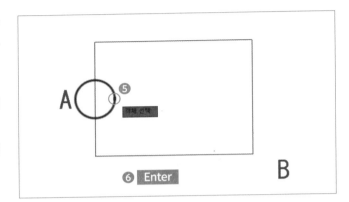

❼ **기준점 지정** 프롬프트에 [기준점 지정 또는]이라고 표시되면 원 A의 중심점을 클릭합니다.

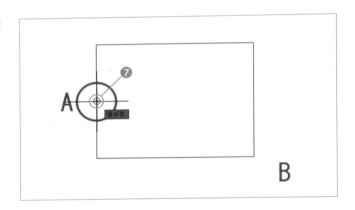

❽ **목적점 지정** 커서를 움직여서 커서를 기준점으로 원이 이동하는 미리 보기가 표시되고, 프롬프트에 [두 번째 점 지정 또는]이라고 표시되면 직사각형의 꼭짓점 B를 클릭합니다. 지정된 목적점으로 원이 이동하며, 이동 명령이 끝납니다.

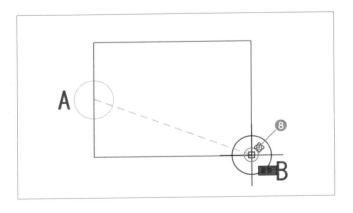

수평·수직으로 도형 이동하기

우선 직교 모드를 켭니다. 다음으로 [이동] 명령을 실행하고 원 A를 선택, 기준점으로 임의 점을 클릭하고 방향, 길이를 지정합니다.

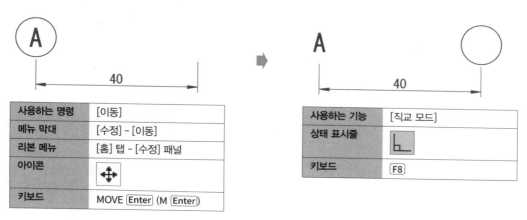

사용하는 명령	[이동]
메뉴 막대	[수정] - [이동]
리본 메뉴	[홈] 탭 - [수정] 패널
아이콘	✥
키보드	MOVE Enter (M Enter)

사용하는 기능	[직교 모드]
상태 표시줄	⌐
키보드	F8

▷ 실습해 보세요

❶ 직교 모드 켜기, 객체 스냅 끄기

❷ 이동 명령 선택 [홈] 탭 - [수정] 패널에서 [이동]을 클릭하여 이동 명령을 실행합니다.

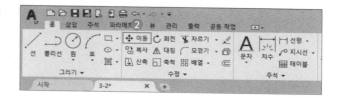

❸ 도형 선택 프롬프트에 [객체 선택]이라고 표시되면 원 A를 클릭하여 선택합니다.

❹ 선택 확정 프롬프트에 [객체 선택]이라고 표시되면 더는 선택할 도형이 없으므로, Enter 키를 눌러 선택을 확정합니다.

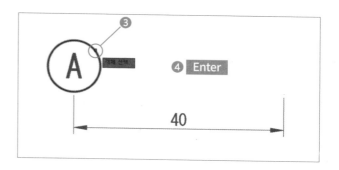

❺ **기준점 지정** 프롬프트에 [기준점 지정 또는]
이라고 표시되면 임의 점을 클릭합니다.

❻ **방향 지정** 커서를 움직이면 커서를 기준
점으로 원이 이동하는 미리 보기가 표시
되며, 프롬프트에는 [**두 번째 점 지정 또는
<첫 번째 점을 변위로 사용>**]이라고 표시됩
니다. 도형을 이동하고 싶은 방향으로
커서를 이동합니다. 여기에서는 오른쪽
수평 방향으로 움직입니다.

❼ **길이 입력** 키보드로 [40]을 입력하고
Enter 키를 누릅니다. 원이 수평 방향으
로 40만큼 이동하며, 이동 명령이 끝납
니다.

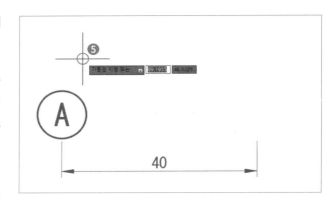

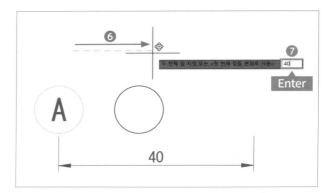

[유사 선택] 명령을 사용하면 같은 종류의 도형을 한 번에 선택할 수 있습니다(AutoCAD LT 2011 버전 이후부터 사용
할 수 있는 기능입니다).

① 선택할 종류의 도형을 하나 클릭하여 선택합니다. ② 도면 작성 영역에서 우클릭한 후 표시된 메뉴에서 [유사 선택]
을 선택합니다. 처음 선택한 도형과 같은 종류의 도형이 전부 선택됩니다.

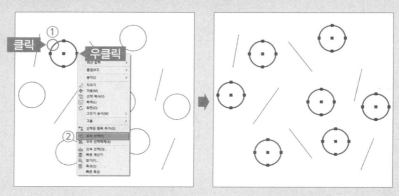

SECTION 03

도형 복사

원본의 기본점과 복사할 지점인 목적점(두 번째 점)을 지정하여 도형을 연속으로 복사합니다. 꼭 같은 모양이 아니라도 유사한 도형을 복사한 후 수정 명령을 이용하여 도면을 그리면 효율적입니다. 목적점을 지정할 때는 객체 스냅이나 직교 모드를 이용합니다.

📁✓ 연습용 파일 3-3.dwg

미리보기

기존 도형의 점을 이용하여 도형 복사하기 >> 096쪽

복사할 대상의 기본점과 복사할 지점인 목적점을 지정하여 도형을 복사합니다. 기본점, 목적점을 객체 스냅 등으로 지정할 수 있는 경우에 이용합니다.

🔲 조작 흐름

수평·수직으로 도형 복사하기 >> 098쪽

수평 또는 수직 방향으로 복사하고 싶다면 직교 모드를 사용하여 커서 움직임을 수평, 수직 방향으로 고정하여 복사합니다.

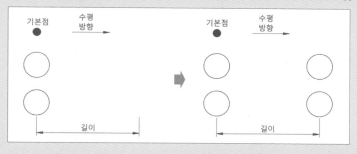

🔲 조작 흐름

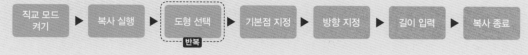

기존 도형의 점을 이용하여 도형 복사하기

우선 객체 스냅을 설정합니다. **[복사]** 명령을 실행하고 원 A, B를 선택, 기본점으로 선의 끝점 C를 클릭, 두 번째 점으로 선의 끝점 D를 클릭하면 원이 복사됩니다. 마지막으로 [Enter] 키를 눌러 프롬프트를 확정합니다.

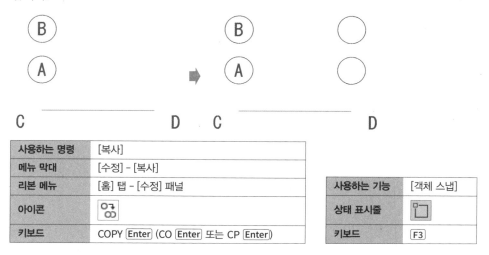

사용하는 명령	[복사]
메뉴 막대	[수정] - [복사]
리본 메뉴	[홈] 탭 - [수정] 패널
아이콘	⚬⃗
키보드	COPY [Enter] (CO [Enter] 또는 CP [Enter])

사용하는 기능	[객체 스냅]
상태 표시줄	⬚
키보드	[F3]

▷ 실습해 보세요

❶ 객체 스냅의 설정 화면 표시 상태 표시줄의 **[객체 스냅]** 아이콘 위에서 우클릭한 후 **[객체 스냅 설정]**을 선택합니다.

❷ 사용할 객체 스냅 설정 '제도 설정' 대화상자가 표시되면 **[끝점]**에 체크한 후 **[확인]** 버튼을 클릭합니다. 대화상자가 닫히며, 객체 스냅이 설정됩니다.

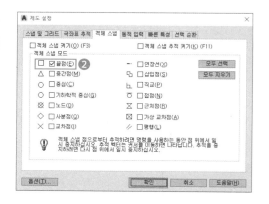

❸ 직교 모드 끄기, 객체 스냅 켜기

❹ **복사 명령 선택** [홈] 탭 - [수정] 패널에서 [복사]를 클릭하여 복사 명령을 실행합니다.

❺ **도형 선택** 프롬프트에 [객체 선택]이라고 표시되면 원 A, B를 클릭하여 선택합니다.

❻ **선택 확정** 프롬프트에 [객체 선택]이라고 표시되면, 더는 선택할 도형이 없으므로 [Enter] 키를 눌러 선택을 확정합니다.

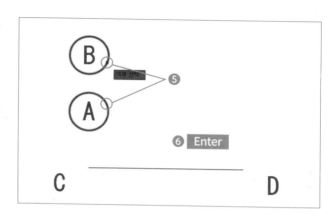

❼ **기본점 지정** 프롬프트에 [기본점 지정 또는]이라고 표시되면 선의 끝점 C를 클릭합니다.

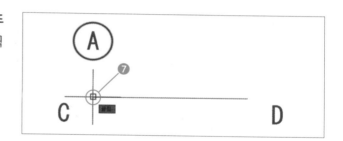

❽ **목적점 지정** 커서를 움직이면, 커서를 기본점으로 원이 복사되는 미리 보기가 표시되며 프롬프트에는 [두 번째 점 지정 또는]이라고 표시됩니다. 선의 끝점 D를 클릭하여 두 번째 점을 지정하여 원을 복사합니다.

❾ **복사 명령 종료** 프롬프트에 [두 번째 점 지정 또는]이라고 표시되며, [복사] 명령이 계속됩니다. [Enter] 키를 눌러 프롬프트를 확정하고, 복사 명령을 끝냅니다.

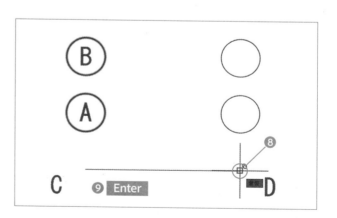

수평·수직으로 도형 복사하기

우선 직교 모드를 켭니다. **[복사]** 명령을 실행하고 원 A, B를 선택, 기본점으로 임의 점을 클릭한 후 방향, 길이를 지정합니다. 마지막으로 Enter 키를 눌러서 프롬프트를 확정합니다.

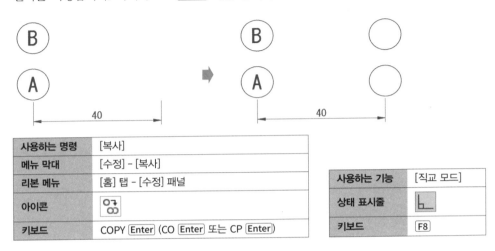

사용하는 명령	[복사]
메뉴 막대	[수정] - [복사]
리본 메뉴	[홈] 탭 - [수정] 패널
아이콘	⬚
키보드	COPY Enter (CO Enter 또는 CP Enter)

사용하는 기능	[직교 모드]
상태 표시줄	⬚
키보드	F8

▷ 실습해 보세요

❶ 직교 모드 켜기, 객체 스냅 끄기

❷ 복사 명령 선택 [홈] 탭 - [수정] 패널에서 [복사]를 클릭합니다. 복사 명령을 실행합니다.

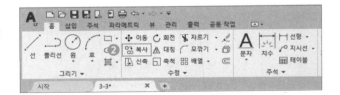

❸ 도형 선택 프롬프트에 [객체 선택]이라고 표시되면 원 A, B를 클릭하여 선택합니다.

❹ 선택 확정 프롬프트에 [객체 선택]이라고 표시되면 더는 선택할 도형이 없으므로 Enter 키를 눌러 선택을 확정합니다.

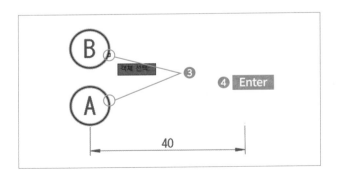

❺ **기본점 지정** 프롬프트에 [기본점 지정 또는]이라고 표시되면 임의 점을 클릭합니다.

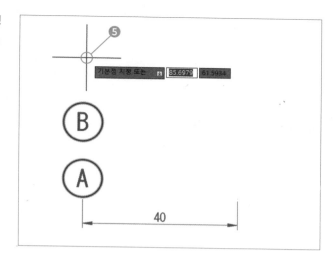

❻ **방향 지정** 커서를 움직여서 커서를 기본점으로 원이 복사되는 미리 보기가 표시되고, 프롬프트에 **[두 번째 점 지정 또는]**이라고 표시되면 도형을 복사할 방향으로 커서를 이동합니다. 여기에서는 수평 방향 오른쪽으로 움직입니다.

❼ **길이 입력** 수평 방향에 가상선이 표시되면 키보드로 [40]을 입력하고 Enter 키를 누릅니다. 원이 수평 방향으로 40만큼 이동한 곳에 복사됩니다.

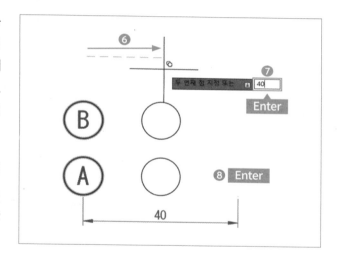

❽ **복사 명령 종료** Enter 키를 눌러 프롬프트를 확정하면 복사 명령이 끝납니다.

도형 회전

중심점과 각도를 지정하여 도형을 회전합니다. 각도가 명확하지 않으면 참조 옵션을 이용하면 됩니다.

📁✔️ 연습용 파일 3-4.dwg

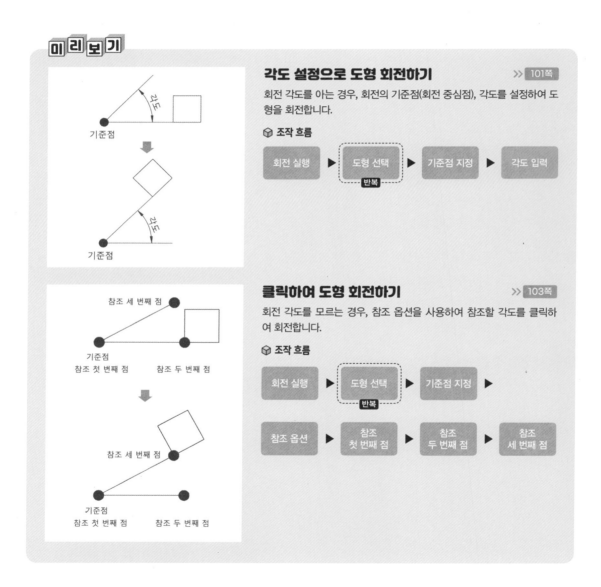

미리보기

각도 설정으로 도형 회전하기 ≫ 101쪽

회전 각도를 아는 경우, 회전의 기준점(회전 중심점), 각도를 설정하여 도형을 회전합니다.

◈ 조작 흐름

회전 실행 ▶ 도형 선택 (반복) ▶ 기준점 지정 ▶ 각도 입력

클릭하여 도형 회전하기 ≫ 103쪽

회전 각도를 모르는 경우, 참조 옵션을 사용하여 참조할 각도를 클릭하여 회전합니다.

◈ 조작 흐름

회전 실행 ▶ 도형 선택 (반복) ▶ 기준점 지정 ▶

참조 옵션 ▶ 참조 첫 번째 점 ▶ 참조 두 번째 점 ▶ 참조 세 번째 점

각도 설정으로 도형 회전하기

[회전] 명령을 실행하고 정사각형 A를 선택, 기준점으로 선의 끝점 B를 클릭, 각도를 입력하면 도형이 회전합니다.

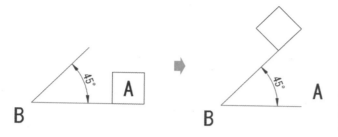

사용하는 명령	[회전]
메뉴 막대	[수정] - [회전]
리본 메뉴	[홈] 탭 - [수정] 패널
아이콘	↻
키보드	ROTATE Enter (RO Enter)

▷ 실습해 보세요

96쪽을 참고하여 '제도 설정' 대화상자에서 [끝점]으로 객체 스냅을 설정한 후 실습을 진행합니다.

❶ **회전 명령 선택** [홈] 탭 - [수정] 패널에서 [회전]을 클릭하여 회전 명령을 실행합니다.

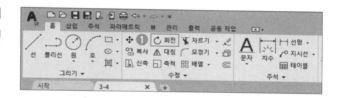

❷ **도형 선택** 프롬프트에 [객체 선택]이라고 표시되면 정사각형 A를 클릭하여 선택합니다.

❸ **선택 확정** Enter 키를 눌러 선택을 확정합니다.

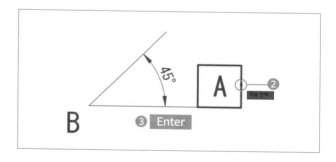

❹ **기준점 지정** 프롬프트에 [기준점 지정]이라고 표시되면 끝점 B를 클릭합니다.

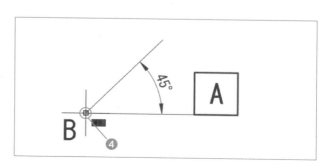

❺ **각도 입력** 프롬프트에 [회전 각도 지정 또는]이라고 표시되면 키보드로 [45]라고 입력하고 Enter 키를 누릅니다. 지정된 각도로 정사각형이 회전하며, 회전 명령이 끝납니다.

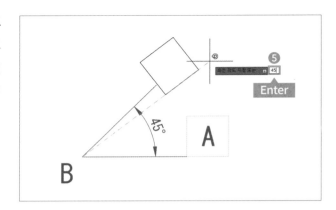

COLUMN 회전 각도

AutoCAD LT 초기 설정은 반시계 방향이 + 각도가 되도록 설정되어 있습니다. 변경이 필요하다면 왼쪽 위에 있는 로고 모양 [프로그램 메뉴]를 클릭하고 [도면 유틸리티] - [단위]를 선택합니다. '도면 단위' 대화상자가 열리면 [시계 방향]에 체크하세요.

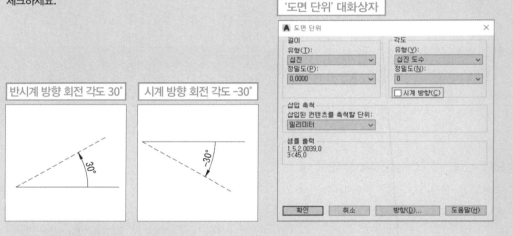

클릭하여 도형 회전하기

[회전] 명령을 실행하고 정사각형 A를 선택, 기준점으로 선의 끝점 B를 클릭합니다. [참조(R)] 옵션 선택 후 끝점 B, C, D 순으로 클릭하면 도형이 회전합니다.

사용하는 명령	[회전]
메뉴 막대	[수정] - [회전]
리본 메뉴	[홈] 탭 - [수정] 패널
아이콘	↻
키보드	ROTATE Enter (RO Enter)

▷ 실습해 보세요

96쪽을 참고하여 '제도 설정' 대화상자에서 [끝점]으로 객체 스냅을 설정한 후 실습을 진행합니다.

❶ 회전 명령 선택 [홈] 탭 - [수정] 패널에서 [회전]을 클릭하여 회전 명령을 실행합니다.

❷ 도형 선택 프롬프트에 [객체 선택]이라고 표시되면 정사각형 A를 클릭하여 선택합니다.

❸ 선택 확정 Enter 키를 눌러 선택을 확정합니다.

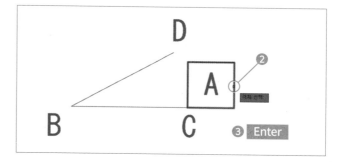

❹ 기준점 지정 프롬프트에 [기준점 지정]이라고 표시되면 끝점 B를 클릭합니다.

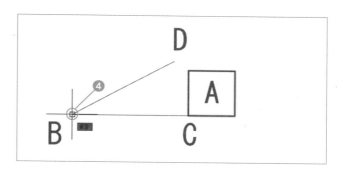

❺ **[참조] 옵션 선택** 프롬프트에 [회전 각도 지정 또는]이라고 표시되면 우클릭한 후 표시된 메뉴에서 **[참조(R)]** 옵션을 선택합니다.

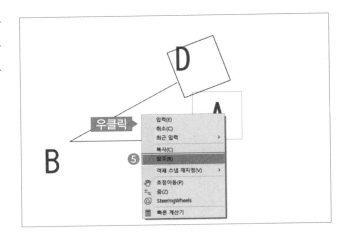

❻ **참조할 각도 지정** 프롬프트에 [참조 각도를 지정]이라고 표시되면 기준이 되는 회전 각도인 끝점 B, C를 순서대로 클릭합니다.

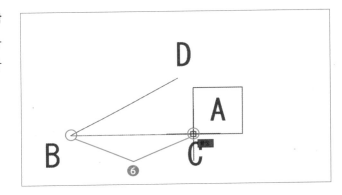

❼ **참조할 각도 지정** 프롬프트에 [새 각도 지정 또는]이라고 표시되면 목적하는 회전 각도인 끝점 D를 클릭합니다. 지정된 각도로 정사각형이 회전하며, 회전 명령이 끝납니다.

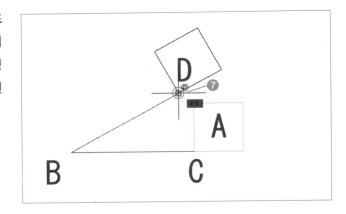

SECTION 05

도형 간격띄우기

간격띄우기란 지정한 간격을 띄워서 복사하는 명령입니다. 선은 평행하게 복사되며, 원이나 호는 반지름이 다른 원이 복사됩니다. 간격띄우기를 이용하면 외곽선이나 벽체선을 효율적으로 그릴 수 있습니다.

 연습용 파일 3-5.dwg

미리보기

거리와 방향을 지정하여 도형 간격띄우기
>> 106쪽

지정한 간격으로 복사합니다. 일정 간격으로 복사하고 싶거나 평행선을 그리고 싶을 때 편리합니다.

클릭한 위치로 도형 간격띄우기
>> 107쪽

클릭한 점으로 복사합니다. 정확한 간격을 모를 때 대략적인 위치를 클릭하여 평행하게 복사할 수 있습니다.

3일차

거리와 방향을 지정하여 도형 간격띄우기

[간격띄우기] 명령을 실행하고 거리를 입력합니다. 선 A를 선택하고 B쪽을 클릭하면 선 B가 그려집니다. 명령이 계속되므로 선 A를 선택하고 C쪽을 클릭하면 선 C가 그려집니다. 마지막으로 프롬프트를 확정하여 [간격띄우기] 명령을 종료합니다.

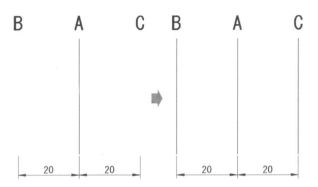

사용하는 명령	[간격띄우기]
메뉴 막대	[수정] - [간격띄우기]
리본 메뉴	[홈] 탭 - [수정] 패널
아이콘	⊏ (2019 이후) ⚒ (2018 이전)
키보드	OFFSET Enter (O Enter)

▷ 실습해 보세요

❶ **간격띄우기 명령 선택** [홈] 탭 - [수정] 패널에서 [간격띄우기]를 클릭하여 간격띄우기 명령을 실행합니다.

❷ **거리 입력** 프롬프트에 [간격띄우기 거리 지정 또는]이라고 표시되면 키보드로 [20]을 입력하고 Enter 키를 눌러 거리를 지정합니다.

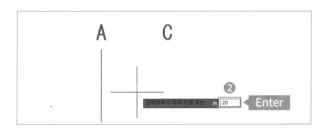

❸ **도형 선택** 프롬프트에 [간격띄우기할 객체 선택 또는]이라고 표시되면 선 A를 클릭하여 선택합니다.

❹ **간격띄우기할 방향 지정** 프롬프트에 [간격띄우기할 면의 점 지정 또는]이라고 표시되면 B쪽(선 A의 왼쪽)을 클릭합니다. 선 B가 그려집니다.

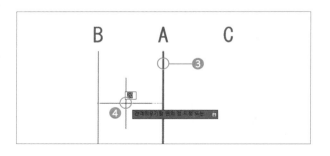

❺ **간격띄우기할 도형 지정** 계속해서 프롬프트에 [간격띄우기할 객체 선택 또는]이라고 표시되면 선 A를 클릭하여 선택합니다.

❻ **방향 지정** C쪽(선 A의 오른쪽)을 클릭합니다. 선 C가 그려집니다.

❼ **간격띄우기 종료** 프롬프트에 [간격띄우기할 객체 선택 또는]이라고 표시되면 Enter 키를 누릅니다. 프롬프트가 확정되고, 간격띄우기 명령이 끝납니다.

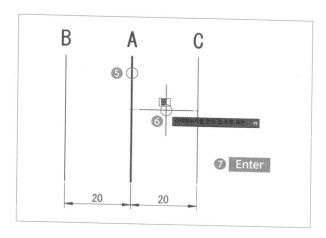

 ## 클릭한 위치로 도형 간격띄우기

[간격띄우기] 명령을 실행하고 [통과점(T)] 옵션을 선택합니다. 선 A를 선택하고 선 B의 끝점을 클릭하면 선 D가 그려집니다. 명령이 계속되므로 선 D를 선택하고 선 C의 끝점을 클릭하면 선 E가 그려집니다. 마지막으로 프롬프트를 확정하고 [간격띄우기] 명령을 종료합니다.

사용하는 명령	[간격띄우기]
메뉴 막대	[수정] – [간격띄우기]
리본 메뉴	[홈] 탭 – [수정] 패널
아이콘	⊂ (2019 이후) ⚙ (2018 이전)
키보드	OFFSET Enter (O Enter)

▷ 실습해 보세요

96쪽을 참고하여 '제도 설정' 대화상자에서 [끝점]으로 객체 스냅을 설정한 후 실습을 진행합니다.

❶ 간격띄우기 명령 선택 [홈] 탭 – [수정] 패널에서 [간격띄우기]를 클릭하여 간격 띄우기 명령을 실행합니다. 명령 행을 보면 [간격띄우기 거리 지정 또는 통과점(T) 지우기(E) 도면층(L)]이라고 표시됩니다.

❷ [통과점] 옵션 선택 마우스 우클릭한 후 표시된 메뉴에서 [통과점(T)] 옵션을 선택합니다.

❸ 도형 선택 프롬프트에 [간격띄우기할 객체 선택 또는]이라고 표시되면 선 A를 클릭하여 선택합니다.

❹ 통과점 지정 프롬프트에 [통과점 지정 또는]이라고 표시되면 선 B의 끝점을 클릭합니다. 통과점이 지정되며, 선 D가 그려집니다.

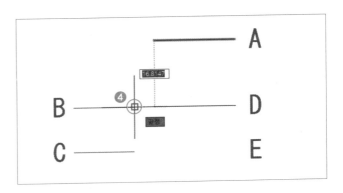

⑤ 간격띄우기할 도형과 통과점 지정 프롬프트
에 [간격띄우기할 객체 선택 또는]이라고 표시되
면 선 D를 클릭하여 선택한 후 선 C의 끝점
을 클릭합니다. 선 E가 그려집니다.

⑥ 간격띄우기 명령 종료 프롬프트에 [간격띄우
기할 객체 선택 또는]이라고 표시되면 Enter 키
를 누릅니다. 프롬프트가 확정되며, 간격띄
우기 명령이 끝납니다.

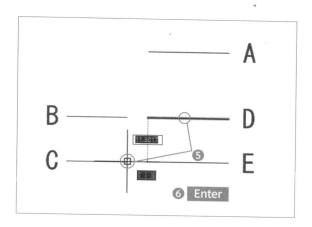

객체를 연속으로 선택할 때 앞서 선택한 것이 해제되는 문제가 발생한다면 AutoCAD LT 왼쪽 위에 있는 로고 모양의
[프로그램 메뉴] 아이콘을 클릭한 후 [옵션] 버튼을 클릭하여 '옵션' 대화상자를 열고 다음과 같이 설정을 변경합니다.

① '옵션' 대화상자에서 [선택] 탭을 클릭합니다. ② [Shift 키를 사용하여 선택에 추가]에 체크를 해제한 후 ③ [확인]
버튼을 클릭합니다.

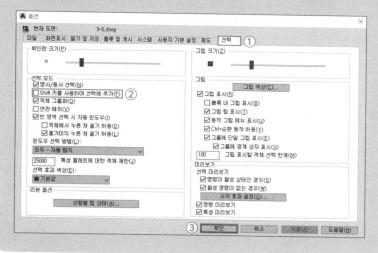

SECTION 06

도형 대칭

대칭선의 두 점을 지정하여 거울에 비친 것처럼 반전된 도형을 그립니다. 좌우나 상하 대칭인 도형을 그릴 때 이용할 수 있습니다. 축을 지정할 때는 객체 스냅이나 직교 모드를 이용합니다.

📁 ✓ 연습용 파일 3-6.dwg

미리보기

대칭선의 두 점을 지정하여 도형 대칭시키기   ≫ 111쪽

거울에 비친 것처럼 도형을 선대칭으로 복사합니다. 좌우나 상하로 반전된 도형을 그리고 싶을 때 사용합니다.

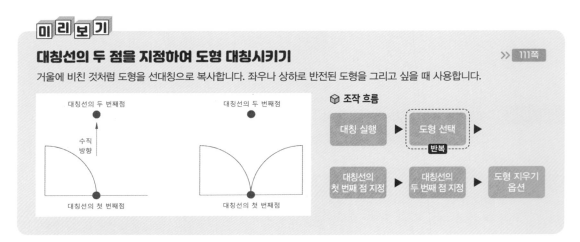

대칭선의 두 점을 지정하여 도형 대칭시키기

[대칭] 명령을 실행하고 선 A와 호 B를 선택합니다. 대칭선의 첫 번째 점으로는 호의 끝점 C를 클릭, 두 번째 점으로는 직교 모드를 사용하여 점 C로부터 수직인 방향에 있는 임의 점 D를 클릭합니다. 마지막으로 옵션은 원본 도형을 지우지 않으므로 [아니오]를 선택합니다.

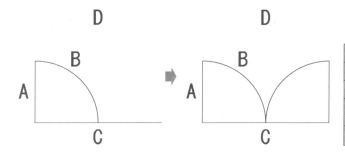

사용하는 명령	[대칭]
메뉴 막대	[수정] - [대칭]
리본 메뉴	[홈] 탭 - [수정] 패널
아이콘	◭
키보드	MIRROR Enter (MI Enter)

▷ 실습해 보세요

① **객체 스냅 설정** [96쪽]을 참고하여 '제
도 설정' 대화상자에서 [끝점]으로 객
체 스냅을 설정합니다.

② **직교 모드 켜기**

③ **대칭 명령 선택** [홈] 탭 – [수정] 패널에
서 [대칭]을 클릭하여 대칭 명령을 실행
합니다.

④ **도형 선택** 프롬프트에 [객체 선택]이라
고 표시되면 선 A, 호 B를 클릭하여
선택합니다.

⑤ **선택 확정** [Enter] 키를 눌러 선택을 확
정합니다.

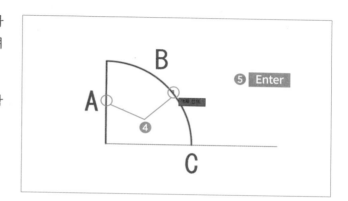

⑥ **대칭선의 첫 번째 점 지정** 프롬프트에
[대칭선의 첫 번째 점 지정]이라고 표시되
면 호의 끝점 C를 클릭하여 대칭선의
첫 번째 점을 지정합니다. 대칭 미리보
기가 표시됩니다.

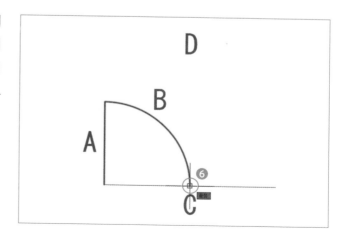

⑦ 대칭선의 두 번째 점 지정 프롬프트에 [대칭선의 두 번째 점 지정]이라고 표시되면 커서를 위로 움직여서 임의 점 D를 클릭합니다. 대칭선의 두 번째 점이 지정되며, 대칭의 미리보기는 꺼집니다.

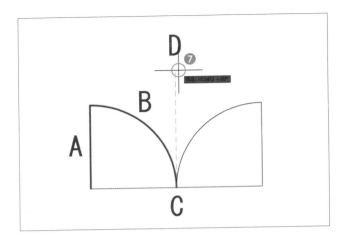

⑧ 옵션 선택 프롬프트에 [원본 객체를 지우시겠습니까?]라고 표시되면 원본 객체(선 A와 호 B)를 지우지 않도록 [아니오] 옵션을 클릭하여 선택합니다. 원본 객체(선 A와 호B)는 지워지지 않고 남으며, 선 A와 호 B가 점 C와 점 D를 축으로 대칭 상태로 복사됩니다.

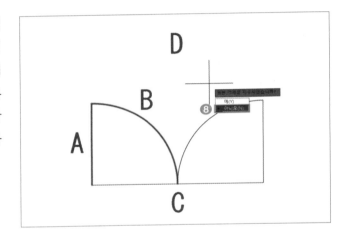

SECTION 07

도형 자르기/연장

자르기 명령은 지정한 기준선(절단 모서리)까지 선이나 호 등의 도형을 잘라서 지웁니다. 연장 명령은 지정한 기준선(경계 모서리)까지 선이나 호 등의 도형을 연장합니다.

☑ 연습용 파일 3-7.dwg

미리보기

기준선까지 도형을 잘라서 지우기　　　　　》 114쪽

기준선에서 튀어나온 부분을 잘라 냅니다. 선이나 호의 일부를 지우고 싶을 때 사용합니다.

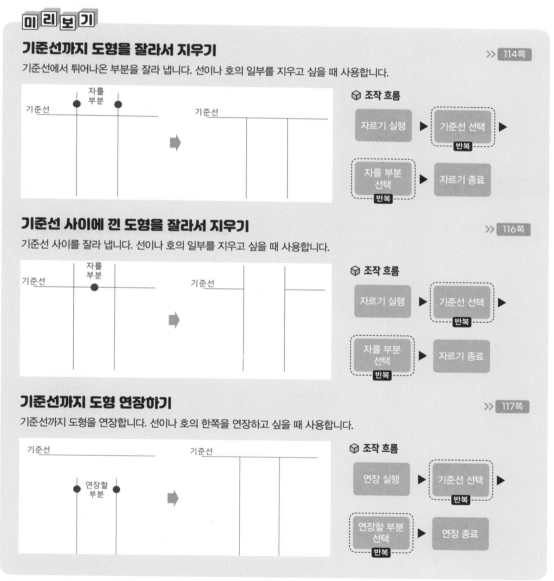

기준선 사이에 낀 도형을 잘라서 지우기　　　　　》 116쪽

기준선 사이를 잘라 냅니다. 선이나 호의 일부를 지우고 싶을 때 사용합니다.

기준선까지 도형 연장하기　　　　　》 117쪽

기준선까지 도형을 연장합니다. 선이나 호의 한쪽을 연장하고 싶을 때 사용합니다.

> **TIP** AutoCAD LT 2021에서는 [자르기] 명령을 실행한 후 모드 확인이 필요합니다. 자세한 설명은 114쪽의 [COLUMN]을 참고하세요.

기준선까지 도형을 잘라서 지우기

[자르기] 명령을 실행하고 기준선(절단 모서리)으로 선 A를 선택, Enter 키를 눌러서 프롬프트를 확정하면 자를 부분을 선택할 수 있습니다. 자를 부분으로 선 B, C를 선택하되, 지우고 싶은 쪽(선 A보다 윗부분)을 클릭합니다. 클릭할 때마다 도형이 잘리며, 마지막으로 프롬프트를 확정하여 [자르기] 명령을 종료합니다.

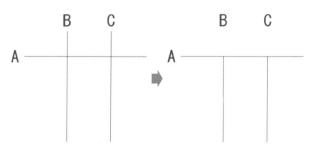

사용하는 명령	[자르기]
메뉴 막대	[수정] - [자르기]
리본 메뉴	[홈] 탭 - [수정] 패널
아이콘	✂ (2019 이후) ╌╱ (2018 이전)
키보드	TRIM Enter (T Enter)

COLUMN AutoCAD LT 2021 버전에서 자르기 및 연장

AutoCAD LT 2021 버전에서 [자르기] 또는 [연장] 명령을 실행했을 때 프롬프트에 [객체 선택]이라고 표시되면 문제 없이 사용할 수 있습니다. 하지만 [자를(연장할) 객체를 선택…]이라고 표시되면 절단(경계) 모서리를 선택할 수 없습니다. 그럴 때는 다음 방법을 참고하여 모드를 [빠른 작업]에서 [표준]으로 변경한 후에 다시 [자르기] 또는 [연장] 명령을 실행하세요.

① [자르기] 또는 [연장] 명령을 실행한 후 프롬프트에 [자를(연장할) 객체를 선택…]이라고 표시되면 ② 임의의 위치에서 마우스 우클릭 후 표시된 메뉴에서 [모드]를 선택합니다. ③ [자르기(연장) 모드 옵션 입력]이라고 표시되면 [표준]을 클릭하여 선택합니다. ④ Enter 키를 눌러 명령을 종료한 후 다시 실행합니다.

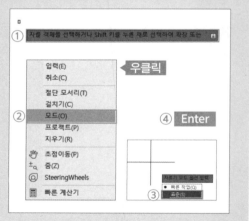

▷ 실습해 보세요

1 자르기 명령 선택 [홈] 탭 - [수정] 패널에서 [자르기]를 클릭하여 자르기 명령을 실행합니다.

2 절단 모서리 선택 프롬프트에 [객체 선택 또는]이라고 표시되면 선 A를 클릭하여 선택합니다.

TIP 프롬프트에 [자를 객체를 선택…]이라고 표시되면 114쪽의 [COLUMN]을 참고하여 모드를 변경한 후 다시 실행하세요.

3 절단 모서리 선택 확정 Enter 키를 눌러 선택을 확정합니다.

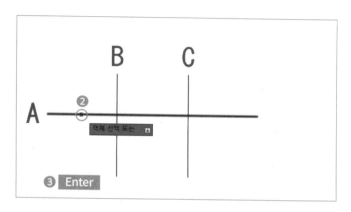

4 자를 부분 선택 프롬프트에 [자를 객체를 선택…]이라고 표시되면 선 B, C를 선택합니다. 이때, 선 A보다 윗부분을 클릭하여 선택합니다. 선 A보다 윗부분이 잘립니다.

5 자르기 명령 종료 계속해서 프롬프트에 [자를 객체를 선택…]이라고 표시되면 Enter 키를 누릅니다. 프롬프트가 확정되며, 자르기 명령이 끝납니다.

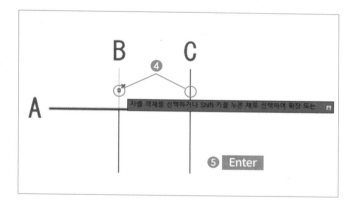

기준선 사이에 낀 도형을 잘라서 지우기

[자르기] 명령을 실행하고 기준선(절단 모서리)으로 선 B, C를 선택, Enter 키를 눌러 프롬프트를 확정하면 자를 부분을 선택할 수 있습니다. 선 A를 선택하되, 선 B, C의 사이에 있는 D 부분을 클릭합니다. 클릭하면 도형이 잘리며, 마지막으로 프롬프트를 확정하여 [자르기] 명령을 종료합니다.

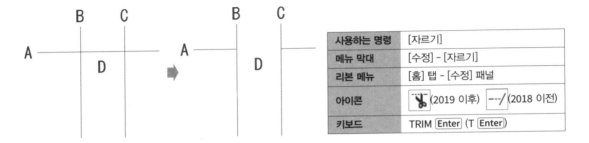

사용하는 명령	[자르기]
메뉴 막대	[수정] - [자르기]
리본 메뉴	[홈] 탭 - [수정] 패널
아이콘	✂ (2019 이후)　--∕ (2018 이전)
키보드	TRIM Enter (T Enter)

▷ 실습해 보세요

❶ **자르기 명령 선택** [홈] 탭 - [수정] 패널에서 [자르기]를 클릭하여 자르기 명령을 실행합니다.

❷ **절단 모서리 선택** 프롬프트에 [객체 선택 또는]이라고 표시되면 선 B, C를 클릭하여 선택합니다.

> TIP 프롬프트에 [자를 객체를 선택…]이라고 표시되면 114쪽의 [COLUMN]을 참고하여 모드를 변경한 후 다시 실행하세요.

❸ **절단 모서리 선택 확정** Enter 키를 눌러 선택을 확정합니다.

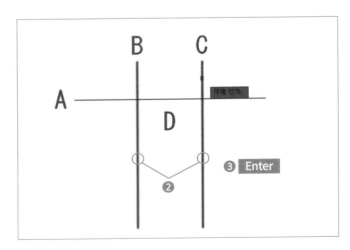

❹ **자를 부분 선택** 프롬프트에 [**자를 객체를 선택**…]이라고 표시되면 선 A를 선택합니다. 이때, 선 B, C 사이에 있는 D 부분을 클릭하여 선택합니다. 선 B, C 사이가 잘립니다.

❺ **자르기 명령 종료** 계속해서 프롬프트에 [**자를 객체를 선택**…]이라고 표시되면 [Enter] 키를 누릅니다. 프롬프트가 확정되며 자르기 명령이 끝납니다.

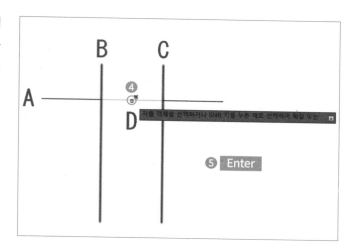

기준선까지 도형 연장하기

[**연장**] 명령을 실행하고 기준선(경계 모서리)으로 선 A를 선택, [Enter] 키를 눌러 프롬프트를 확정하면 연장할 부분을 선택할 수 있습니다. 선 B, C를 선택하되, 선 A에 가까운 부분을 클릭합니다. 클릭하면 도형이 연장되며 마지막으로 프롬프트를 확정하여 [**연장**] 명령을 종료합니다.

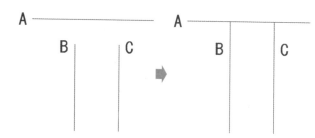

사용하는 명령	[연장]
메뉴 막대	[수정] - [연장]
리본 메뉴	[홈] 탭 - [수정] 패널
아이콘	→｜ (2019 이후) ---/ (2018 이전)
키보드	EXTEND [Enter] (EX [Enter])

▷ 실습해 보세요

❶ **연장 명령 선택** [홈] 탭 - [수정] 패널에서 [연장]을 클릭하여 연장 명령을 실행합니다.

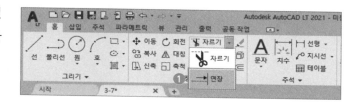

❷ **경계 모서리 선택** 프롬프트에 [객체 선택 또는]이라고 표시되면 선 A를 클릭하여 선택합니다.

> TIP 프롬프트에 [연장할 객체 선택…]이라고 표시되면 114쪽의 [COLUMN]을 참고하여 모드를 변경한 후 다시 실행하세요.

❸ **경계 모서리 선택 확정** Enter 키를 눌러 선택을 확정합니다.

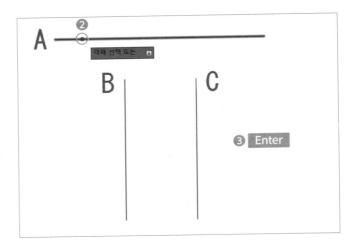

❹ **연장할 부분 선택** 프롬프트에 [연장할 객체 선택…]을 표시되면 선 B, C를 선택합니다. 이때, 선 A에 가까운 부분을 클릭하여 선택합니다. 선 B, C가 선 A까지 연장됩니다.

❺ **연장 명령 종료** 계속해서 프롬프트에 [연장할 객체 선택…]이라고 표시되면 Enter 키를 누릅니다. 프롬프트가 확정되며, 연장 명령이 끝납니다.

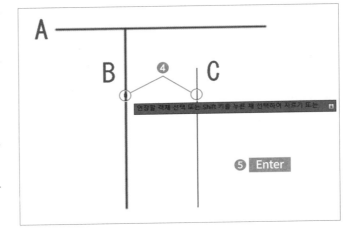

SECTION 08

도형 모깎기

모깎기 명령은 반지름을 지정하여 모서리를 둥글게 만듭니다. 또한 선과 선을 연결하여 모서리를 만들 수도 있으므로 다양한 장면에서 편리하게 사용할 수 있는 명령입니다.

 연습용 파일 3-8.dwg

 미리보기

반지름을 지정하여 모서리를 둥글게 만들기
>> 120쪽

선과 선으로 그려진 모서리를 호 형태로 둥글게 만듭니다. 모서리를 부드럽게 만들고 싶을 때 사용합니다.

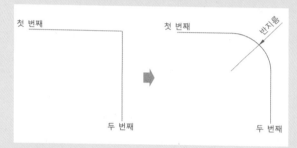

⬡ 조작 흐름

모깎기 실행

▼ **OK**

반지름 확인 ▶ 첫 번째 도형 선택 ▶ 두 번째 도형 선택

▼ **반지름 변경** ▲

반지름 옵션 ▶ 반지름 입력

모서리 만들기
>> 122쪽

떨어진 선이나 교차한 선의 모서리를 만듭니다. 복사나 간격띄우기의 후처리에 사용하면 편리합니다.

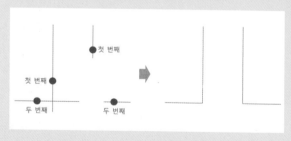

⬡ 조작 흐름

모깎기 실행 ▶ 첫 번째 도형 선택 ▶

Shift 키를 누른 채 두 번째 도형 선택

 # 반지름을 지정하여 모서리를 둥글게 만들기

[모깎기] 명령을 실행하고 명령 행에서 반지름 수치를 확인합니다. 반지름을 변경하려면 [반지름(R)] 옵션을 선택하고 반지름 수치를 입력합니다. 다음으로 모서리를 구성하는 선 A, B를 선택하면 [모깎기] 명령이 끝나고 모서리가 둥글게 변합니다.

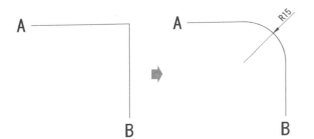

사용하는 명령	[모깎기]
메뉴 막대	[수정] – [모깎기]
리본 메뉴	[홈] 탭 – [수정] 패널
아이콘	(2019 이후) (2018 이전)
키보드	FILLET Enter (F Enter)

▷ 실습해 보세요

❶ **모깎기 명령 선택** [홈] 탭 – [수정] 패널에서 [모깎기]를 클릭하여 모깎기 명령을 실행합니다.

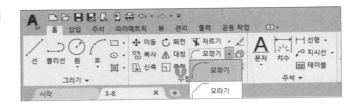

❷ 반지름 확인 프롬프트에 **[첫 번째 객체 선택 또는]**이라고 표시되면 **F2** 키를 눌러서 명령 행의 이력을 표시합니다. 반지름이 **[5]**임을 확인한 후 다시 한번 **F2** 키를 눌러 이력을 닫습니다.

❸ [반지름] 옵션 선택 반지름을 **[15]**로 변경하기 위해 마우스 우클릭 후 표시된 메뉴에서 **[반지름(R)]** 옵션을 선택합니다.

❹ 반지름 입력 프롬프트에 **[모깎기 반지름 지정]**이라고 표시되면 키보드로 **[15]**라고 입력하고 **Enter** 키를 눌러 반지름을 지정합니다.

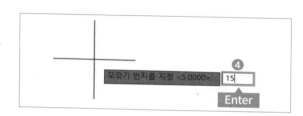

❺ 첫 번째 도형 선택 프롬프트에 **[첫 번째 객체 선택 또는]**이라고 표시되면 선 A를 클릭하여 첫 번째 도형을 선택합니다.

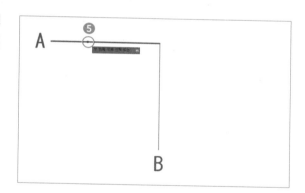

❻ 두 번째 도형 선택 프롬프트에 **[두 번째 객체 선택 또는]**이라고 표시되면 선 B를 클릭하여 두 번째 도형을 선택합니다. **[모깎기]** 명령이 끝나고 모서리가 둥글게 변합니다.

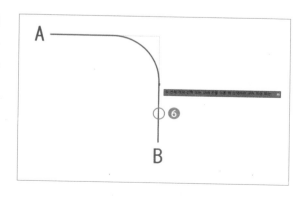

모서리 만들기

[모깎기] 명령을 실행하고 모서리를 구성하는 선을 선택합니다. 두 번째 도형인 선 B를 선택할 때 [Shift] 키를 누른 채 클릭하면, 모서리를 둥글게 하는 것이 아니라 각이 진 상태로 연결합니다. 선 C, D도 동일한 방법으로 실행합니다.

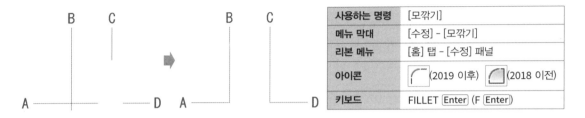

사용하는 명령	[모깎기]
메뉴 막대	[수정] - [모깎기]
리본 메뉴	[홈] 탭 - [수정] 패널
아이콘	⌐ (2019 이후) ◸ (2018 이전)
키보드	FILLET [Enter] (F [Enter])

▷ 실습해 보세요

① **모깎기 명령 선택** [홈] 탭 - [수정] 패널에서 [모깎기]를 클릭하여 모깎기 명령을 실행합니다.

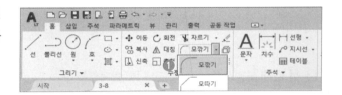

② **첫 번째 도형 선택** 프롬프트에 [첫 번째 객체 선택 또는]이라고 표시되면 선 A를 클릭하여 첫 번째 도형을 선택합니다.

③ **두 번째 도형을 [Shift] 키를 누른 채 선택** 프롬프트에 [두 번째 객체 선택 또는 Shift 키를 누른 채 선택하여 구석 적용 또는]이라고 표시되면 [Shift] 키를 누른 채 선 B를 클릭하여 두 번째 도형을 선택합니다. [모깎기] 명령이 끝나고 선 AB의 모서리가 만들어집니다.

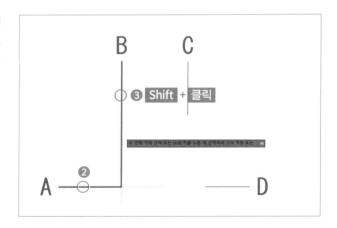

❹ **모깎기 명령 선택** 다시 한 번 [홈] 탭 -
[수정] 패널에서 [모깎기]를 클릭하여 모
깎기 명령을 실행합니다.

❺ **첫 번째 도형 선택** 프롬프트에 [첫 번째
객체 선택 또는]이라고 표시되면 선 C를
클릭하여 첫 번째 도형을 선택합니다.

❻ **두 번째 도형을 Shift 키를 누른 채 선택**
프롬프트에 [두 번째 객체 선택 또는 Shift
키를 누른 채 선택하여 구석 적용 또는]이라
고 표시되면 Shift 키를 누른 채 선 D
를 클릭하여 두 번째 도형을 선택합니
다. [모깎기] 명령이 끝나고 선 CD의 모
서리가 만들어집니다.

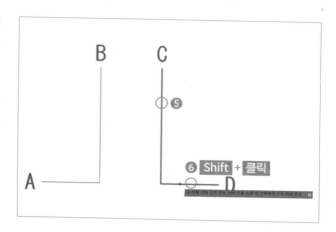

AutoCAD LT 2011 버전부터는 상태 표시줄의 [선택 순환]을 켜면 겹쳐진 도형을 손쉽게 선택할 수 있습니다.

① 상태 표시줄의 [사용자화] 아이콘을 클릭한 후 ② [선택 순환]에 체크합니다. ③ 상태 표시줄에 [선택 순환] 아이콘
이 표시되면 클릭하여 켜고 ④ 겹쳐진 객체를 선택합니다. ⑤ 표시된 메뉴에서 원하는 도형을 클릭하여 선택합니다.

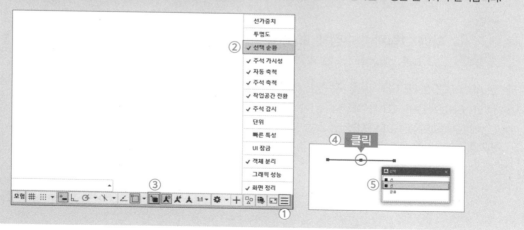

✅ 연습용 파일 3-9.dwg

Q.1 다음 그림처럼 수정해 보세요.

해답 » 125쪽

- 삼각형 A와 같은 크기의 삼각형 B, C 그리기
- 삼각형 A는 오른쪽으로 20만큼 이동
- 원 D는 이동하지 않음
- 원 D와 B, C의 위치 관계는
  오른쪽 그림대로

HINT 복사 명령, 이동 명령, 직교 모드, 객체 스냅(끝점)

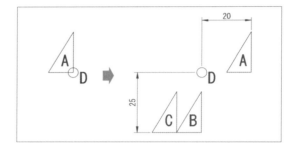

Q.2 다음 그림처럼 수정해 보세요.

해답 » 129쪽

- 정사각형 C의 안쪽에 유사 도형 D를
  그리고, 그 사이 간격을 5로 함
- 정사각형 C, D는 선 AB를 기준으로
  15° 기울임

HINT 간격띄우기 명령, 회전 명령, 객체 스냅(끝점)

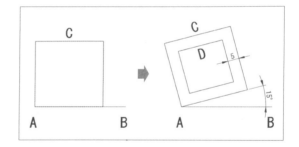

Q.3 다음 그림처럼 수정해 보세요.

해답 » 131쪽

- 선 AB, CD는 선 EF, GH 사이를 지우기
- 선 EF, GH는 선 AB, CD 사이를 지우기
- C, F의 모서리와 D, H의 모서리는
  반지름 10으로 둥글게 만들기

HINT 자르기 명령, 모깎기 명령

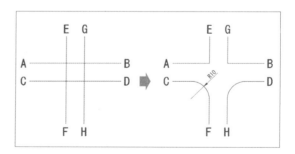

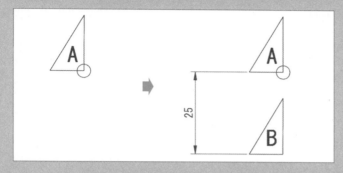

● 삼각형 A에서 아래로 25 떨어진 위치에 삼각형 B를 그립니다. 복사 명령과 직교 모드를 사용합니다.

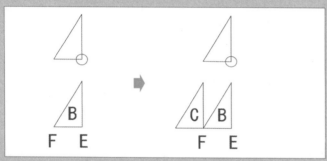

● 삼각형 B를 기준으로 삼각형 C를 그립니다. 복사 명령을 사용하여 객체 스냅으로 끝점 E를 기본점, 끝점 F를 두 번째 점으로 지정합니다.

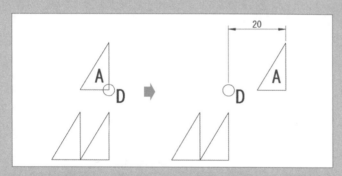

● 삼각형 A를 오른쪽으로 20 떨어진 위치로 이동합니다. 이동 명령과 직교 모드를 사용합니다.

해답

❶ **객체 스냅 설정** 96쪽을 참고하여 '제도 설정' 대화상자에서 [끝점]으로 객체 스냅을 설정합니다.

❷ **직교 모드 켜기**

3일 차

❸ **복사 명령 선택** [홈] 탭 – [수정] 패널에서 [복사]를 클릭하여 복사 명령을 실행합니다.

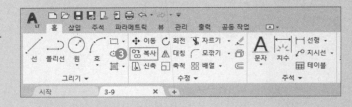

❹ **도형 선택** 프롬프트에 [객체 선택]이라고 표시되면 삼각형 A를 선택합니다. 선으로 그려져 있으므로 선 세 개를 전부 클릭해야 합니다.

❺ **선택 확정** Enter 키를 눌러 선택을 확정합니다.

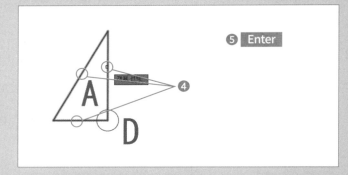

❻ **기본점 지정** 프롬프트에 [기본점 지정 또는]이라고 표시되면 임의 점을 클릭합니다.

❼ **방향 지정** 커서를 원하는 방향으로 이동합니다. 여기에서는 수직 아래쪽으로 움직입니다.

❽ **길이 입력** 키보드로 [25]라고 입력하고 Enter 키를 누릅니다. 삼각형 A에서 수직 방향으로 25 떨어진 위치에 삼각형 B가 그려집니다.

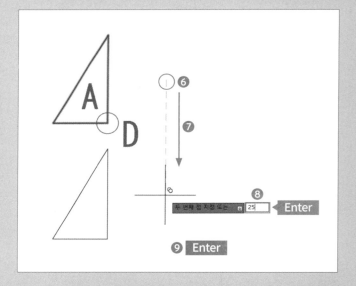

❾ **복사 명령 종료** Enter 키를 누릅니다. 프롬프트가 확정되며, 복사 명령이 끝납니다.

❿ **복사 명령 선택** [홈] 탭 – [수정] 패널에서 [복사]를 클릭합니다.

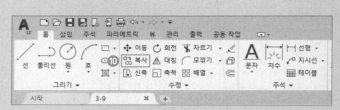

⑪ **도형 선택** 삼각형 A의 복사본인 삼 각형 B를 선택합니다. 선으로 그려 져 있으므로 선 세 개를 전부 클릭 합니다.

⑫ **선택 확정** [Enter] 키를 눌러 선택을 확정합니다.

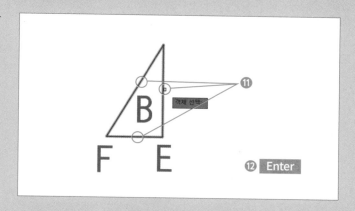

⑬ **기본점 지정** 프롬프트에 [기본점 지정 또는]이라고 표시되면 삼각형의 끝점 E를 클릭합니다.

⑭ **두 번째 점 지정** 프롬프트에 [두 번 째 점 지정 또는]이라고 표시되면 삼 각형의 끝점 F를 클릭합니다. 두 번 째 점이 지정되며, 삼각형 C가 그려 집니다.

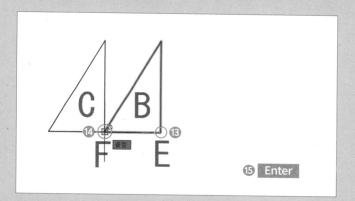

⑮ **복사 명령 종료** [Enter] 키를 누릅니 다. 프롬프트가 확정되며, 복사 명령 이 끝납니다.

⑯ **이동 명령 선택** [홈] 탭 - [수정] 패널 - [이동]을 클릭합니다.

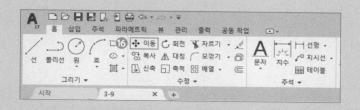

⑰ **도형 선택** 삼각형 A를 클릭하여 선 택합니다.

⑱ **선택 확정** [Enter] 키를 누릅니다.

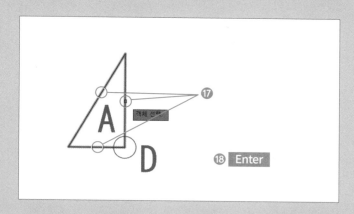

⑲ **기준점 지정** 임의 점을 클릭합니다.

⑳ **방향 지정** 커서를 원하는 방향으로 이동합니다. 여기에서는 수평 방향 오른쪽으로 움직입니다.

㉑ **길이 입력** 키보드로 [20]을 입력하고 Enter 키를 누릅니다. 삼각형 A가 수평 방향으로 20만큼 이동하며, 이동 명령이 끝납니다.

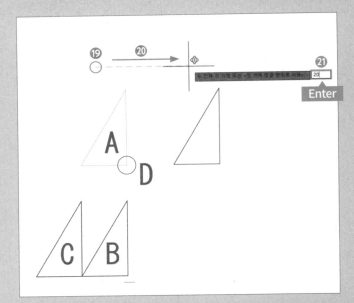

A.2 작업 흐름 살펴보기

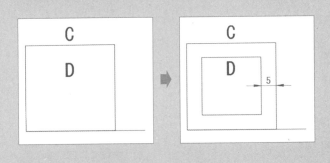

정사각형 C를 활용하여 정사각형 D를 그립니다. 정사각형 C의 안쪽에 5만큼 간격띄우기 합니다.

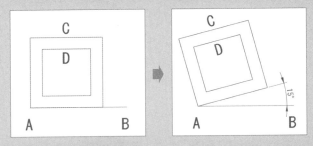

정사각형 C, D를 회전합니다. 회전 명령을 사용, 끝점 A를 기준점으로 15°를 지정합니다.

해답

① **객체 스냅 설정** 96쪽을 참고하여 '제도 설정' 대화상자에서 [끝점]으로 객체 스냅을 설정합니다.

② **직교 모드 끄기**

③ **간격띄우기 명령 선택** [홈] 탭 - [수정] 패널에서 [간격띄우기]를 클릭하여 간격띄우기를 실행합니다.

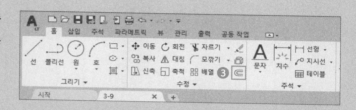

④ **거리 입력** 프롬프트에 [간격띄우기 거리 지정 또는]이라고 표시되면 키보드로 [5]라고 입력하고 Enter 키를 눌러 거리를 지정합니다.

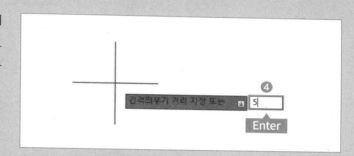

⑤ **도형 선택** 프롬프트에 [간격띄우기할 객체 선택 또는]이라고 표시됩니다. 정사각형 C를 클릭하여 선택합니다.

⑥ **간격띄우기할 방향 지정** 정사각형 C의 안쪽을 클릭하면 정사각형 D가 그려집니다.

⑦ **간격띄우기 명령 종료** Enter 키를 누릅니다.

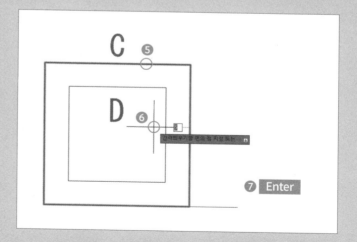

⑧ **회전 명령 선택** [홈] 탭 - [수정] 패널에서 [회전]을 클릭하여 회전 명령을 실행합니다.

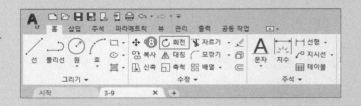

⑨ **도형 선택** 프롬프트에 [객체 선택]이라고 표시되면 정사각형 C, D를 클릭하여 선택합니다.

⑩ **선택 확정** 계속해서 프롬프트에 [객체 선택]이라고 표시되면 Enter 키를 눌러 선택을 확정합니다.

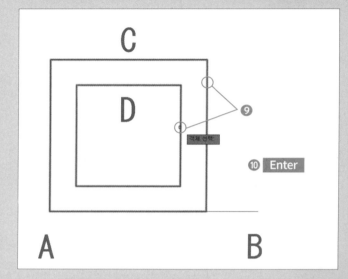

⑪ **기준점 지정** 프롬프트에 [기준점 지정]이라고 표시되면 끝점 A를 클릭합니다.

⑫ **각도 입력** 프롬프트에 [회전 각도 지정 또는]이라고 표시되면 키보드로 [15]라고 입력하고 Enter 키를 누릅니다. 지정한 각도로 정사각형 C, D가 회전하며, 회전 명령이 끝납니다.

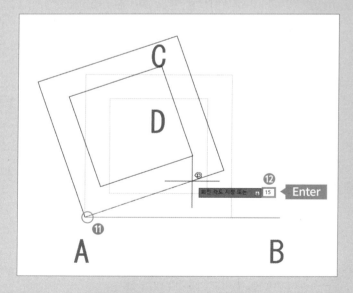

A.3 작업 흐름 살펴보기

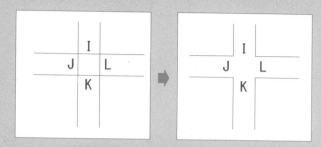

● 자르기 명령을 사용하여 모든 선을 절단 모서리로 선택, 선의 일부인 I, J, K, L을 잘라냅니다.

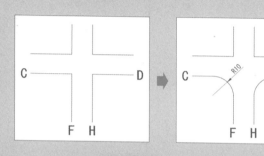

● 모깎기 명령을 사용하여 C, F의 모서리와 D, H의 모서리를 반지름 10으로 둥글게 만듭니다.

해답

① **자르기 명령 선택** [홈] 탭 – [수정] 패널에서 [자르기]를 클릭하여 자르기 명령을 실행합니다.

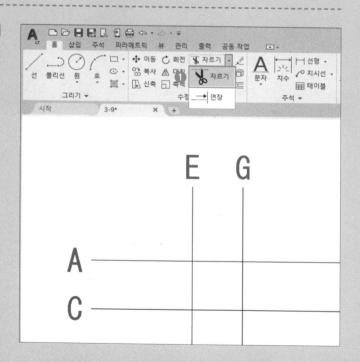

❷ **절단 모서리 선택** 프롬프트에 [객체 선택 또는]이라고 표시되면 선을 전부 선택합니다. 이때 오른쪽에서 왼쪽으로 둘러싸듯 교차 선택하면 편리합니다.

> TIP 프롬프트에 [자를 객체를 선택…]이라고 표시되면 114쪽의 [COLUMN]을 참고하여 모드를 변경한 후 다시 실행하세요.

❸ **절단 모서리 선택 확정** [Enter] 키를 눌러 선택을 확정합니다.

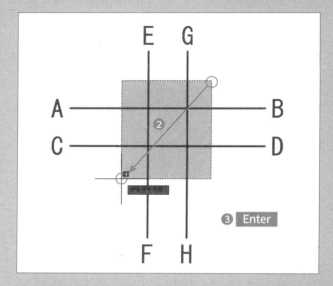

❹ **자를 부분 선택** 프롬프트에 [자를 객체를 선택…]이라고 표시되면 선 사이의 I, J, K, L 부분을 클릭하여 선택합니다.

❺ **자르기 명령 종료** [Enter] 키를 누릅니다. 프롬프트가 확정되며, 자르기 명령이 끝납니다.

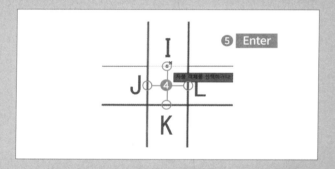

❻ **모깎기 명령 선택** [홈] 탭 - [수정] 패널에서 [모깎기]를 클릭합니다.

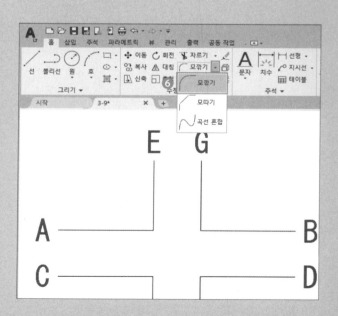

⑦ **반지름 확인** F2 키를 눌러서 명령 행의 이력을 표시하고, 확인 후에 다시 한 번 F2 키를 눌러 닫습니다.

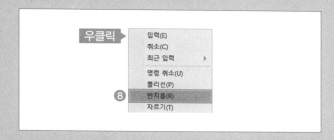

```
객체 선택:
명령:
명령:
명령: _fillet                       ⑦ F2
현재 설정: 모드 = 자르기, 반지름 = 5.0000
```
```
× ↗ ⌐ ▾ FILLET 첫 번째 객체 선택 또는 [명령 취소(U) 폴리선(P) 반지름(R) 자르기(T) 다중(M)]: |
```

⑧ **[반지름] 옵션 선택** 반지름을 [10]으로 변경하기 위해 마우스 우클릭 후 표시된 메뉴에서 [반지름(R)]을 선택합니다.

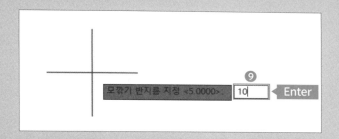

우클릭 ▶
입력(E)
취소(C)
최근 입력 ▸
명령 취소(U)
폴리선(P)
⑧ 반지름(R)
자르기(T)

⑨ **반지름 입력** 키보드로 [10]을 입력하고 Enter 키를 눌러 반지름을 지정합니다.

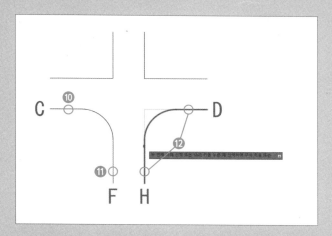

⑨
모깎기 반지름 지정 <5.0000>: 10 ◀ Enter

⑩ **첫 번째 도형 선택** 프롬프트에 [첫 번째 객체 선택 또는]이라고 표시되면 선 C를 클릭하여 선택합니다.

⑪ **두 번째 도형 선택** 두 번째 도형으로 선 F를 클릭하여 선택합니다. [모깎기] 명령이 끝나고 모서리가 둥글게 변합니다.

⑫ **D, H의 모서리 둥글게 만들기** 앞서 과정을 참고하여 D, H의 모서리까지 둥글게 만들어 완성합니다.

C ⑩   D
⑪   ⑫
F   H

Q.1 다음 그림처럼 그려 보세요.

해답 >> 136쪽

- 기존 정사각형 ABCD, EFGH를 이용하여 도형 I 그리기
- 호의 반지름은 5
- 도형 I는 선 JK와 같은 기울기
- 선 JK는 이동하지 않음
- 선 BC의 중간점 O와 선 JK의 중간점 L을 같은 위치로 지정

HINT 이동 명령, 지우기 명령, 자르기 명령, 모깎기 명령, 회전 명령, 객체 스냅(끝점, 중간점)

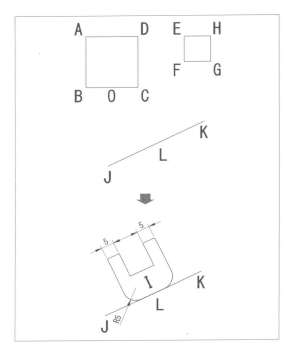

Q.2 다음 그림처럼 그려 보세요.

해답 >> 142쪽

- 기존 선 AB는 이동하지 않음
- 호의 반지름은 12
- 선 AB의 중간점 G와 호의 사분점 I는 수평
- 선 AB의 중간점 G와 호의 사분점 I의 거리는 20

HINT 간격띄우기 명령, 원 명령, 이동 명령, 자르기 명령, 대칭 명령, 선 명령, 객체 스냅(끝점, 중간점, 사분점)

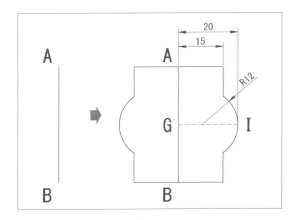

명령 행에는 [ ]로 표시되는 [명령 옵션]과 < >로 표시되는 [입력 기본값]이 있습니다. 명령 옵션은 도면 작성 중 마우스 우클릭 후 표시되는 메뉴나 단축키, 혹은 명령 행에서 클릭하는 방법 등을 이용해 선택할 수 있으며, 입력 기본값은 Enter 키를 눌러서 표시된 값이나 옵션을 선택할 수 있습니다.

예를 들어 원 명령으로 반지름을 입력할 때 명령 프롬프트에 [<3.0000>]이라고 표시되어 있을 때 그대로 Enter 키를 누르면 반지름으로 3을 입력한 것과 같은 결과가 됩니다.

입력 기본값

✕ 🔧 ◷▾ CIRCLE 원의 반지름 지정 또는 [지름(D)] <3.0000>:

명령 옵션

A.1 작업 흐름 살펴보기

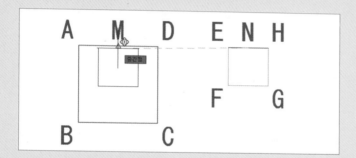

● 선 EF, FG, GH를 이동합니다. 이때 기준 점은 선 EH의 중간점 N, 목적점은 선 AD의 중간점 M으로 지정합니다. 남은 선 EH는 지웁니다.

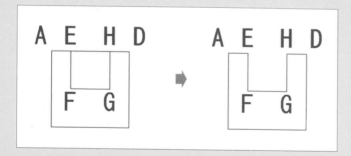

● 선 EF, HG를 기준점으로 지정하고 선 AD를 자릅니다.

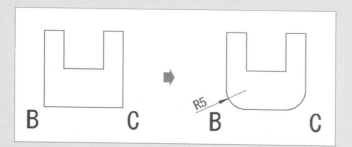

● 모서리 B, C를 반지름 5로 모깎기합니다.

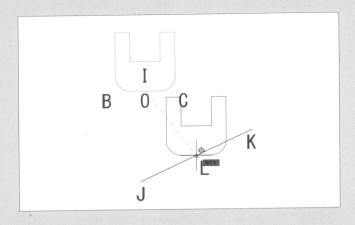

● 도형 I를 이동합니다. 이때 기준점은 선 BC의 중간점 O, 목적점은 선 JK의 중간점 L로 지정합니다.

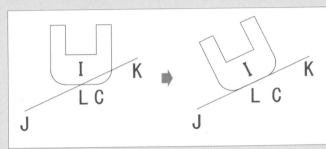

● 도형 I를 선 JK와 같은 기울기로 회전합니다. 회전 명령의 참조 옵션을 사용하여 회전의 중심은 중간점 L, 참조 옵션의 첫 번째 점은 중간점 L, 두 번째 점은 도형 I의 끝점 C, 세 번째 점은 끝점 K를 지정합니다.

해답

❶ **객체 스냅 설정** 96쪽 을 참고하여 '제도 설정' 대화상자에서 [끝점], [중간점]으로 객체 스냅을 설정합니다.

❷ **직교 모드 끄기**

❸ **이동 명령 선택** [홈] 탭 – [수정] 패널에서 [이동]을 클릭합니다.

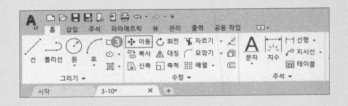

❹ **도형 선택** 선 EF, FG, HG 세 선을 클릭하여 선택합니다.

❺ **선택 확정** Enter 키를 눌러 선택을 확정합니다.

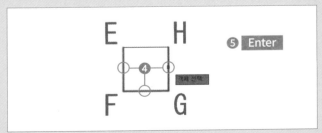

6 기준점 지정 프롬프트에 [기준점 지정 또는]이라고 표시되면 선 EH의 중간점 N을 클릭합니다.

7 목적점 지정 선 AD의 중간점 M을 클릭합니다. 세 선이 이동하며, 이동 명령이 끝납니다.

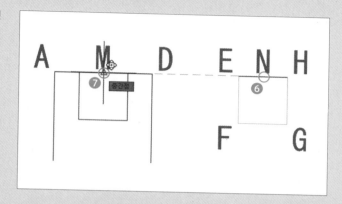

8 지우기 명령 선택 [홈] 탭 - [수정] 패널에서 [지우기]를 클릭합니다.

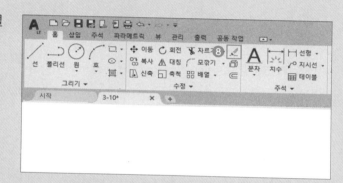

9 도형 선택 선 EH를 클릭하여 선택합니다.

10 지우기 명령 종료 Enter 키를 누릅니다. 선 EH가 지워집니다.

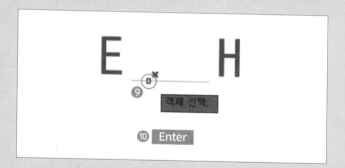

11 자르기 명령 선택 [홈] 탭 - [수정] 패널에서 [자르기]를 클릭합니다.

TIP 프롬프트에 [자를 객체를 선택…]이라고 표시되면 114쪽의 [COLUMN]을 참고하여 모드를 변경한 후 다시 실행하세요.

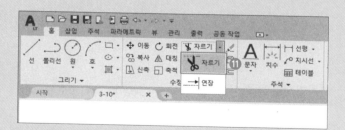

⑫ **절단 모서리 선택** 선 EF, HG를 클릭하여 선택합니다.

⑬ **절단 모서리 선택** 확정 Enter 키를 눌러 선택을 확정합니다.

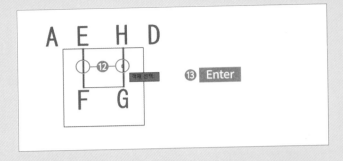

⑭ **자를 부분 선택** 프롬프트에 [자를 객체를 선택…]이라고 표시되면 선 AD의 EH 사이를 클릭합니다.

⑮ **자르기 명령 종료** Enter 키를 누릅니다.

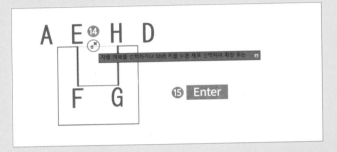

⑯ **모깎기 명령 후 반지름 확인** [홈] 탭 − [수정] 패널에서 [모깎기]를 클릭하여 명령을 실행합니다. F2 키를 눌러서 명령 행의 이력을 펼쳐 반지름을 확인한 후 F2 키를 눌러 닫습니다.

```
        자를 객체를 선택하거나 Shift 키를 누른 채로 선택하여 확장 또는
        [절단 모서리(T)/울타리(F)/걸치기(C)/모드(O)/프로젝트(P)/모서리(E)/지우기(R)/명령취소(U)]:
        명령: [모깎기] 명령 실행 후
        명령:
        명령: fillet
        현재 설정: 모드 = 자르기, 반지름 = 10.0000  ⑯ F2
✕ ⚲  ▼ FILLET 첫 번째 객체 선택 또는 [명령 취소(U) 폴리선(P) 반지름(R) 자르기(T) 다중(M)]:
```

⑰ **[반지름] 옵션 선택** 반지름을 [5]로 변경하기 위해 마우스 우클릭 후 표시된 메뉴에서 [반지름(R)] 옵션을 선택합니다.

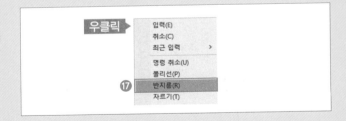

⑱ **반지름 입력** 키보드로 [5]라고 입력하고 Enter 키를 누릅니다.

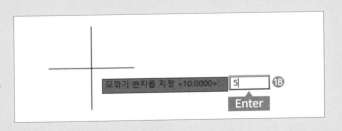

⑲ **첫 번째 도형 선택** 선 AB를 클릭하여 선택합니다.

⑳ **두 번째 도형 선택** 선 BC를 클릭하여 선택합니다. [모깎기] 명령이 끝나며, 모서리가 둥글게 변합니다.

㉑ **C의 모서리 둥글게 만들기** [모깎기] 명령을 다시 실행하고 C의 모서리도 둥글게 만듭니다.

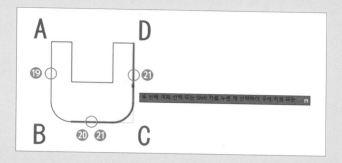

㉒ **이동 명령 후 도형 선택** [홈] 탭 - [수정] 패널에서 [이동]을 클릭한 후 도형 I를 선택합니다. 여기서는 윈도우 선택 방법을 이용했습니다.

㉓ **선택 확정** Enter 키를 눌러 선택을 확정합니다.

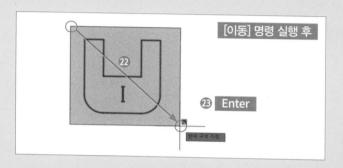

㉔ **기준점 지정** 프롬프트에 [기준점 지정 또는]이라고 표시되면 선 BC의 중간점 O를 클릭합니다.

㉕ **목적점 지정** 선 JK의 중간점 L을 클릭합니다. 도형 I가 이동하며, 이동 명령이 끝납니다.

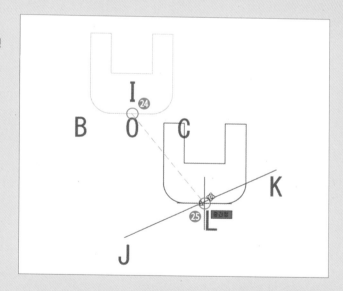

㉖ **회전 명령 선택** [홈] 탭 - [수정] 패널에서 [회전]을 클릭합니다.

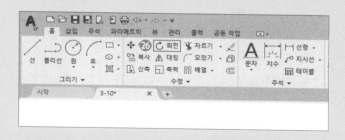

㉗ **도형 선택** 도형 I를 윈도우 선택으로 선택합니다.

㉘ **선택 확정** Enter 키를 누릅니다.

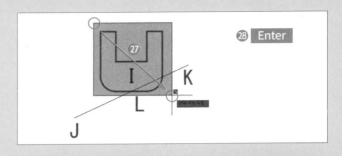

㉙ **기준점 지정** 중간점 L을 클릭합니다.

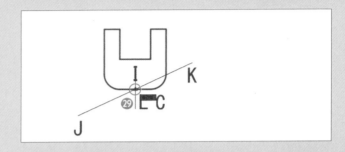

㉚ **[참조] 옵션 선택** 우클릭한 후 표시된 메뉴에서 **[참조(R)]** 옵션을 선택합니다.

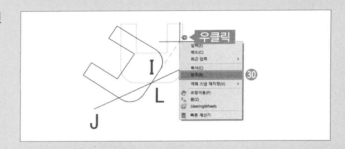

㉛ **참조 각도 지정** 중간점 L, 끝점 C(이동한 도형의 밑 부분의 오른쪽 끝) 순으로 클릭합니다.

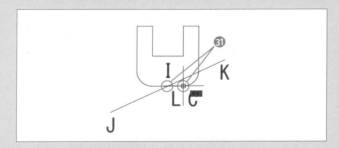

㉜ **참조 각도 지정** 프롬프트에 [새 각도 지정 또는]이라고 표시되면 끝점 K를 클릭합니다. 도형 I가 선 JK와 같은 각도로 회전합니다.

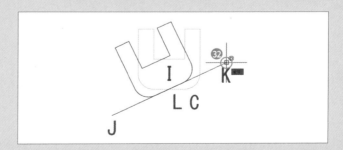

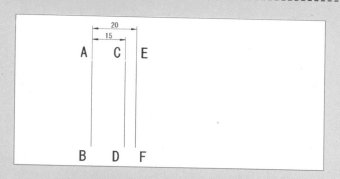

● 선 AB를 바탕으로 CD, EF를 거리 15, 20 만큼 간격띄우기 명령으로 복사합니다. 선 EF는 원을 이동하기 위한 보조선입니다.

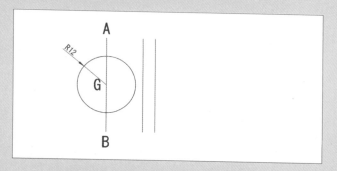

● 선 AB의 중간점 G를 중심점으로 지정하여 반지름 12인 원을 그립니다.

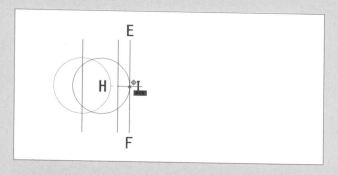

● 사분점 H를 기준점, 선 EF의 중간점 I를 목적점으로 원을 이동합니다. 선 EF는 이동을 위한 보조선이므로 여기에서 지웁니다.

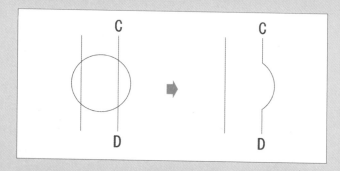

● 선 CD, 원을 기준선으로 지정하고 자르기 명령으로 필요 없는 부분을 지웁니다.

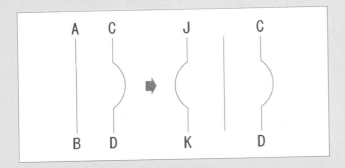

● 선 AB를 대칭선으로 삼아 대칭 명령을 사용하여 도형 CD의 선대칭 도형을 왼쪽에 그립니다.

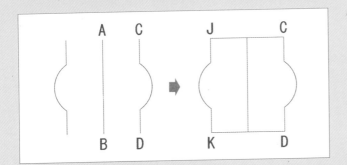

● 선 JC, KD를 그립니다.

해답

① **객체 스냅 설정** [96쪽]을 참고하여 '제도 설정' 대화상자에서 [끝점], [중간점], [사분점]으로 객체 스냅을 설정합니다.

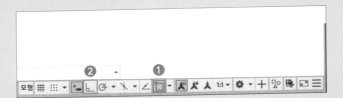

② **직교 모드 끄기**

③ **간격띄우기 명령 선택** [홈] 탭 - [수정] 패널에서 [간격띄우기]를 클릭합니다.

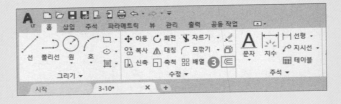

④ **거리 입력** 키보드로 [15]라고 입력하고 Enter 키를 누릅니다.

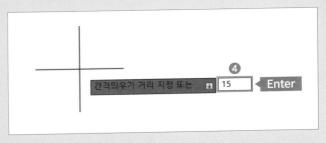

⑤ **도형 선택** 선 AB를 클릭하여 선택합
니다.

⑥ **간격띄우기할 방향 지정** 선 AB보다
오른쪽을 클릭하면 선 CD가 그려집
니다.

⑦ **간격띄우기 명령 종료** [Enter] 키를 누
릅니다.

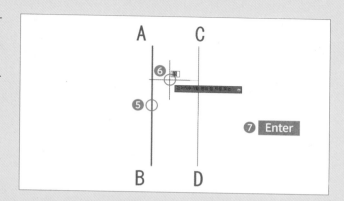

⑧ **선 EF 그리기** 다시 [간격띄우기] 명령을
실행하고, 앞의 과정을 참고하여 선
AB를 20 거리만큼 간격띄우기한 선
EF를 그립니다. 이 선은 원을 이동하
기 위한 보조선으로 사용합니다.

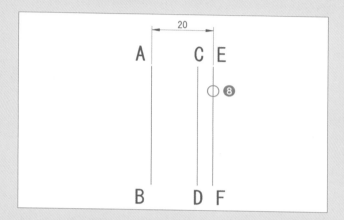

⑨ **원 명령 선택** [홈] 탭 - [그리기] 패널에
서 [원]의 아래쪽에 있는 ▼을 클릭하
고, 표시된 메뉴에서 [중심점, 반지름]을
클릭합니다.

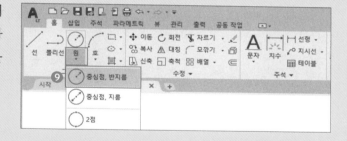

⑩ **중심점 지정** 선 AB의 중간점 G를 클
릭합니다.

⑪ **반지름 입력** 키보드로 [12]라고 입력하
고 [Enter] 키를 누르면 반지름 12인 원
이 그려집니다.

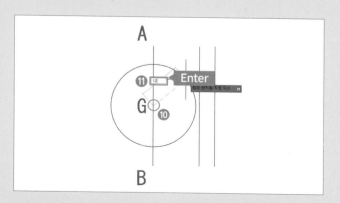

⑫ **이동 명령 선택** [홈] 탭 - [수정] 패널에서 [이동]을 클릭합니다.

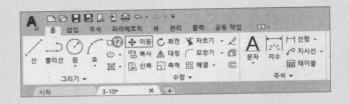

⑬ **도형 선택** 원을 클릭하여 선택합니다.

⑭ **선택 확정** Enter 키를 누릅니다.

⑮ **기준점 지정** 원의 사분점 H를 클릭합니다.

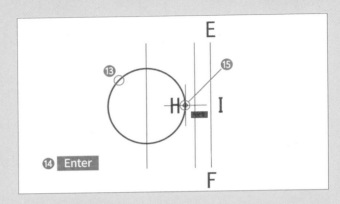

⑯ **목적점 지정** 선 EF의 중간점 I를 클릭합니다. 원이 이동하며, 이동 명령이 끝납니다.

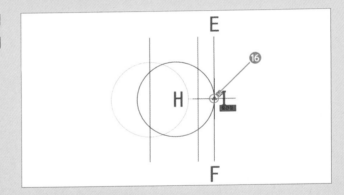

⑰ **선 EF 지우기** [지우기] 명령을 실행한 후 이동을 위해 보조선으로 사용한 선 EF를 지웁니다(82쪽 참고).

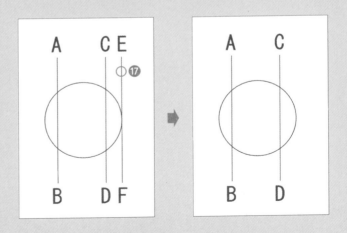

⑱ **자르기 명령 선택** [홈] 탭 - [수정] 패널에서 [자르기]를 클릭합니다.

TIP 프롬프트에 [자를 객체를 선택…]이라고 표시되면 114쪽의 [COLUMN]을 참고하여 모드를 변경한 후 다시 실행하세요.

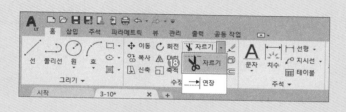

⑲ **절단 모서리 선택** 원과 선 CD를 클릭하여 선택합니다.

⑳ **절단 모서리 선택 확정** Enter 키를 누릅니다.

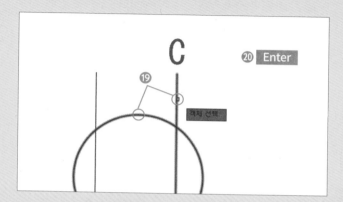

㉑ **자를 부분 선택** 원에서 선 CD보다 왼쪽을 클릭, 선 CD의 호 사이를 클릭합니다.

㉒ **자르기 명령 종료** Enter 키를 누르면 도형 CD가 그려집니다.

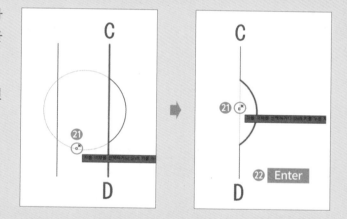

㉓ **대칭 명령 선택** [홈] 탭 - [수정] 패널에서 [대칭]을 클릭합니다.

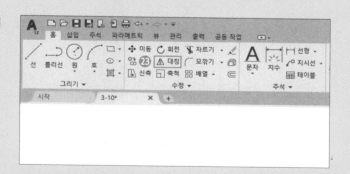

㉔ **도형 선택** 도형 CD를 선택합니다. 여기서는 교차 선택 방법을 이용했습니다(31쪽 참고).

㉕ **선택 확정** Enter 키를 누릅니다.

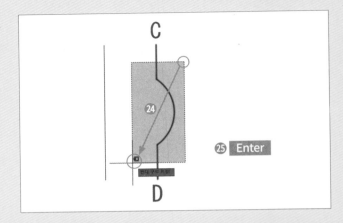

㉖ **대칭선의 두 점 지정 후 옵션 선택** 선의 끝점 A, B를 클릭합니다. 옵션이 나타나면 원본 객체를 유지하기 위해 [아니오]를 클릭합니다. 도형 CD가 선 AB를 축으로 하여 대칭 상태로 복사됩니다.

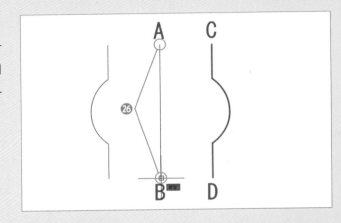

㉗ **선 JC, KD 그리기** [선] 명령을 실행한 후 선 JC, KD를 그립니다(42쪽 참고).

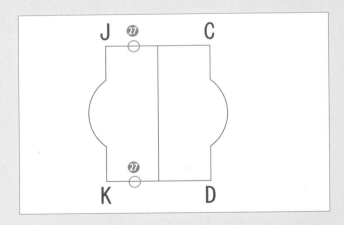

CHAPTER 04

주석 작성을 위한
기본 명령

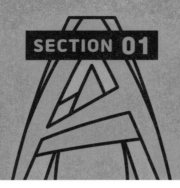

SECTION 01 문자 입력과 수정

AutoCAD LT에서 문자를 입력하는 방법으로는 한 행이 하나의 도형이 되는 [단일 행] 명령과 여러 줄의 문자가 하나의 도형이 되는 [여러 줄 문자] 명령이 있습니다. 여러 줄 문자는 지정한 범위에서 자동으로 줄 바꿈이 이루어지며, 밑줄을 긋는 등 서식을 설정할 수 있으므로 도면 내에서 여러 줄의 문장을 입력할 때 사용합니다.

📁 연습용 파일 4-1.dwg

미리보기

단일 행으로 문자 입력하기 　　　　　　　　　　　　　　　　　　　　 >> 150쪽

한 행이 하나의 도형이 되는 문자를 입력합니다. 줄을 바꾸면 각각 별도 도형이 됩니다. 삽입 기준점, 높이, 각도(문자가 쓰이는 방향)가 필요합니다.

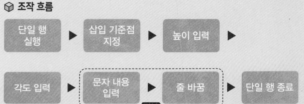

자리맞추기를 설정하여 문자 입력하기 　　　　　　　　　　　　　　 >> 152쪽

문자의 자리맞추기(기준점)를 변경하여 문자를 입력합니다. 직사각형의 중앙에 문자를 입력하고 싶을 때 이용합니다.

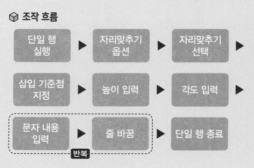

문자 내용 수정하기

>> 155쪽

가나다 ➡ 하히호

문자의 내용을 수정합니다. AutoCAD LT 버전에 따라 조작 순서가 다릅니다.

◈ 조작 흐름

AutoCad 2015, 2016

문자 편집 실행 ▶ 내용 수정 ▶ 문자 편집 종료

AutoCad 2014 이전, 2017 이후

문자 편집 실행 ▶ [내용 수정 ▶ 수정할 문자 선택] ▶ 문자 편집 종료

반복

문자의 자리맞추기와 높이 수정하기

>> 156쪽

특성 팔레트를 사용하여 자리맞추기와 높이를 변경합니다.

높이 / 삽입 기준점 / 가나다 ➡ 높이 / 가나다 / 삽입 기준점

◈ 조작 흐름

특성 팔레트 표시 ▶ 문자 선택 ▶ 자리맞추기 변경 ▶ 높이 변경 ▶ 문자 선택 해제

첫 번째 점

가나다
하히호

두 번째 점

여러 줄의 문자 입력하기

>> 157쪽

여러 줄이 하나의 도형이 되는 여러 줄 문자를 입력합니다. 문자를 입력하는 영역을 2점으로 지정하며, 장문이라면 범위 안에서 자동으로 줄이 바뀝니다. 여러 줄에 걸친 설명문 등을 입력할 때 적합합니다.

◈ 조작 흐름

여러 줄 문자 실행 ▶ 영역의 첫 번째 점 지정 ▶ 영역의 두 번째 점 지정 ▶

문자 내용 입력 ▶ 여러 줄 문자 종료

4일 차

문자 글꼴 변경

문자에는 [문자 스타일]이 할당되며, 문자 글꼴(고딕, 명조 등의 서체 디자인)은 [문자 스타일]로 설정할 수 있습니다. [문자 스타일] 관련해서는 [241쪽]을 참고하세요.

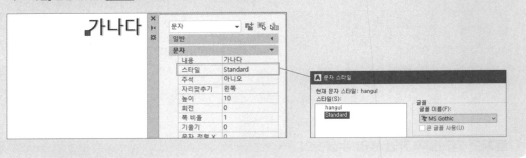

문자 자리맞추기

단일 행의 자리맞추기는 13종류가 있습니다. 다음 그림을 참고하세요.

단일 행으로 문자 입력하기

[단일 행] 명령을 실행하고 삽입 기준점으로 선의 끝점 A를 클릭, 높이(문자의 크기), 각도(문자가 입력되는 각도), 문자의 내용을 입력합니다. 수평 방향으로 입력하려면 각도에 [0]을 입력합니다.

사용하는 명령	[단일 행]
메뉴 막대	[그리기] – [문자] – [단일 행 문자]
리본 메뉴	[홈] 탭 – [주석] 패널
아이콘	A (2019 이후) A (2018 이전)
키보드	TEXT Enter (DT Enter)

▷ 실습해 보세요

❶ **객체 스냅 설정** [96쪽]을 참고하여 '제
도 설정' 대화상자에서 **[끝점]**으로 객
체 스냅을 설정합니다.

❷ **직교 모드 끄기**

❸ **단일 행 명령 선택** [홈] 탭 - [주석] 패널
에서 **[단일 행]**을 클릭하여 단일 행 명
령을 실행합니다.

❹ **삽입 기준점 지정** 프롬프트에 **[문자의
시작점 지정 또는]**이라고 표시되면 선의
끝점 A를 클릭하여 삽입 기준점으로
지정합니다.

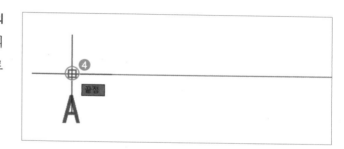

❺ **높이 입력** 프롬프트에 **[높이 지정]**이라
고 표시되면 키보드로 **[10]**을 입력하고
Enter 키를 눌러 높이를 설정합니다.

TIP 기본값에 입력하려는 값이 이미 설정되어 있
다면 별도로 입력하지 않고 그대로 Enter 키를 눌러
도 됩니다. 기본값에 관해서는 [135쪽] [COLUMN]을
참고하세요.

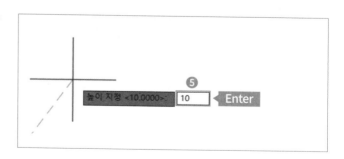

6 **각도 입력** 프롬프트에 [문자의 회전 각도 지정]이라고 표시되면 키보드로 [0]을 입력하고 Enter 키를 눌러 각도를 지정합니다.

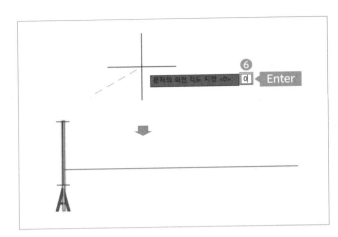

7 **문자 내용 입력** 삽입 기준점으로 지정한 끝점 A에서 커서가 점멸하면 키보드로 [가나다]라고 입력합니다.

8 **줄 바꾸기** Enter 키를 눌러 줄을 바꿉니다.

9 **단일 행 명령 종료** Enter 키를 눌러 단일 행 명령을 끝냅니다.

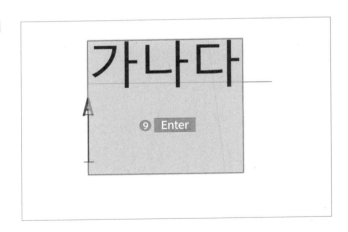

 ## 자리맞추기를 설정하여 문자 입력하기

[단일 행] 명령을 실행하고 [자리맞추기(J)] 옵션을 선택합니다. 자리맞추기의 종류는 [중간(M)]을 지정하고 삽입 기준점으로 선 AB의 중간점 C를 클릭, 다음으로 높이, 각도, 내용을 입력합니다. 자리맞추기 종류는 150쪽 [COLUMN]을 참고하세요.

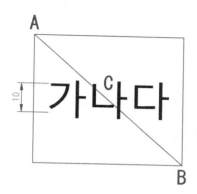

사용하는 명령	[단일 행]
메뉴 막대	[그리기] – [문자] – [단일 행 문자]
리본 메뉴	[홈] 탭 – [주석] 패널
아이콘	A (2019 이후) A (2018 이전)
키보드	TEXT Enter (DT Enter)

▷ 실습해 보세요

1 **객체 스냅 설정** 96쪽을 참고하여 '제
도 설정' 대화상자에서 **[중간점]**으로 객
체 스냅을 설정합니다.

2 **직교 모드 끄기**

3 **단일 행 명령 선택** [홈] 탭 – [주석] 패널
에서 **[단일 행]**을 클릭하여 단일 행 명
령을 실행합니다.

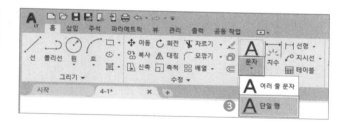

4 **[자리맞추기 옵션] 선택** 명령 행에 **[문
자의 시작점 지정]** 또는 **[자리맞추기(J)/스
타일(S)]**이라고 표시됩니다. 우클릭 후
표시된 메뉴에서 **[자리맞추기(J)]** 옵션을
선택합니다.

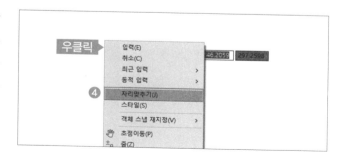

⑤ **[중간(M)] 선택** 프롬프트에 [옵션 입력]
이 표시되면 표시된 옵션에서 [중간(M)]
을 클릭하여 선택합니다.

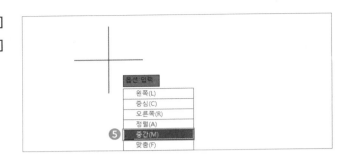

⑥ **삽입 기준점 지정** 프롬프트에 [문자의
중간점 지정]이라고 표시되면 선 AB의
중간점 C를 클릭하여 삽입 기준점을
지정합니다.

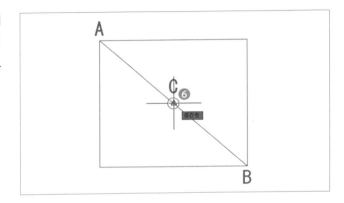

⑦ **높이 입력** 프롬프트에 [높이 지정]이라
고 표시되면 키보드로 [10]을 입력하
고 Enter 키를 누릅니다. 높이가 지정
됩니다.

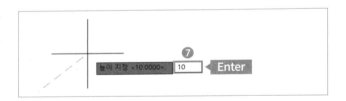

⑧ **각도 입력** 프롬프트에 [문자의 회전 각도
지정]이라고 표시되면 키보드로 [0]을
입력하고 Enter 키를 눌러 각도를 지
정합니다.

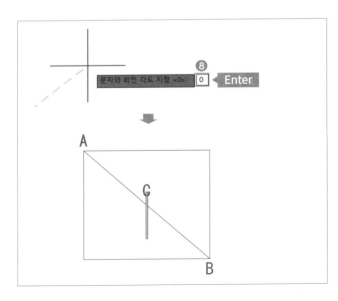

❾ **문자 내용 입력** 앞에서 삽입 기준점으로 지정한 중간점 C에 커서가 점멸되면 키보드로 [가나다]라고 입력합니다.

❿ **줄 바꾸기** Enter 키를 눌러 줄을 바꿉니다.

⓫ **단일 행 명령 종료** 다음 줄을 입력할 수도 있지만, 여기에서는 Enter 키를 눌러 명령을 끝냅니다.

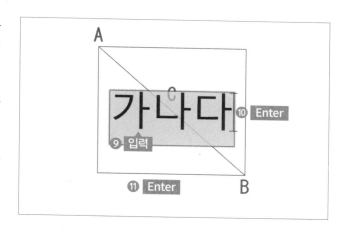

문자 내용 수정하기

[문자 편집] 명령은 문자를 더블 클릭하면 실행됩니다. 내용을 변경한 후에는 Enter 키를 두 번 눌러서 종료합니다. AutoCAD 2015, 2016이라면 Enter 키를 한 번만 눌러도 됩니다.

가나다 ➡ 하히호

사용하는 명령	[문자 편집]
메뉴 막대	[수정] – [객체] – [문자] – [편집]
리본 메뉴	없음
아이콘	
키보드	TEXTEDIT Enter (ED Enter)

▷ 실습해 보세요

❶ **문자 편집 실행** 커서를 문자에 가까이 대고 문자에 하이라이트 표시되면 더블 클릭하여 문자 편집 명령을 실행합니다.

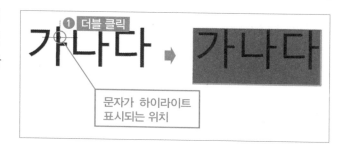

② **문자 내용 수정** 키보드로 [하히호]라고 입력합니다.

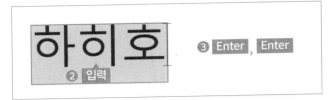

③ **문자 편집 명령 종료** Enter 키를 두 번 눌러 문자 편집 명령을 끝냅니다.

TIP AutoCAD LT 2015, 2016이라면 Enter 키를 한 번만 눌러도 종료됩니다.

 문자의 자리맞추기와 높이 수정하기

[특성] 명령을 실행하면 [특성 팔레트]가 나타납니다. 문자를 클릭하여 선택하면 [특성 팔레트]에는 선택한 문자의 설정이 표시되며, 여기에서는 자리맞추기와 높이를 수정합니다. 마지막으로 문자 선택을 해제하는 것을 잊지 마세요.

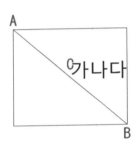

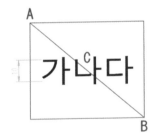

사용하는 명령	[특성]
메뉴 막대	[도구] - [팔레트] - [특성]
리본 메뉴	[뷰] 탭 - [팔레트] 패널
아이콘	
키보드	PROPERTIES Enter (PR Enter)

▷ **실습해 보세요**

① **특성 팔레트 표시** [뷰] 탭 - [팔레트] 패널에서 [특성]을 클릭합니다.

② **문자 선택** 화면에 특성 팔레트가 표시되면 문자를 클릭하여 선택합니다. 문자에 하이라이트 표시가 되며 특성 팔레트의 가장 위에는 [문자]라고 표시됩니다.

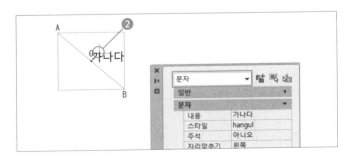

❸ **자리맞추기 변경** 특성 팔레트에서 **[자리맞추기]** 설정 필드에 있는 ▼를 클릭하고 **[중간]**을 선택합니다. 문자의 자리맞추기가 변경되며, 선 AB의 중간점 C가 문자의 중간 위치가 됩니다.

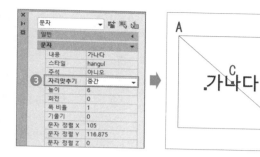

❹ **높이 변경** 특성 팔레트에서 **[높이]** 설정 필드를 클릭하고 키보드로 **[10]**을 입력한 후 **Enter** 키를 누릅니다. 문자의 높이가 변경됩니다.

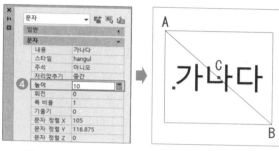

❺ **문자 선택 해제** 키보드의 **Esc** 키를 눌러 문자 선택을 해제합니다. 특성 팔레트의 가장 위에는 **[선택 요소가 없습니다]**라고 표시됩니다. 특성 팔레트가 필요하지 않으면 왼쪽 위에 있는 **[X]** 버튼을 클릭해서 닫습니다.

여러 줄의 문자 입력하기

[여러 줄 문자] 명령을 실행하고 영역으로 정사각형의 끝점 A, 끝점 B를 클릭합니다. 리본 메뉴에 일시적으로 **[문자 편집기]**가 표시됩니다. 종료하려면 **[문자 편집기]**의 **[문서 편집기 닫기]** 버튼을 클릭합니다.

사용하는 명령	[여러 줄 문자]
메뉴 막대	[주석] – [문자] – [여러 줄 문자]
리본 메뉴	[홈] 탭 – [주석] 패널
아이콘	**A**
키보드	MTEXT **Enter** (T **Enter**)

▷ 실습해 보세요

① **객체 스냅 설정** [96쪽]을 참고하여 '제도 설정' 대화상자에서 [끝점]으로 객체 스냅을 설정합니다.

② **직교 모드 끄기**

③ **여러 줄 문자 명령 선택** [홈] 탭 – [주석] 패널에서 [여러 줄 문자]를 클릭하여 여러 줄 문자 명령을 실행합니다.

④ **영역의 첫 번째 점을 지정** 프롬프트에 [첫 번째 구석 지정]이라고 표시되면 정사각형의 끝점 A를 클릭하여 영역의 첫 번째 점을 지정합니다.

⑤ **영역의 두 번째 점을 지정** 프롬프트에 [반대 구석 지정 또는]이라고 표시되면 정사각형의 끝점 B를 클릭하여 영역의 두 번째 점을 지정합니다. 영역 안에서 커서가 점멸하며 리본 메뉴에는 여러 줄 문자 명령 실행 중에만 표시되는 [문자 편집기] 탭이 표시됩니다.

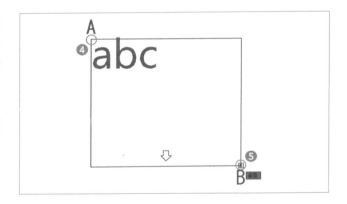

⑥ **문자 내용 입력** 키보드로 [가나다]라고 입력한 후 Enter 키를 눌러 줄을 바꾸고, 다음 줄에 [하히호]라고 입력합니다.

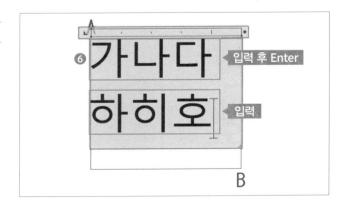

❼ **여러 줄 문자 명령 종료** [문자 편집기] 탭 - [닫기] 패널에서 [문서 편집기 닫기]를 클릭합니다. 여러 줄 문자 명령이 끝나며 리본 메뉴에서 [문자 편집기] 탭이 사라집니다.

COLUMN 단일 행과 여러 줄 문자의 차이

단일 행으로 작성한 문자는 여러 줄을 입력하더라도 각각 별도의 도형이 됩니다. 여러 줄 문자로 작성한 문자는 여러 줄이 하나의 도형이 됩니다. 그러므로 단일 행으로 작성한 문자를 편집할 때는 각각 별도로 편집해야 합니다.

여러 줄 문자를 별도의 줄로 나누고 싶다면 [홈] 탭 - [수정] 패널에서 [분해]를 사용하세요.

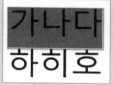

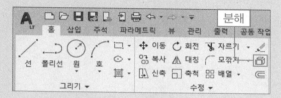

COLUMN 여러 줄 문자의 서식 설정

여러 줄 문자는 [문자 편집기] 탭에서 다양한 서식 설정을 할 수 있습니다. 예를 들어 밑줄을 표시하고 싶다면 다음과 같이 실행하세요.

① 밑줄을 그을 부분을 드래그로 선택한 후 ② [문자 편집기] 탭 - [형식 지정] 패널에서 [밑줄]을 클릭합니다.

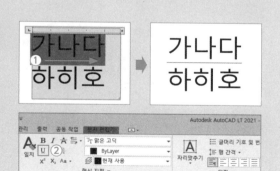

SECTION 02
치수와 지시선의 입력과 수정

치수는 치수선, 치수 문자, 치수보조선으로 구성되어 있습니다. 치수 수정은 그립
(177쪽)이나 특성 팔레트(179쪽)를 사용하며, [치수선], [치수 문자], [치수보조선]이라
는 명칭을 확인하게 됩니다. 이에 관한 자세한 내용은 163쪽에서 설명합니다.

📁 연습용 파일 4-2.dwg

미리보기

선형 치수, 정렬 치수 입력하기   ≫ 164쪽

두 점 사이의 치수를 입력합니다. XY
방향의 치수를 입력하는 [선형]과 지
시한 두 점과 평행한 치수를 입력하
는 [정렬]이 있습니다. 길이를 측정할
두 점의 지정과 치수선의 위치를 지
정합니다.

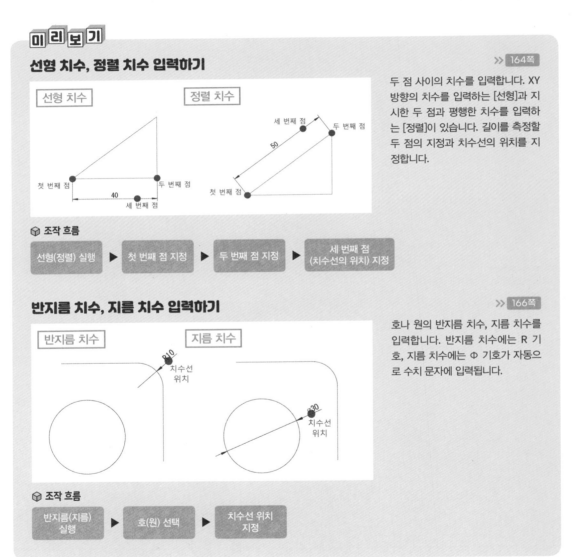

선형 치수

정렬 치수

첫 번째 점   두 번째 점
40
세 번째 점

세 번째 점   두 번째 점
50
첫 번째 점

◈ 조작 흐름

| 선형(정렬) 실행 | ▶ | 첫 번째 점 지정 | ▶ | 두 번째 점 지정 | ▶ | 세 번째 점 (치수선의 위치) 지정 |

반지름 치수, 지름 치수 입력하기   ≫ 166쪽

호나 원의 반지름 치수, 지름 치수를
입력합니다. 반지름 치수에는 R 기
호, 지름 치수에는 Φ 기호가 자동으
로 수치 문자에 입력됩니다.

반지름 치수

R10
치수선
위치

지름 치수

Φ30
치수선
위치

◈ 조작 흐름

| 반지름(지름) 실행 | ▶ | 호(원) 선택 | ▶ | 치수선 위치 지정 |

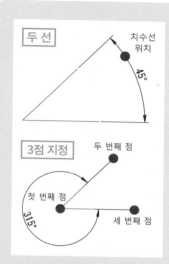

각도 치수 입력하기

>> 167쪽

각도 치수를 입력합니다. 두 선으로 치수를 입력하는 방법과 3점 지정으로 치수를 입력하는 방법이 있습니다. 90° 이상의 각도 치수를 입력하려면 [정점 지정(S)] 옵션을 사용하여 3점 지정으로 입력해야 합니다.

🔷 조작 흐름

두 선

3점 지정

두 번째 점
첫 번째 점
세 번째 점

기준이 되는 치수와 연속 치수 입력하기

>> 170쪽

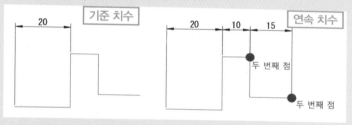

연속 치수란 옆으로 나란히 입력하는 치수를 말합니다. AutoCAD LT에서 연속 치수를 입력하려면, 우선 [선형] 명령 등으로 기준이 되는 치수를 입력한 후에 [연속] 명령을 실행합니다.

🔷 조작 흐름

기존의 치수를 활용해 연속 치수 입력하기

>> 172쪽

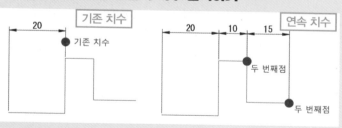

기존의 치수에 연속 치수를 입력하려면 [선택(S)] 옵션을 사용하여 기존 치수를 선택합니다. 그 후에 치수의 두 번째 점 지정을 반복합니다.

🔷 조작 흐름

지시선 입력하기

>> 175쪽

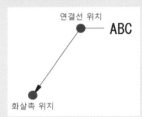

연결선 위치
ABC

화살촉 위치

지시선은 도면의 임의 부분에 설명을 쓰는 경우에 사용합니다. AutoCAD LT에서는 지시선 명령을 사용합니다.

⬡ 조작 흐름

지시선 실행 ▶ 화살촉 위치 지정 ▶ 연결선 위치 지정 ▶ 문자 내용 입력 ▶ 문자 편집기 종료

치수보조선, 치수선, 치수 문자의 위치 수정하기

>> 177쪽

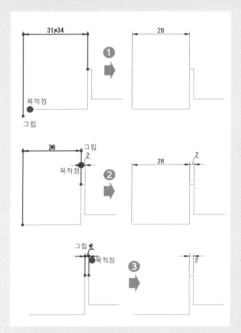

치수보조선, 치수선, 치수 문자를 변경할 때는 그립을 사용합니다. 그립이란 명령을 실행하지 않은 상태에서 도형을 선택했을 때 표시되는 파란색 점을 의미하며, 해당 도형을 간단히 수정할 수 있습니다. 치수 문자의 경우, 그립 선택 후에 옵션을 표시하여 치수 문자의 변경 방법을 선택해야 합니다.

⬡ 조작 흐름

❶ 치수보조선

치수 선택 ▶ 그립 선택 ▶ 목적점 지정 ▶ 선택 해제

❷ 치수선

치수 선택 ▶ 그립 선택 ▶ 목적점 지정 ▶ 선택 해제

❸ 치수 문자

치수 선택 ▶ 그립 선택 ▶ 문자만 이동 옵션 ▶

목적점 지정 ▶ 선택 해제

치수 설정 수정하기

>> 179쪽

40

L=40

치수 설정은 특성 명령(특성 팔레트)을 이용해 다양한 항목을 수정할 수 있습니다. 여기에서는 치수보조선의 비표시와 머리말 표기 수정을 해 봅니다. 개별적으로 치수 설정을 수정하는 것이 아니라 전체 치수의 설정을 변경할 때는 치수 스타일을 수정합니다(244쪽 참고).

⬡ 조작 흐름

특성 팔레트 표시 ▶ 치수 선택 ▶ 치수보조선 비표시 ▶ 치수 머리말 수정 ▶ 선택 해제

COLUMN 치수선과 치수 문자

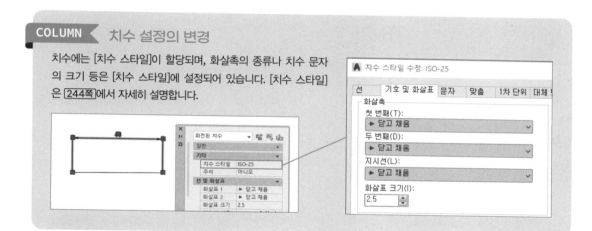

▼ 반지름 치수

치수 문자 · R10 · 치수선

치수선 · 치수 문자 · 40 · 치수보조선

▲ 선형 치수 · 치수보조선 · 치수선 · 치수 문자 · 45° · ◀ 각도 치수

COLUMN 치수 설정의 변경

치수에는 [치수 스타일]이 할당되며, 화살촉의 종류나 치수 문자의 크기 등은 [치수 스타일]에 설정되어 있습니다. [치수 스타일]은 244쪽 에서 자세히 설명합니다.

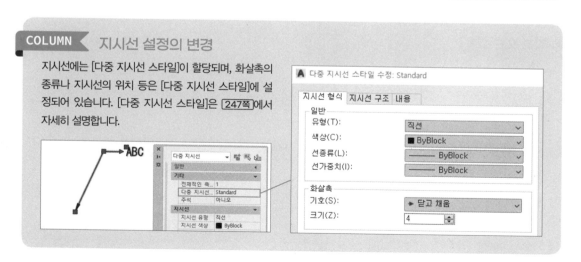

COLUMN 지시선 설정의 변경

지시선에는 [다중 지시선 스타일]이 할당되며, 화살촉의 종류나 지시선의 위치 등은 [다중 지시선 스타일]에 설정되어 있습니다. [다중 지시선 스타일]은 247쪽 에서 자세히 설명합니다.

선형 치수, 정렬 치수 입력하기

선 AB, AD의 치수를 입력합니다. **[선형]** 명령을 실행하고 측정할 점으로 끝점 A, B를 클릭, 치수선 위치로 임의 점 C를 클릭하면 치수가 입력됩니다. 선 AD의 치수는 **[정렬]** 명령을 실행하고 측정할 점으로 끝점 A, D를 클릭, 치수선 위치로 임의 점 E를 클릭합니다.

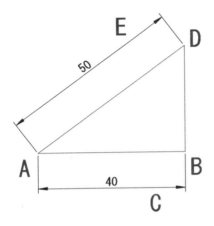

사용하는 명령	[선형]
메뉴 막대	[치수] - [선형]
리본 메뉴	[홈] 탭 - [주석] 패널
아이콘	
키보드	DIMLINEAR Enter (DLI Enter)

사용하는 명령	[정렬]
메뉴 막대	[치수] - [정렬]
리본 메뉴	[홈] 탭 - [주석] 패널
아이콘	
키보드	DIMALIGNED Enter (DAL Enter)

▷ **실습해 보세요**

❶ **객체 스냅 설정** 96쪽을 참고하여 '제도 설정' 대화상자에서 **[끝점]**으로 객체 스냅을 설정합니다.

❷ **직교 모드 끄기**

❸ **선형 명령 선택 [홈]** 탭 - **[주석]** 패널에서 **[선형]**을 클릭하여 선형 명령을 실행합니다.

❹ **측정할 첫 번째 점 지정** 프롬프트에 [첫 번째 치수보조선 원점 지정 또는 <객체 선택>]이라고 표시되면 선의 끝점 A를 클릭합니다.

❺ **측정할 두 번째 점 지정** 프롬프트에 [두 번째 치수보조선 원점 지정]이라고 표시되면 선의 끝점 B를 클릭합니다.

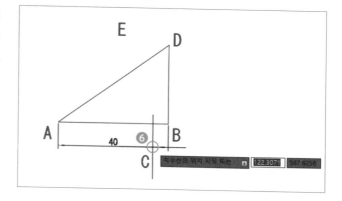

❻ **치수선 위치 지정** 프롬프트에 [치수선의 위치 지정 또는]이라고 표시되면 임의 점 C를 클릭합니다. 치수선의 위치가 지정되며, 선 AB를 측정한 치수가 입력됩니다.

❼ **정렬 명령 선택** [홈] 탭 - [주석] 패널에서 [정렬]을 클릭하여 정렬 명령을 실행합니다.

❽ **측정할 첫 번째 점 지정** 프롬프트에 [첫 번째 치수보조선 원점 지정 또는 <객체 선택>]이라고 표시되면 선의 끝점 A를 클릭합니다.

❾ **측정할 두 번째 점 지정** 선의 끝점 D를 클릭합니다.

❿ **치수선 위치 지정** 임의 점 E를 클릭합니다. 치수선의 위치가 지정되며, 선 AD를 측정한 치수가 입력됩니다.

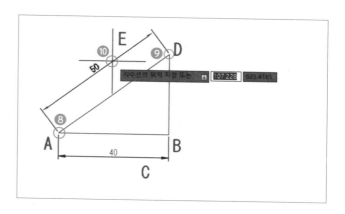

반지름 치수, 지름 치수 입력하기

호 A의 반지름 치수를 입력합니다. [반지름] 명령을 실행하고 호 A를 선택, 치수선 위치로 임의 점 B를 클릭하면 치수가 입력됩니다. 원 C의 지름 치수는 [지름] 명령을 실행하고 원 C를 선택, 치수선 위치로 임의 점 D를 클릭합니다.

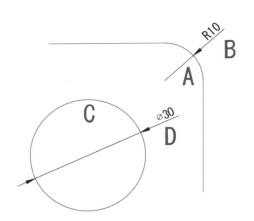

사용하는 명령	[반지름]
메뉴 막대	[치수] - [반지름]
리본 메뉴	[홈] 탭 - [주석] 패널
아이콘	(2019 이후) (2018 이전)
키보드	DIMRADIUS Enter (DRA Enter)

사용하는 명령	[지름]
메뉴 막대	[치수] - [지름]
리본 메뉴	[홈] 탭 - [주석] 패널
아이콘	(2019 이후) (2018 이전)
키보드	DIMDIAMETER Enter (DDI Enter)

▷ 실습해 보세요

❶ **반지름 명령 선택** [홈] 탭 - [주석] 패널에서 [반지름]을 클릭하여 반지름 명령을 실행합니다.

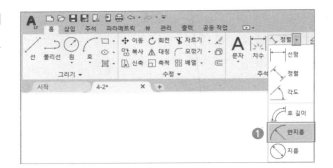

❷ **도형 선택** 프롬프트에 [호 또는 원 선택]이라고 표시되면 호 A를 클릭하여 선택합니다.

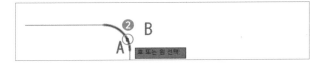

❸ **치수선 위치 지정** 프롬프트에 [치수선의 위치 지정 또는]이라고 표시되면 임의 점 B를 클릭합니다. 치수선의 위치가 지정되며, 호 A를 측정한 반지름 치수가 입력됩니다.

❹ **지름 명령 선택** [홈] 탭 - [주석] 패널
에서 [지름]을 클릭하여 지름 명령을
실행합니다.

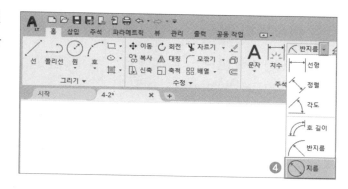

❺ **도형 선택** 프롬프트에 [호 또는 원 선
택]이라고 표시되면 원 C를 클릭하여
선택합니다.

❻ **치수선 위치 지정** 프롬프트에 [치수
선의 위치 지정 또는]이라고 표시되면
임의 점 D를 클릭합니다. 치수선의
위치가 지정되며, 원 C를 측정한 지
름 치수가 입력됩니다.

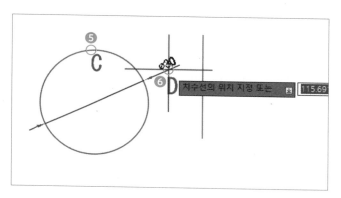

 # 각도 치수 입력하기

선 AB, 선 AC로 구성된 모서리 안쪽의 치수를 입력합니다. [각도] 명령을 실행하고 선 AB, AC를 선택,
치수선 위치로 임의 점 D를 클릭하면 치수가 입력됩니다. 선 AB, AC로 구성된 모서리 바깥쪽의 치수는
[각도] 명령을 실행하고 [정점 지정(S)] 옵션을 선택, 모서리의 구성점으로 끝점 A, B, C를 클릭하고 치수선
위치로 임의 점 E를 클릭합니다.

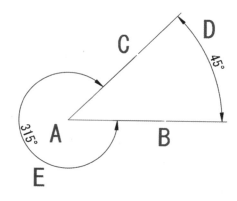

사용하는 명령	[각도]
메뉴 막대	[치수] - [각도]
리본 메뉴	[홈] 탭 - [주석] 패널
아이콘	△
키보드	DIMANGULAR Enter (DAN Enter)

▷ 실습해 보세요

❶ 각도 명령 선택 [홈] 탭 - [주석] 패널에서 [각도]를 클릭하여 각도 명령을 실행합니다.

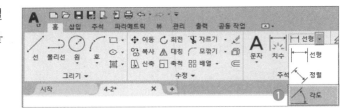

❷ 각도를 구성하는 첫 번째 선 선택
프롬프트에 [호, 원, 선을 선택하거나 <정점 지정>]이라고 표시되면 선 AB를 클릭하여 선택합니다.

❸ 각도를 구성하는 두 번째 선 선택
프롬프트에 [두 번째 선 선택]이라고 표시되면 선 AC를 클릭하여 선택합니다.

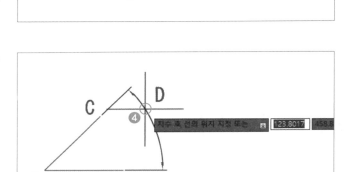

❹ 치수선 위치 지정 프롬프트에 [치수호 선의 위치 지정 또는]이라고 표시되면 임의 점 D를 클릭합니다. 치수선의 위치가 지정되며, 각도 치수가 입력됩니다.

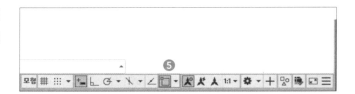

❺ 객체 스냅 설정 [96쪽]을 참고하여 '제도 설정' 대화상자에서 [끝점]으로 객체 스냅을 설정합니다.

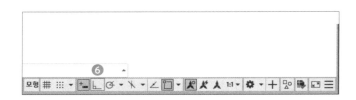

❻ 직교 모드 끄기

7 **각도 명령 선택** [홈] 탭 – [주석] 패널에서 [각도]를 클릭하여 각도 명령을 실행합니다.

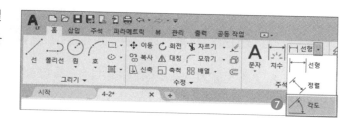

8 **<정점 지정> 선택** 프롬프트에 [호, 원, 선을 선택하거나 <정점 지정>]이라고 표시되면 [Enter] 키를 누릅니다. 〈정점 지정(S)〉 옵션이 선택됩니다.

TIP <정점 지정(S)> 옵션이 < >로 둘러싸여 있는 것은 기본값으로 지정되어 있다는 의미입니다. 그러므로 [Enter] 키만 눌러도 선택됩니다.

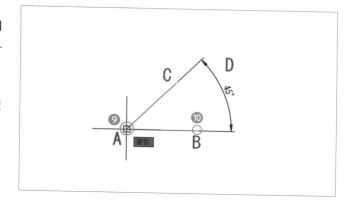

9 **정점 지정** 프롬프트에 [각도 정점 지정]이라고 표시되면 끝점 A를 클릭합니다.

10 **각도를 구성하는 첫 번째 점 지정** 프롬프트에 [첫 번째 각도 끝점 지정]이라고 표시되면 끝점 B를 클릭합니다.

11 **각도를 구성하는 두 번째 점 지정** 프롬프트에 [두 번째 각도 끝점 지정]이라고 표시되면 끝점 C를 클릭합니다.

12 **치수선 위치 지정** 프롬프트에 [치수 호 선의 위치 지정 또는]이라고 표시되면 임의 점 E를 클릭합니다. 치수선의 위치가 지정되며, 각도 치수가 입력됩니다.

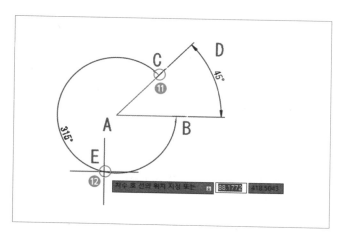

기준이 되는 치수와 연속 치수 입력하기

우선 끝점 A, B로 선형 치수를 입력합니다. 다음으로 [연속]을 실행하고 끝점 C를 클릭하면 직전에 입력한 선형 치수와 같은 치수선 위치에 끝점 B, C를 계측한 치수가 입력됩니다. 계속해서 끝점 D를 클릭하여 끝점 C, D를 계측한 치수를 입력, Enter 키를 두 번 눌러서 명령을 종료합니다.

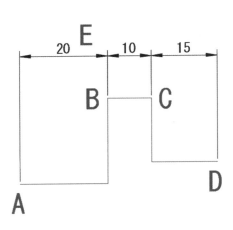

사용하는 명령	[선형]
메뉴 막대	[치수] – [선형]
리본 메뉴	[홈] 탭 – [주석] 패널
아이콘	
키보드	DIMLINEAR Enter (DLI Enter)

사용하는 명령	[연속]
메뉴 막대	[치수] – [연속]
리본 메뉴	[주석] 탭 – [치수] 패널
아이콘	
키보드	DIMCONTINUE Enter (DCO Enter)

▷ 실습해 보세요

❶ 객체 스냅 설정 [96쪽]을 참고하여 '제도 설정' 대화상자에서 [끝점]으로 객체 스냅을 설정합니다.

❷ 직교 모드 끄기

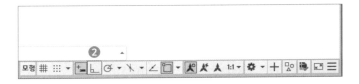

❸ 선형 명령 선택 [홈] 탭 – [주석] 패널에서 [선형]을 클릭합니다.

④ **측정할 첫 번째 점 지정** 선의 끝점 A
를 클릭합니다.

⑤ **측정할 두 번째 점 지정** 선의 끝점 B
를 클릭합니다.

⑥ **치수선 위치 지정** 임의 점 E를 클릭
합니다. 치수선의 위치가 지정되며,
선형 치수가 입력됩니다.

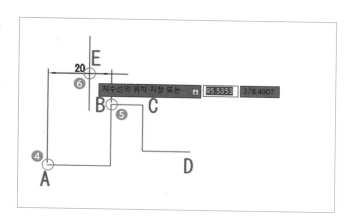

⑦ **연속 명령 선택** [주석] 탭 - [치수] 패
널에서 [연속]을 클릭하여 연속 명령
을 실행합니다.

⑧ **측정할 치수의 두 번째 점 지정** 프롬
프트에 [두 번째 치수보조선 원점 지정
또는]이라고 표시되면 끝점 C를 클릭
합니다. 끝점 B, C를 측정한 치수가
입력됩니다.

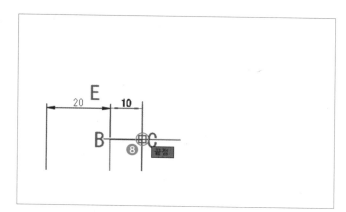

⑨ **측정할 치수의 두 번째 점 지정** 프롬
프트에 [두 번째 치수보조선 원점 지정
또는]이라고 표시되면 끝점 D를 클릭
합니다. 끝점 C, D를 측정한 치수가
입력됩니다.

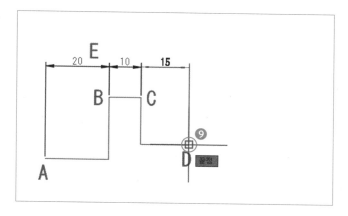

⑩ 점 지정 확정 계속해서 프롬프트에 [두 번째 치수보조선 원점 지정 또는]이라고 표시되면 Enter 키를 눌러 점 지정을 확정합니다.

⑪ 연속 명령 종료 프롬프트에 [연속된 치수 선택]이라고 표시됩니다. 계속해서 다른 치수를 기준으로 하는 연속 치수를 작성할 수 있지만, Enter 키를 눌러 프롬프트를 확정하며, 연속 명령을 끝냅니다.

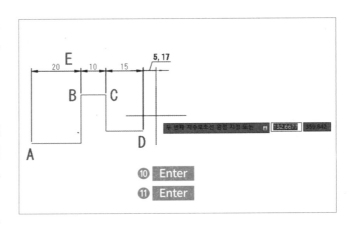

COLUMN ▸ 기준선

[주석] 탭 - [치수] 패널에 있는 [기준선] 명령을 사용하면 단이 다른 치수를 입력할 수 있습니다. 조작 방법은 [연속]과 동일합니다. 치수와 치수의 간격은 [치수 스타일]에 설정되어 있으며, 자세한 내용은 244쪽을 참고하세요.

 기존의 치수를 활용해 연속 치수 입력하기

기존의 선형 치수 A를 활용해 연속 치수를 입력합니다. **[연속]**을 실행하고 **[선택(S)]** 옵션으로 치수 A를 선택하고 끝점 C를 클릭하면 치수 A와 같은 치수선 위치에 끝점 B, C를 계측한 치수가 입력됩니다. 계속해서 끝점 D를 클릭하여 끝점 C, D를 계측한 치수를 입력, Enter 키를 두 번 눌러서 명령을 종료합니다.

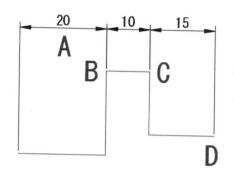

사용하는 명령	[연속]
메뉴 막대	[치수] – [연속]
리본 메뉴	[주석] 탭 – [치수] 패널
아이콘	
키보드	DIMCONTINUE [Enter] (DCO [Enter])

▷ 실습해 보세요

① **객체 스냅 설정** 96쪽을 참고하여 '제도 설정' 대화상자에서 **[끝점]**으로 객체 스냅을 설정합니다.

② **직교 모드 끄기**

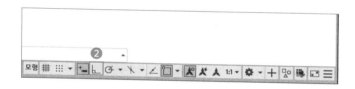

③ **연속 명령 선택** [주석] 탭 – [치수] 패널에서 [연속]을 클릭합니다.

④ **프롬프트 확인** 프롬프트에 [두 번째 치수보조선 원점 지정 또는]이라고 표시되면 5번 과정부터, [연속된 치수 선택]이라고 표시되면 바로 6번 과정으로 넘어갑니다.

TIP 연속 치수는 기본적으로 직전에 입력한 치수를 활용합니다. 그러므로 직전에 입력한 치수가 아니라, 다른 치수를 활용하려면 5번 과정처럼 [선택(S)] 옵션을 사용해야 합니다. 직전에 입력한 수치가 없다면 [선택(S)] 옵션이 이미 실행된 상태이므로 6번 과정으로 넘어가면 됩니다.

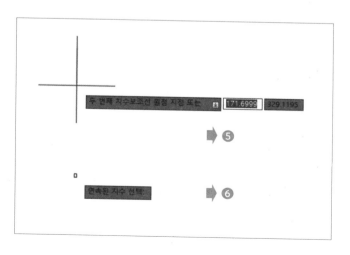

⑤ [선택] 옵션 선택 우클릭한 후 표시된
메뉴에서 [선택(S)] 옵션을 선택합니다.

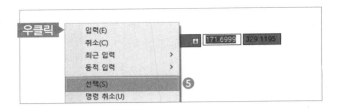

⑥ 기존 치수 선택 프롬프트에 **[연속된 치수
선택]**이라고 표시되면 치수 A를 클릭하
여 기존 치수를 선택합니다. 이때, 치수
를 연결하고 싶은 쪽의 치수보조선을 클
릭합니다.

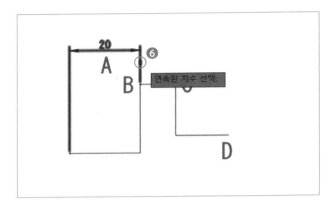

⑦ 측정할 치수의 두 번째 점 지정 프롬프트
에 **[두 번째 치수보조선 원점 지정 또는]**이라
고 표시되면 끝점 C를 클릭합니다.

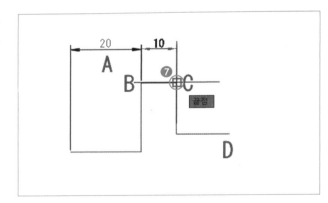

⑧ 측정할 치수의 두 번째 점 지정 끝점 D
를 클릭합니다.

⑨ 점 지정 확정 Enter 키를 누릅니다.

⑩ 연속 명령 종료 Enter 키를 누릅니다.
프롬프트가 확정되며, 연속 명령이 끝납
니다.

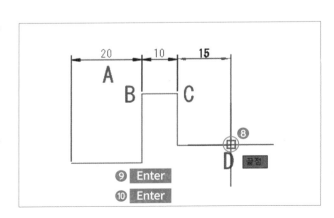

지시선 입력하기

[지시선]을 실행하고 화살촉 위치로 임의 점 A를 클릭, 연결선 위치로 임의 점 B를 클릭하면 문자 편집기가 켜집니다. 문자 내용을 입력하고 문자 편집기를 종료하면 지시선이 입력됩니다.

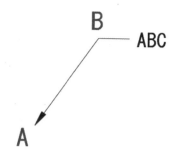

사용하는 명령	[지시선]
메뉴 막대	[치수] – [다중 지시선]
리본 메뉴	[홈] 탭 – [주석] 패널
아이콘	![아이콘]
키보드	MLEADER [Enter] (MLD [Enter])

▷ **실습해 보세요**

① **직교 모드 끄기**

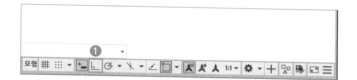

② **지시선 명령 선택** [홈] 탭 – [주석] 패널에서 [지시선]을 클릭하여 지시선 명령을 실행합니다.

③ **화살촉 위치 지정** 프롬프트에 [지시선 화살촉 위치 지정 또는]이라고 표시되면 임의 점 A를 클릭합니다.

④ **연결선 위치 지정** 프롬프트에 [지시선 연결선 위치 지정]이라고 표시되면 임의 점 B를 클릭합니다.

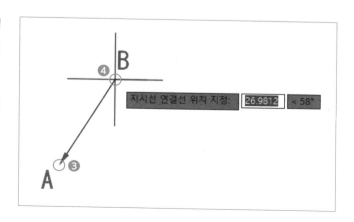

❺ 문자 내용 입력 리본 메뉴에 [문자 편집기] 탭이 표시되며, 커서가 점멸하면 키보드로 [ABC]라고 입력합니다.

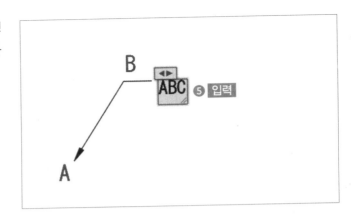

❻ 문자 편집기 종료 [문자 편집기] 탭 – [닫기] 패널에서 [문서 편집기 닫기]를 클릭합니다. 지시선 명령이 끝나며, 지시선이 입력됩니다.

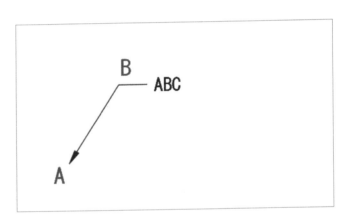

COLUMN 문자 편집기란

문자 편집기란 여러 줄 문자를 작성하거나 편집할 때만 일시적으로 표시되는 리본 탭입니다. 문자 크기 변경, 밑줄 굿기, 자리맞추기, 단락 나누기 등 다양한 서식을 지정할 수 있습니다.

치수보조선, 치수선, 치수 문자의 위치 수정하기

치수보조선, 치수선, 치수 문자의 위치를 수정할 때는 그립이라는 이름의 파란색 조절점(■)을 이용합니다. 그립은 명령을 실행하지 않은 상태에서 도형을 클릭하면 표시됩니다. 왼쪽 치수보조선의 그립 A를 선의 끝점 B로 이동, 같은 방식으로 왼쪽 치수보조선의 그립 C를 한가운데 치수 화살촉의 끝점 D로 이동합니다. 한가운데 치수의 치수 문자 그립 E는 **[문자만 이동]** 옵션을 사용하여 임의 점 F로 이동합니다. 마지막으로 치수 선택을 해제하는 것을 잊지 마세요.

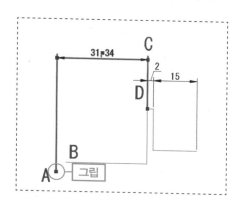
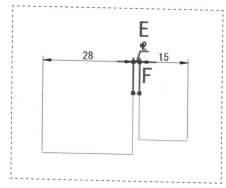

▷ 실습해 보세요

❶ 객체 스냅 설정 96쪽을 참고하여 '제도 설정' 대화상자에서 **[끝점]**으로 객체 스냅을 설정합니다.

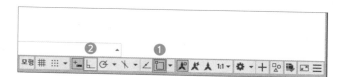

❷ 직교 모드 끄기

❸ 치수 선택 왼쪽 치수를 클릭하여 선택합니다. 치수보조선, 치수선, 치수 문자에 그립이 표시됩니다.

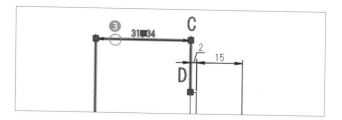

❹ 치수보조선 그립 선택 치수보조선의 그립 A를 클릭하여 선택합니다. 그립이 파란색에서 빨간색으로 바뀌며, 그립의 위치를 이동할 수 있게 됩니다.

❺ **그립을 이동할 지점 지정** 끝점 B를 클릭합니다. 그립이 이동하며, 치수보조선의 위치가 바뀝니다.

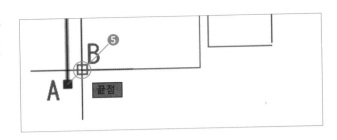

❻ **치수선 그립 선택** 치수선 그립 C를 클릭하여 선택합니다. 그립이 파란색에서 빨간색으로 바뀌며, 그립의 위치를 이동할 수 있게 됩니다.

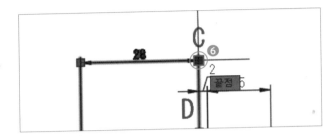

❼ **그립을 이동할 지점 지정** 끝점 D를 클릭합니다. 그립이 이동하며, 치수선의 위치가 바뀝니다.

❽ **치수 선택 해제** 키보드의 [Esc] 키를 누릅니다. 선택이 해제되며, 치수의 그립 표시가 사라집니다.

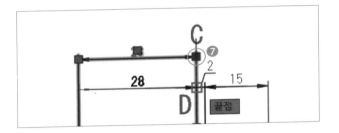

❾ **치수 선택** 한가운데의 치수를 클릭하여 선택합니다.

❿ **치수 문자의 그립 선택** 치수 문자의 그립 E를 클릭하여 선택합니다

> TIP AutoCAD LT 2011 이전 버전이라면 10번 과정은 생략하고 넘어가세요.

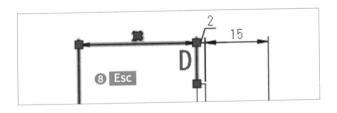

⓫ **[문자만 이동] 옵션 선택** 우클릭한 후 표시된 메뉴에서 **[문자만 이동]**을 선택합니다.

> TIP AutoCAD 2011 이전 버전이라면 [치수 문자 위치] - [문자만 이동]을 선택합니다.

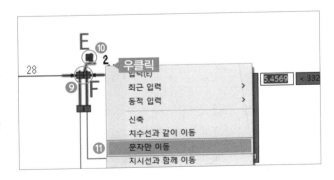

⓬ **그립을 이동할 지점 지정** 임의 점 F를 클릭합니다. 그립이 이동하며, 치수 문자만 위치가 바뀝니다.

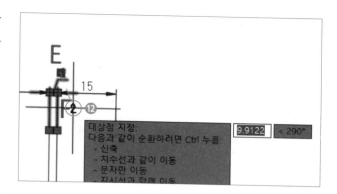

⓭ **치수 선택 해제** 키보드의 Esc 키를 누릅니다. 선택이 해제되며, 치수의 그립 표시가 사라집니다.

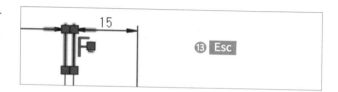

 # 치수 설정 수정하기

[특성] 명령을 실행하면 **[특성 팔레트]**가 나타나며, 치수를 클릭하여 선택하면 **[특성 팔레트]**에 선택한 치수의 다양한 설정이 표시됩니다. 여기에서는 치수 머리말과 치수보조선 표시를 수정합니다. 마지막으로 치수 선택을 해제합니다.

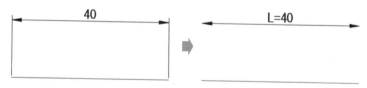

사용하는 명령	[특성]
메뉴 막대	[도구] - [팔레트] - [특성]
리본 메뉴	[뷰] 탭 - [팔레트] 패널
아이콘	▦
키보드	PROPERTIES Enter (PR Enter)

❶ **특성 팔레트 표시** [뷰] 탭 – [팔레트] 패널에서 [**특성**]을 클릭합니다.

❷ **치수 선택** 화면에 특성 팔레트가 표시되면 설정을 변경할 치수를 클릭하여 선택합니다. 치수를 선택하면 하이라이트 표시되며 특성 팔레트의 가장 위에는 [**회전된 치수**]라고 표시됩니다.

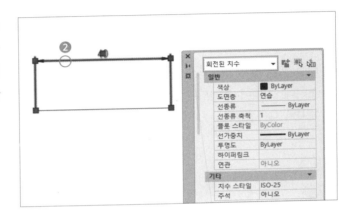

❸ **치수보조선 1 변경** 특성 팔레트에서 [**치수보조선 1**] 설정 필드의 ▼을 클릭하고 [**끄기**]를 선택합니다. 치수보조선 1이 사라집니다.

> TIP 특성 팔레트에 [치수보조선] 등의 항목이 보이지 않는 경우에는 특성 팔레트 안을 스크롤하거나, 특성 팔레트의 틀을 드래그해서 넓힌 후에 항목을 찾아보세요.

❹ **치수보조선 2 변경** 특성 팔레트에서 [**치수보조선 2**] 설정 필드의 ▼을 클릭하고 [**끄기**]를 선택합니다. 치수보조선 2가 사라집니다.

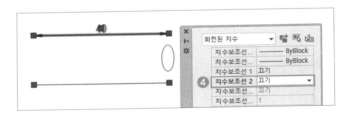

❺ **치수 머리말 변경** 특성 팔레트에서 [**치수 머리말**] 설정 필드를 클릭한 후 [**L=**]을 입력하고 Enter 키를 누릅니다. 치수 머리말이 변경되며, 치수 문자 앞에 [**L=**]이 표시됩니다.

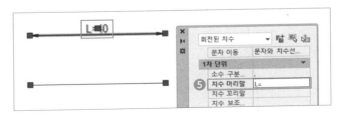

⑥ 치수 선택 해제 커서를 작업 영역으로 이동하고 키보드의 Esc 키를 누릅니다. 치수 선택이 해제되며, 특성 팔레트의 가장 위에는 **[선택 요소가 없습니다]**라고 표시됩니다. 특성 팔레트 왼쪽 위에 있는 **[X]** 버튼을 클릭하여 닫습니다.

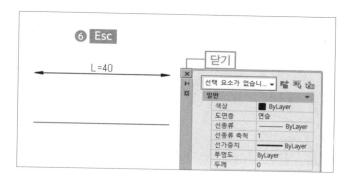

COLUMN 우클릭 메뉴

도형이나 그립을 선택한 후에 우클릭하면 다양한 명령 메뉴가 표시됩니다.

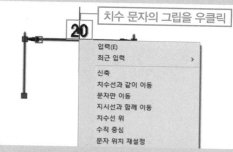

치수 문자를 이동할 때 사용합니다.

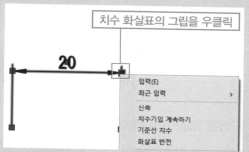

화살표 방향의 반전이나 치수기입 계속하기, 기준선 등의 명령을 실행할 수 있습니다.

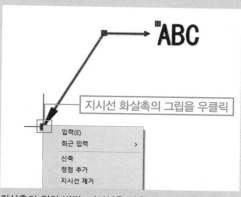

화살촉의 위치 변경, 지시선을 신축하거나 제거할 수 있습니다.

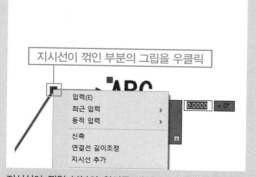

지시선이 꺾인 부분의 위치를 변경하거나 지시선을 추가할 수 있습니다.

4일차

SECTION 03

해치 그리기와 수정

지정된 영역을 사선이나 특정 모양으로 채우는 해치는 영역이나 면적 범위를 도면 안에서 강조해서 표시하거나 재질(콘크리트, 타일, 돌 등)을 표현할 때 사용합니다. AutoCAD LT 2011 이전 버전이라면 대화상자를 사용하며 이는 186쪽 [COLUMN]을 참고하세요.

✓ 연습용 파일 4-3.dwg

미리보기

점을 지정하여 해치 그리기

>> 183쪽

안쪽 점

영역 안의 임의 점을 지정하여 해치를 그릴 경계를 지정합니다. 지정한 점을 둘러싸는 영역이 경계로 인식됩니다. 그러므로 클릭 몇 번으로 경계를 선택할 수 있는 단순한 영역을 지정할 때 편리합니다.

⬡ 조작 흐름

해치 실행 ▶ 패턴 지정 ▶ 경계(점) 지정 ▶ 해치 종료

도형을 지정하여 해치 그리기

>> 184쪽

영역을 만드는 도형

여러 도형이 그려진 영역이라면 점 지정으로는 경계를 선택하기 어렵습니다. 이럴때는 영역을 폴리선으로 지정하는 방법을 사용합니다.

⬡ 조작 흐름

해치 실행 ▶ 패턴 지정 ▶ 경계(도형) 지정 ▶ 해치 종료

해치 수정하기

>> 185쪽

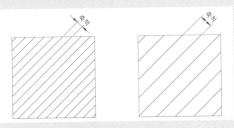

이미 그려진 해치를 수정합니다. 여기에서는 해치가 그려지는 간격(축척)을 넓힙니다.

⬡ 조작 흐름

선 실행 ▶ 축척 지정 ▶ 해치 선택 해제

점을 지정하여 해치 그리기

[해치] 명령을 실행하면 리본 메뉴에 일시적으로 [해치 작성] 탭이 표시됩니다. 패턴을 선택하고, 경계를 지정하기 위해 두 정사각형 사이의 임의 점 A를 클릭합니다. [해치] 명령을 종료할 때는 [해치 작성] 탭의 [닫기 해치 작성] 버튼을 클릭합니다.

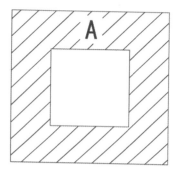

사용하는 명령	[해치]
메뉴 막대	[그리기] – [해치]
리본 메뉴	[홈] 탭 – [그리기] 패널
아이콘	
키보드	HATCH Enter (H Enter)

▷ **실습해 보세요**

❶ **해치 명령 선택** [홈] 탭 – [그리기] 패널에서 [해치]를 클릭합니다. 해치 명령이 실행되며, 리본 메뉴에 [해치 작성] 탭이 표시됩니다.

❷ **패턴 선택** [해치 작성] 탭 – [패턴] 패널에서 [ANSI31]을 클릭합니다.

❸ **경계 지정 방법 선택** [경계] 패널에서 [선택점]을 클릭합니다.

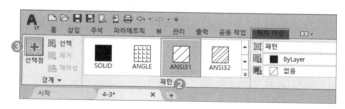

❹ **경계 안의 점 지정** 프롬프트에 [내부 점 선택 또는]이라고 표시되면 두 정사각형 사이의 임의 점 A를 클릭합니다. 경계가 지정되며, 해치의 미리 보기가 표시됩니다.

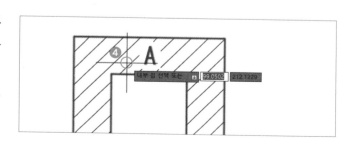

❺ **해치 명령 종료** [해치 작성] 탭 - [닫기] 패널에서 [닫기 해치 작성]을 클릭합니다. 해치 명령이 끝나며, 해치가 그려집니다.

도형을 지정하여 해치 그리기

[해치] 명령을 실행하면 리본 메뉴에는 일시적으로 [해치 작성] 편집기가 표시됩니다. 패턴을 선택하고, 경계를 지정하기 위해 정사각형 ABCD를 클릭합니다. [해치] 명령을 종료할 때는 [해치 작성] 편집기의 [닫기 해치 작성] 버튼을 클릭합니다.

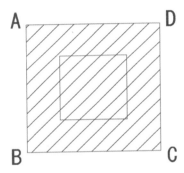

사용하는 명령	[해치]
메뉴 막대	[그리기] - [해치]
리본 메뉴	[홈] 탭 - [그리기] 패널
아이콘	
키보드	HATCH Enter (H Enter)

▷ 실습해 보세요

❶ **해치 명령 선택** [홈] 탭 - [그리기] 패널에서 [해치]를 클릭합니다. 해치 명령이 실행되며, 리본 메뉴에 [해치 작성] 탭이 표시됩니다.

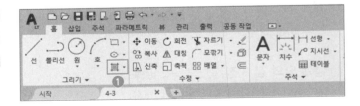

❷ **패턴 선택** [해치 작성] 탭 - [패턴] 패널
에서 [ANSI31]을 클릭합니다.

❸ **경계 지정 방법 선택** [해치 작성] 탭 -
[경계] 패널에서 [선택]을 클릭합니다.

❹ **경계 도형 지정** 프롬프트에 [객체 선
택 또는]이라고 표시되면 정사각형
ABCD를 클릭합니다. 경계가 지정되
며, 해치의 미리 보기가 표시됩니다.

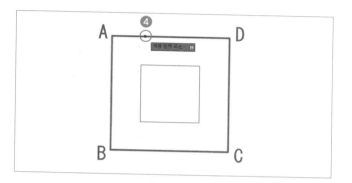

❺ **해치 명령 종료** [해치 작성] 탭 - [닫기] 패널에서 [닫기 해치 작성]을 클릭합니다. 해치 명령이 끝나며, 해
치가 그려집니다.

해치 수정하기

[해치] 명령을 실행하면 리본 메뉴에 일시적으로 [해치 작성] 탭이 표시됩니다. 축척을 설정하고 미리 보기
를 확인한 후 Esc 키를 눌러 해치를 선택 해제합니다.

여기에서 지정하는 [축척]은 실제 간격의 수치가 아
니며, [1]을 기준으로 했을 때의 간격 넓이입니다.
기존의 [축척]이 [1]이었다면, 넓히고 싶을 때는 [1]
보다 큰 수(2, 10 등)를 입력하고 좁히고 싶을 때는
[1]보다 작은 수(0.5, 0.1 등)를 입력합니다.

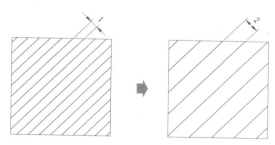

▷ 실습해 보세요

① 해치 선택 해치를 클릭하여 선택합니다. 이때, 빈 공간이 아닌 해치 도형 (선)을 클릭하세요. 리본 메뉴에 **[해치 작성]** 탭이 표시됩니다.

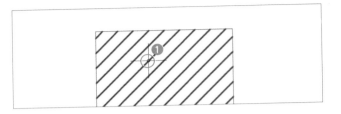

② 축척 설정 **[해치 작성]** 탭 - **[특성]** 패널에서 **[해치 패턴 축척]**을 클릭하고 키보드로 **[2]**라고 입력한 후 **Enter** 키를 누릅니다. 미리 보기가 반영됩니다.

③ 해치 선택 해제 키보드의 **Esc** 키를 누릅니다. 해치 선택이 해제되며, 리본 메뉴에서 **[해치 작성]** 탭이 사라집니다.

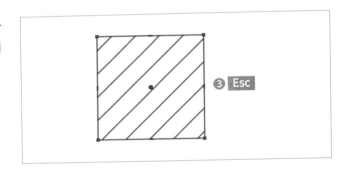

COLUMN 대화상자로 해치 그리기

AutoCAD LT 2011 이전 버전에서는 [해치] 명령을 실행하면 다음과 같은 대화상자가 표시되어 패턴, 경계, 축척을 지정할 수 있습니다.

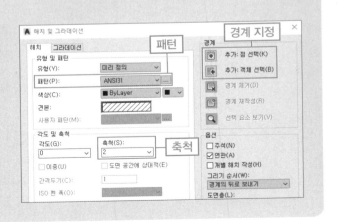

기 초 탄 탄 연 습 문 제

☑ 연습용 파일 4-4.dwg

Q.1 다음 그림처럼 그려 보세요.

해답 >> 188쪽

● [주석], [건물 이름], [도면 이름] 문자 3개
● [주석] 문자의 높이는 4
● [주석]의 자리맞추기는 끝점 D를 [맨 아래 오른쪽]으로 지정
● [건물 이름], [도면 이름] 문자의 높이는 5
● [건물 이름]의 자리맞추기는 끝점 A, E의 [중간]으로 지정
● [도면 이름]의 자리맞추기는 끝점 B, F의 [중간]으로 지정

HINT 단일 행 명령, 객체 스냅(끝점, 2점 사이의 중간), 복사 명령, 문자 편집 명령

Q.2 다음 그림처럼 그려 보세요.

해답 >> 193쪽

● 끝점 A, B를 측정하는 치수
● 끝점 B, C를 측정하는 치수
● 끝점 A, 사분점 D를 측정하는 치수

HINT 선형 명령, 연속 명령, 기준선 명령, 객체 스냅(끝점, 교차점, 사분점), 그립 편집

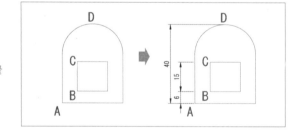

Q.3 다음 그림처럼 해치를 그려 보세요.

해답 >> 197쪽

● 돌을 나타내는 해치
● BFGC 사이는 해치를 그리지 않음
● AE, BF 사이는 15만큼 떨어져 있음
● CG, DH 사이는 15만큼 떨어져 있음

HINT 해치 명령, 간격띄우기 명령, 지우기 명령, 대칭 명령, 객체 스냅(중간점)

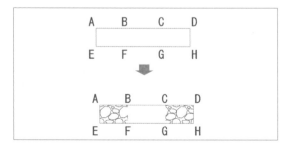

● [주석] 문자를 높이 4로 입력합니다. 단일 행 명령의 [자리맞추기 옵션]을 사용하여 [맨아래오른쪽]을 설정하고 끝점 D를 기준점으로 합니다.

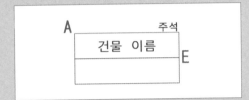

● [건물 이름] 문자를 높이 5로 작성합니다. 단일 행 명령의 [자리맞추기 옵션]을 사용하여 [중간]을 설정하여 끝점 AE의 중간점을 지정합니다. 이때, 우선 객체 스냅의 [2점 사이의 중간]을 사용합니다.

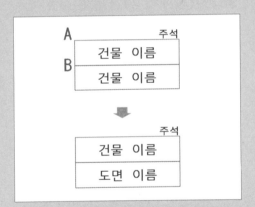

● [건물 이름] 문자를 복사하여 [도면 이름] 문자를 입력합니다. 복사 기본점은 끝점 A, 두 번째 점은 끝점 B로 합니다. 복사 후 내용을 수정합니다.

해답

① **객체 스냅 설정** [96쪽]을 참고하여 '제도 설정' 대화상자에서 [끝점]으로 객체 스냅을 설정합니다.

② **직교 모드 끄기**

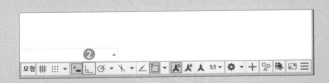

❸ **단일 행 명령 선택** [홈] 탭 - [주석] 패널에서 [단일 행]을 클릭합니다.

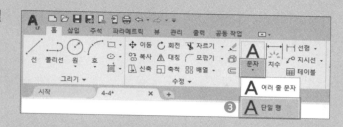

❹ **[자리맞추기] 옵션 선택** 우클릭 후 표시된 메뉴에서 [자리맞추기(J)] 옵션을 선택합니다.

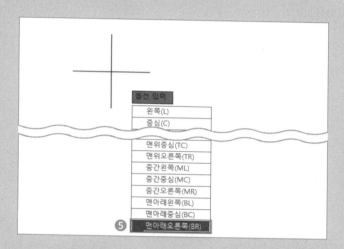

❺ **[맨아래오른쪽(BR)] 선택** 커서 근처에 표시된 옵션에서 [맨아래오른쪽(BR)]을 클릭하여 선택합니다.

❻ **삽입 기준점 지정** 끝점 D를 클릭하여 선택합니다.

❼ **높이, 각도 지정** 키보드로 [4]를 입력하고 Enter 키를 눌러 [높이]를, [0]을 입력하고 Enter 키를 눌러 [각도]를 지정합니다.

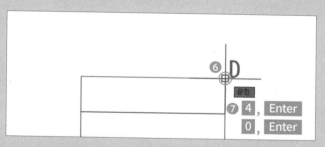

❽ **문자 입력** 키보드로 [주석]을 입력합니다. Enter 키를 눌러 줄을 바꿉니다.

❾ **단일 행 명령 종료** 한 번 더 Enter 키를 누릅니다. 단일 행 명령이 끝나며, [주석]이라는 문자가 입력됩니다.

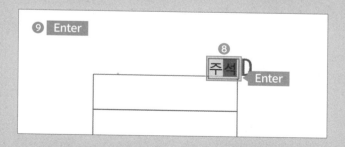

⑩ **단일 행 명령 선택** [홈] 탭 – [주석] 패널에서 [단일 행]을 클릭합니다.

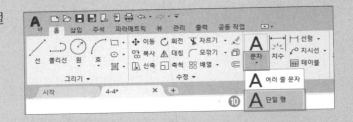

⑪ **[자리맞추기] 옵션 선택** 우클릭 후 표시된 메뉴에서 [자리맞추기(J)]를 선택합니다.

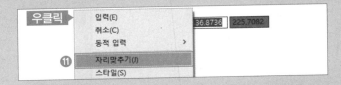

⑫ **[중간(M)] 선택** 커서 근처에 표시된 옵션에서 [중간(M)]을 클릭하여 선택합니다.

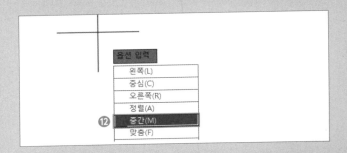

⑬ **[2점 사이의 중간] 선택** Shift 키를 누른 채로 우클릭 후 표시된 메뉴에서 [2점 사이의 중간]을 클릭하여 우선 객체 스냅을 [2점 사이의 중간]으로 선택합니다.

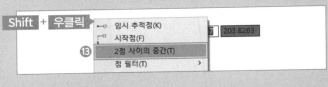

⑭ **[중간의 일차 점] 지정** 프롬프트에 [중간의 일차 점]이라고 표시되면 끝점 A를 클릭하여 첫 번째 점을 지정합니다.

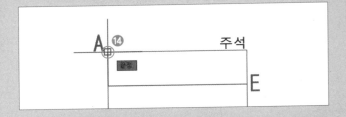

⑮ **[중간의 이차 점] 지정** 프롬프트에 [중간의 이차 점]이라고 표시되면 끝점 E를 클릭합니다. 클릭한 두 점 사이의 중간점이 문자의 삽입 기준점(중간)으로 선택됩니다.

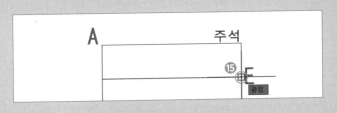

⑯ **높이, 각도 지정** 키보드로 [5]를 입력
하고 Enter 키를 눌러 [높이]를, [0]을
입력하고 Enter 키를 눌러 [각도]를 지
정합니다.

⑰ **문자 입력** 키보드로 [건물 이름]을 입력합
니다. Enter 키를 눌러 줄을 바꿉니다.

⑱ **단일 행 명령 종료** 한 번 더 Enter 키
를 누릅니다. 단일 행 명령이 끝나며,
[건물 이름]이라는 문자가 입력됩니다.

⑲ **복사 명령 선택** [홈] 탭 - [수정] 패널에
서 [복사]를 클릭합니다.

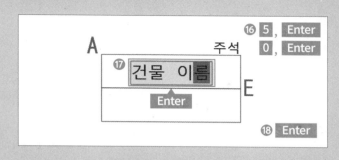

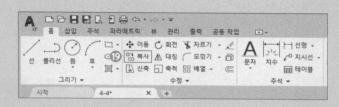

⑳ **도형 선택** [건물 이름] 문자를 클릭하여
선택합니다.

㉑ **선택 확정** Enter 키를 누릅니다.

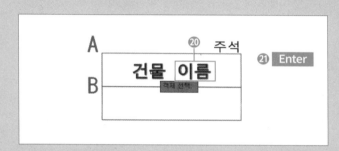

㉒ **기본점 지정** 선의 끝점 A를 클릭합니다.

㉓ **목적점 지정** 선의 끝점 B를 클릭합니다.

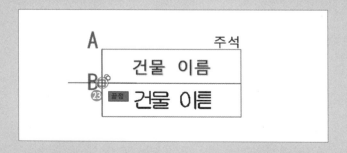

㉔ **복사 명령 종료** Enter 키를 누릅니다.
복사 명령이 끝나며, [건물 이름] 문자가
복사됩니다.

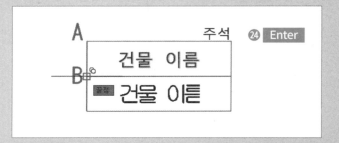

㉕ **문자 편집 실행** 복사한 문자에 커서를
가까이 대고 문자가 하이라이트 표시
되면 더블 클릭합니다.

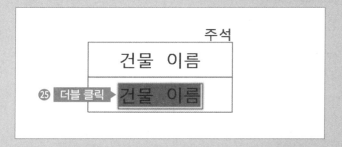

㉖ **문자 내용 수정** 키보드로 [도면 이름]을
입력합니다.
㉗ **문자 편집 명령 종료** Enter 키를 두 번
누릅니다. 문자 편집 명령이 끝나며, 문
자 내용이 [도면 이름]으로 바뀝니다.

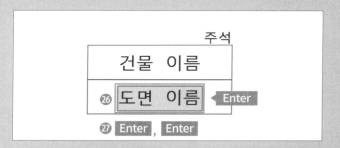

A.2 작업 흐름 살펴보기

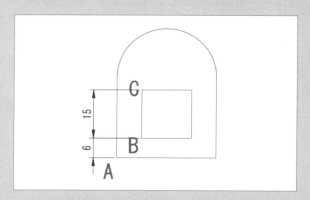

● 선형 명령으로 끝점 A, B의 치수를 입력하고, 연
속 명령으로 끝점 B, C의 치수를 입력합니다.

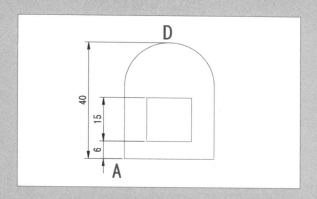

● 기준선 명령으로 끝점 A, D의 치수를 입력합니다.

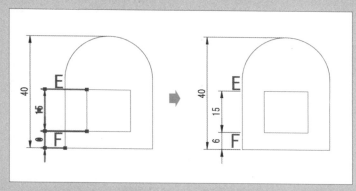

● 치수보조선의 길이를 조절합니다. 이때, 치수보조선의 그립을 사용하여 치수보조선과 선의 교차점 E, F의 위치로 이동합니다.

해답

① **객체 스냅 설정** 96쪽을 참고하여 [끝점], [교차점], [사분점]으로 객체 스냅을 설정합니다.

② **직교 모드 끄기**

③ **선형 명령 선택** [홈] 탭 – [주석] 패널에서 [선형]을 클릭합니다.

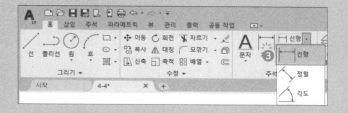

④ **측정할 첫 번째 점 지정** 끝점 A를 지정합니다.

⑤ **측정할 두 번째 점 지정** 끝점 B를 지정합니다.

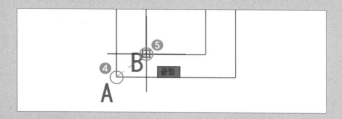

⑥ **치수선 위치 지정** 임의 점 G를 클릭합니다. 끝점 A, B를 측정한 치수가 입력됩니다.

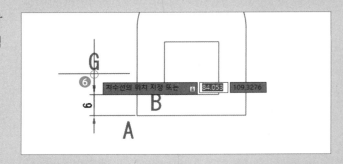

⑦ **연속 명령 선택** [주석] 탭 – [치수] 패널에서 [연속]을 클릭합니다.

⑧ **측정할 치수의 두 번째 점 지정** 끝점 C를 클릭합니다.

⑨ **점 지정 확정** Enter 키를 누릅니다.

⑩ **연속 명령 종료** 한 번 더 Enter 키를 눌러 명령을 끝내면 끝점 B, C를 측정한 치수가 입력됩니다.

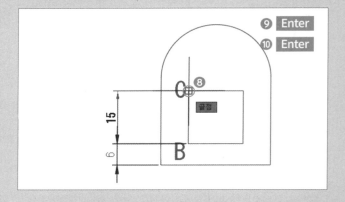

⑪ **기준선 명령 선택** [주석] 탭 – [치수] 패널에서 [기준선]을 클릭합니다.

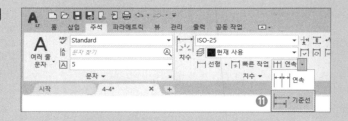

⑫ **[선택] 옵션 선택** 우클릭 후 표시된 메뉴에서 [선택(S)] 옵션을 선택합니다.

⑬ **기존 치수 선택** 프롬프트에 [연속된 치수 선택]이라고 표시되면 치수 A의 치수보조선을 클릭하여 선택합니다.

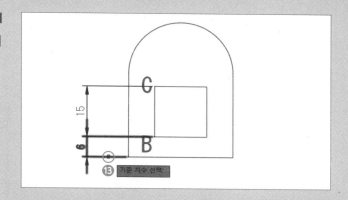

⑭ **측정할 치수의 두 번째 점 지정** 사분점 D를 클릭합니다.

⑮ **점 지정 확정** Enter 키를 누릅니다.

⑯ **기준선 명령 종료** Enter 키를 눌러 명령을 끝내면 끝점 A, 사분점 D를 측정한 치수가 입력됩니다.

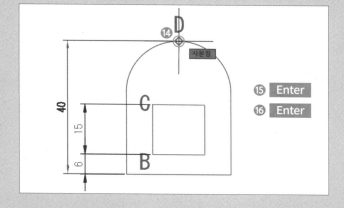

⑰ **치수 선택** 끝점 A, B와 끝점 B, C를 측정한 치수를 선택합니다. 이때 오른쪽 그림처럼 교차 선택 방법을 이용하면 편리합니다.

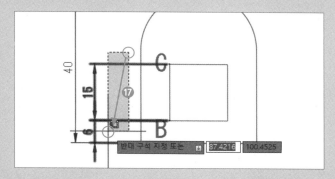

⑱ **치수보조선 그립 선택** 끝점 B의 그립을 클릭하여 선택합니다.

⑲ **그립을 이동할 목적점 지정** 교차점 F를 클릭합니다. 그립이 이동하며, 치수보조선의 위치가 변경됩니다.

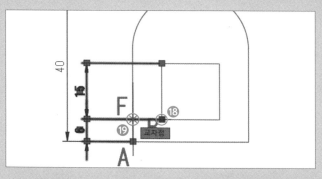

㉑ 치수보조선 그립 선택 끝점 C의 그립을 클릭하여 선택합니다.

㉑ 그립을 이동할 목적점 지정 교차점 E를 클릭합니다. 그립이 이동하며, 치수보조선의 위치가 변경됩니다.

㉒ 치수 선택 해제 키보드의 Esc 키를 누릅니다. 선택이 해제되며, 치수의 그립이 사라집니다.

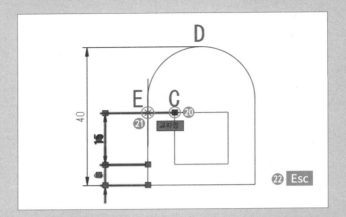

A.3 작업 흐름 살펴보기

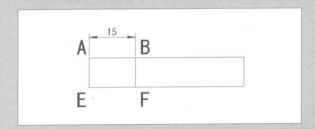

● 간격띄우기 명령으로 선 AE를 오른쪽으로 15 거리에 평행하게 복사하여 선 BF를 그립니다.

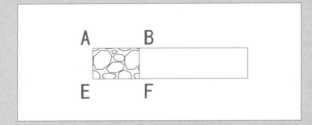

● AEFB의 안쪽에 해치를 그립니다. 패턴은 GRAVEL, 축척은 0.4를 지정합니다. 해치를 그린 후에 선 BF는 지웁니다.

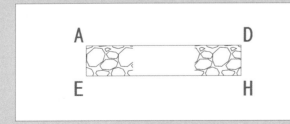

● 선 AD의 중간점, 선 EG의 중간점을 축으로 대칭 명령으로 오른쪽의 해치 도형을 그립니다.

해답

① **객체 스냅 설정** [96쪽]을 참고하여 '제도 설정' 대화상자에서 [끝점]. [중간점]으로 객체 스냅을 설정합니다.

② **직교 모드 끄기**

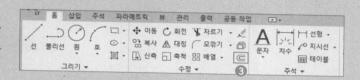

③ **간격띄우기 명령 선택** [홈] 탭 - [수정] 패널에서 [간격띄우기]를 클릭합니다.

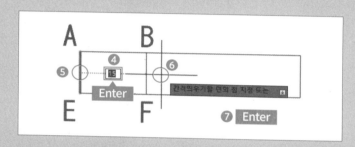

④ **거리 입력** 키보드로 [15]라고 입력하고 Enter 키를 누릅니다.

⑤ **도형 선택** 선 AE를 클릭하여 선택합니다.

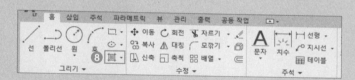

⑥ **간격띄우기할 방향 선택** 선 AE보다 오른쪽을 클릭합니다.

⑦ **간격띄우기 명령 종료** Enter 키를 눌러 명령을 끝내면 선 BF가 그려집니다.

⑧ **해치 명령 선택** [홈] 탭 - [그리기] 패널에서 [해치]를 클릭합니다.

⑨ **패턴 선택** [해치 작성] 탭 - [패턴] 패널의 오른쪽 끝에 있는 ▼을 여러 번 클릭하여 [GRAVEL]을 찾아 클릭합니다.

⑩ **축척 설정** [특성] 패널에서 [해치 패턴 축척]을 클릭하고 키보드로 [0.4]라고 입력한 후 Enter 키를 누릅니다.

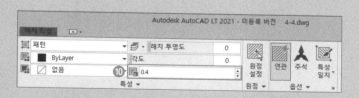

⑪ 경계를 지정하는 방법 선택 [해치 작성] 탭 - [경계] 패널에서 [선택점]을 클릭합니다.

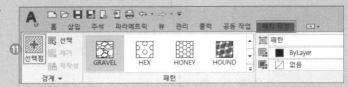

⑫ 경계 안의 점 지정 AEFB 안쪽을 클릭합니다.

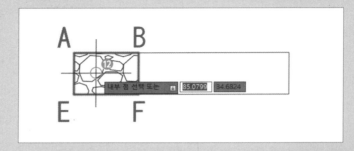

⑬ 해치 명령 종료 [해치 작성] 탭 - [닫기] 패널에서 [닫기 해치 작성]을 클릭합니다. 해치가 그려집니다.

⑭ 지우기 명령 선택 [홈] 탭 - [수정] 패널에서 [지우기]를 클릭합니다.

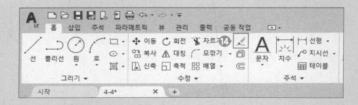

⑮ 도형 선택 선 BF를 클릭하여 선택합니다.

⑯ 지우기 명령 종료 Enter 키를 눌러 명령을 끝내면 선 BF가 지워집니다.

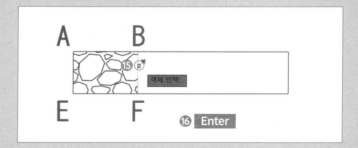

⑰ 대칭 명령 선택 [홈] 탭 - [수정] 패널에서 [대칭]을 클릭합니다.

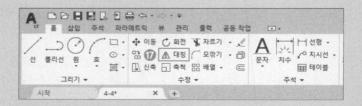

⑱ **도형 선택** 해치를 클릭하여 선택합니다.

⑲ **선택 확정** [Enter] 키를 누릅니다.

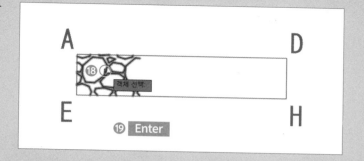

⑳ **대칭선의 첫 번째 점 지정** 선 AD의 중간점을 클릭합니다.

㉑ **대칭선의 두 번째 점 지정** 선 EH의 중간점을 클릭합니다.

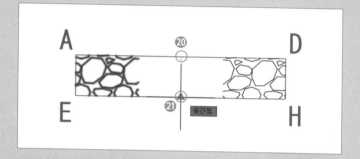

㉒ **옵션 선택** [아니오]를 클릭하여 선택합니다. 오른쪽에 해치 도형이 그려집니다.

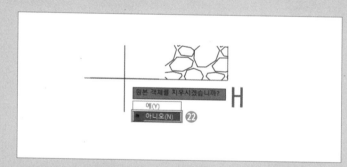

4일차

COLUMN 해치 작성 탭에 관하여

[해치 작성] 탭(해치 편집기)은 해치를 그리거나 편집할 때만 일시적으로 표시되는 리본 메뉴의 탭입니다. 패턴 선택, 축척이나 각도 입력, 패턴이 입력되는 위치를 변경하는 원점 설정 등 다양한 설정을 할 수 있습니다.

Q.1 다음 그림처럼 그려 보세요.

해답 >> 202쪽

● 치수를 지우거나 입력하지 않는다.
● 기존 치수의 치수보조선 및 치수선의 위치를 변경한다.
● [A] ~ [E]의 문자 높이는 3
● [A] ~ [E]의 문자를 둘러싼 원의 반지름은 3

HINT 그립 편집, 원 명령, 단일 행 명령, 이동 명령, 문자 편집 명령, 객체 스냅(끝점, 교차점)

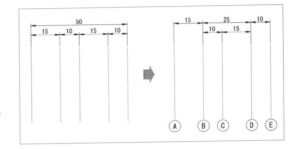

Q.2 다음 그림처럼 문자와 치수, 지시선을 그려 보세요.

해답 >> 208쪽

● 원 A, B의 거리를 측정하는 치수
● [원A]라고 입력된 지시선
● [연습 문제 2]의 문자 높이는 3
● [연습 문제 2]의 문자를 둘러싼 사각형의 크기는 가로 25, 세로 5로 지정하고, 원의 중심점 H와 직사각형의 중간점 I의 위치를 맞추고 HI의 거리를 25로 지정한다.

HINT 선형 명령, 지시선 명령, 단일 행 명령, 직사각형 명령, 선 명령, 이동 명령, 객체 스냅(끝점, 중간점, 중심, 사분점), 우선 객체 스냅(근처점, 2점 사이의 중간), 직교 모드

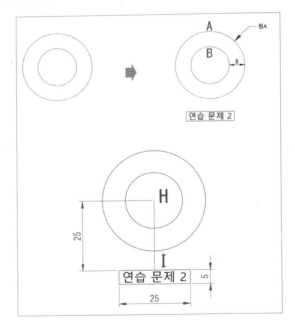

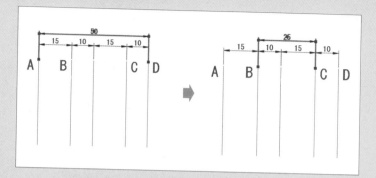

● [50]이 적힌 치수보조선 위치를 그립으로 편집합니다. 치수보조선의 A 그립을 선의 끝점 B로 이동, 치수보조선의 D 그립을 선의 끝점 C로 이동합니다.

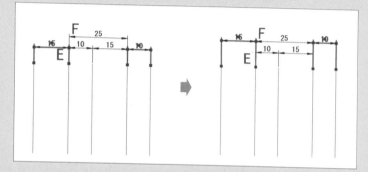

● 가장 왼쪽의 [15]가 적힌 치수선 위치를 그립으로 편집합니다. 치수선의 E 그립을 [25]라고 적힌 치수의 끝점 F로 이동합니다. 같은 방식으로 가장 오른쪽의 [10]이 적힌 치수선 위치도 이동합니다.

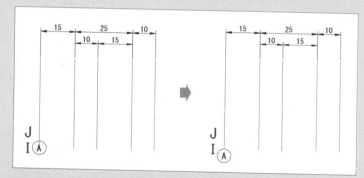

● 선의 끝점 I를 중심점으로 지정하고 반지름 3인 원을 그립니다. 단일 행 명령으로 [자리맞추기] 옵션의 [중간(M)]을 사용하여 높이 3인 문자 [A]를 입력합니다. 이후 선과 원의 교차점 J를 기준점, 선의 끝점 I를 목적점으로 지정하여 원과 [A] 문자를 이동합니다.

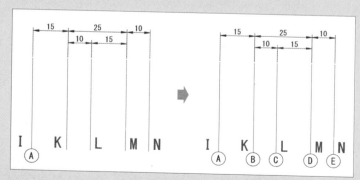

● 끝점 I를 기본점으로, 끝점 K~N을 두 번째 점으로 지정하여 원과 [A] 문자를 복사합니다. 이후 내용을 [B] ~ [E]로 수정합니다.

해답

❶ **객체 스냅 설정** 96쪽을 참고하여 '제도 설정' 대화상자에서 [끝점]. [교차점]으로 객체 스냅을 설정합니다.

❷ **직교 모드 끄기**

❸ **치수 선택** [50]이 적힌 치수를 클릭하여 선택합니다.

❹ **보조선 그립 선택** 치수보조선의 그립 A를 클릭합니다.

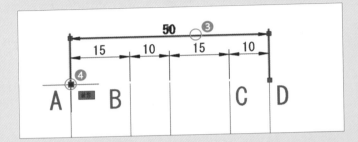

❺ **그립을 이동할 지점 지정** 끝점 B를 클릭하여 위치를 이동합니다.

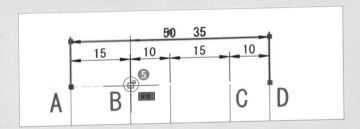

❻ **치수보조선 위치 수정** 앞의 과정을 참고하여 치수보조선의 그립 D를 끝점 C로 이동합니다.

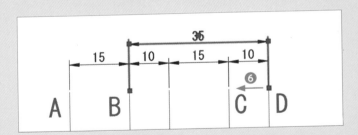

❼ **치수 선택 해제** 키보드의 Esc 키를 눌러서 선택을 해제합니다. 치수보조선의 위치가 바뀌면서 치수도 [25]로 바뀝니다.

❽ **치수 선택** 가장 왼쪽의 [15]라고 적힌 치수를 클릭하여 선택합니다.

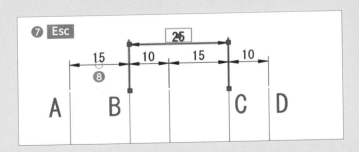

⑨ **치수선 그립 선택** 치수선의 그립 E
를 클릭하여 선택합니다.

⑩ **그립을 이동할 지점 지정** [25]라고
적힌 치수의 화살표 끝점 F를 클릭
합니다.

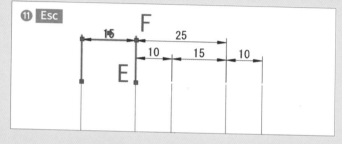

⑪ **치수 선택 해제** 키보드의 Esc 키를
눌러서 선택을 해제하면 [15]라고 적
힌 치수선의 위치가 변경됩니다.

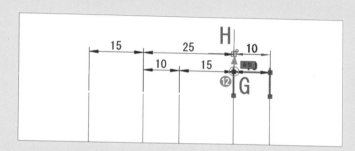

⑫ **치수선 위치 수정** 앞의 과정을 참고
하여 가장 오른쪽의 [10]이라고 적
힌 치수선의 그립 G를 끝점 H로 이
동합니다.

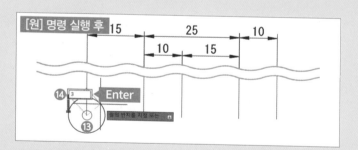

⑬ **원 명령 및 중심점 지정** [홈] 탭 -
[그리기] 패널에서 [원]의 ▼을 클릭
한 후 [중심점, 반지름]을 클릭하여
명령을 실행하고 끝점 I를 클릭하여
중심점을 지정합니다.

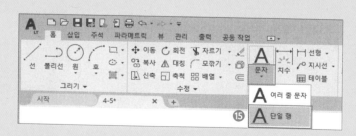

⑭ **반지름 입력** 키보드로 [3]을 입력하
고 Enter 키를 눌러 반지름 3인 원
을 그립니다.

⑮ **단일 행 명령 선택** [홈] 탭 - [주석]
패널에서 [단일 행]을 클릭합니다.

⑯ **[자리맞추기] 옵션 선택** 우클릭 후
표시된 메뉴에서 [자리맞추기(J)] 옵
션을 선택합니다.

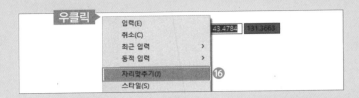

⑰ **[중간(M)] 선택** 커서 근처에 표시된
옵션에서 [중간(M)]을 클릭하여 선택
합니다.

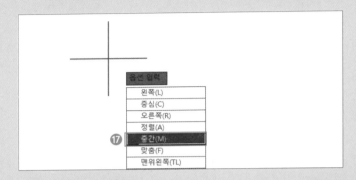

⑱ **삽입 기준점 지정** 끝점 I를 클릭하
여 삽입 기준점을 지정합니다.

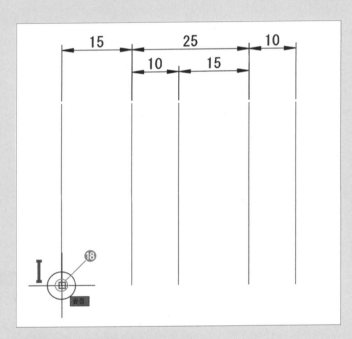

⑲ **높이 입력** 키보드로 [3]을 입력하고
Enter 키를 눌러 높이를 지정합니다.

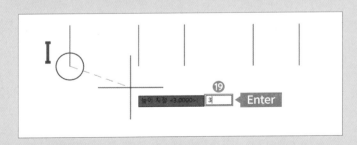

⑳ **각도 입력** 키보드로 [0]을 입력하고 Enter 키를 눌러 각도를 지정합니다.

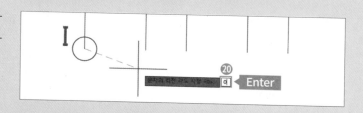

㉑ **문자 입력** 키보드로 [A]라고 입력한 후 Enter 키를 눌러 줄을 바꿉니다.

㉒ **단일 행 명령 종료** Enter 키를 누릅니다. 단일 행 명령이 끝나며, [A]라는 문자가 입력됩니다.

㉓ **이동 명령 선택** [홈] 탭 - [수정] 패널에서 [이동]을 클릭합니다.

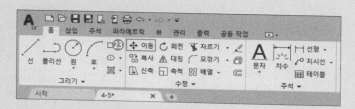

㉔ **도형 선택 및 확정** 원과 문자를 선택하고 Enter 키를 누릅니다.

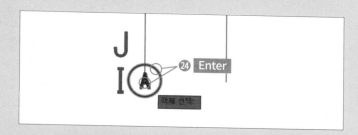

㉕ **기준점 지정** 원과 선의 교차점 J를 클릭합니다.

㉖ **목적점 지정** 끝점 I를 클릭합니다. 목적점이 지정되며, 원과 문자가 이동합니다.

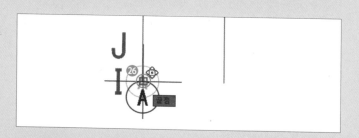

㉗ **복사 명령 선택** [홈] 탭 – [수정] 패널에서 [복사]를 클릭합니다.

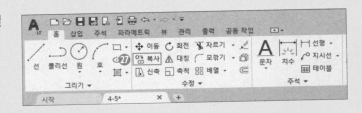

㉘ **도형 선택 및 확정** 원과 문자를 선택하고 Enter 키를 누릅니다.

㉙ **기본점 지정** 끝점 I를 클릭합니다.

㉚ **목적점 지정** 끝점 K부터 N까지 각각 클릭합니다.

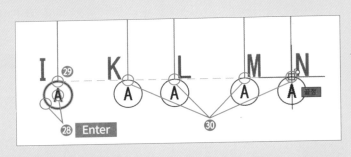

㉛ **복사 명령 종료** Enter 키를 누릅니다. 원과 문자가 끝점 K~N에 복사됩니다.

㉜ **문자 편집 실행** 커서를 끝점 K의 문자에 가까이 대고 문자가 하이라이트 표시되면 더블 클릭합니다.

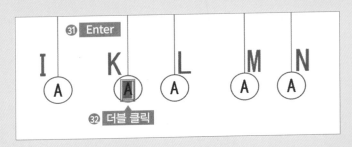

㉝ **문자 내용 수정** 키보드로 [B]라고 입력합니다.

㉞ **문자 편집 명령 종료** Enter 키를 두번 누릅니다. 문자 편집 명령이 끝나며, 문자 내용이 [B]로 변경됩니다.

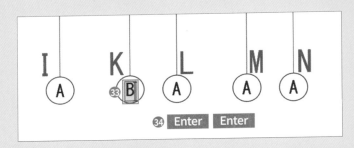

㉟ **문자 내용 수정** 앞의 과정을 참고하여 끝점 L~N의 문자도 수정합니다.

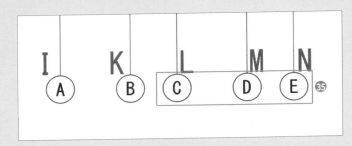

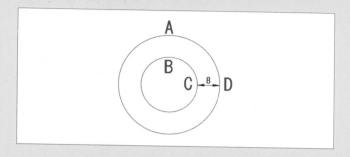

● 원 A, B의 사분점 C, D를 사용하여 선형 치수를 입력합니다.

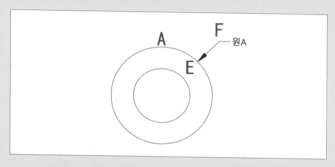

● 원 A의 근처점 E를 화살촉의 위치, 임의 점 F를 지시선 연결선 위치로 지정하여 지시선을 그립니다.

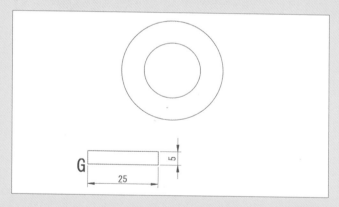

● 가로 25, 세로 5의 직사각형을 그립니다. 임의 점 G를 첫 번째 점으로 지정하고 두 번째 점은 상대좌표를 사용합니다.

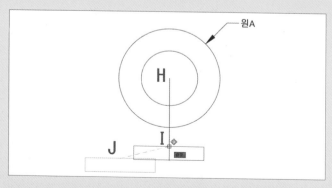

● 직사각형의 위치를 맞추기 위해 보조선 HI를 그립니다. 이 보조선 HI는 원의 중심점 H에서 25 길이의 수직선으로 그립니다. 그 후 직사각형의 중간점 J를 기준점, 끝점 I를 목적점으로 지정하여 직사각형을 이동합니다. 선 HI는 보조선이므로 이동 후에 지웁니다.

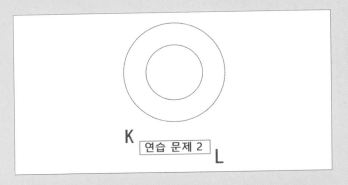

● 직사각형의 중앙에 [연습 문제 2]라는 문자를 높이 3으로 입력합니다. 단일 행 명령으로 [자리맞추기] 옵션의 [중간(M)]을 사용하며, 삽입 위치는 우선 객체 스냅의 2점 사이의 중간으로 끝점 K, L을 지정합니다.

해답

① **객체 스냅 설정** 96쪽 을 참고하여 [끝점], [중간점], [중심], [사분점]으로 객체 스냅을 설정합니다.

② **직교 모드 끄기**

③ **선형 명령 선택** [홈] 탭 - [주석] 패널에서 [선형]을 클릭합니다.

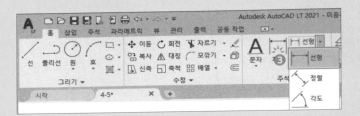

④ **측정할 첫 번째 점 지정** 원 B의 사분점 C를 클릭합니다.

⑤ **측정할 두 번째 점 지정** 원 A의 사분점 D를 클릭합니다.

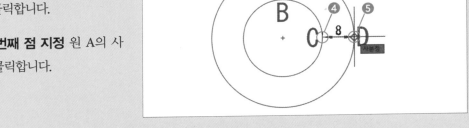

⑥ **치수선 위치 지정** 원 A의 사분점 D를 클릭합니다. 원 A, B의 거리를 측정한 치수가 입력됩니다.

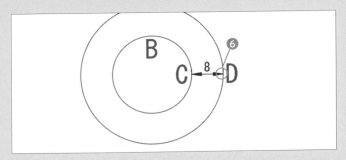

7 지시선 명령 선택 [홈] 탭 – [주석] 패
널에서 [지시선]을 클릭합니다.

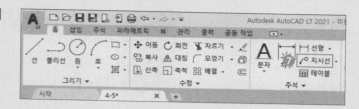

8 우선 객체 스냅 지정 [Shift] 키를 누
른 채로 우클릭한 후 [근처점]을 선
택합니다.

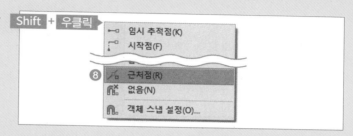

9 화살촉 위치 지정 원 A의 근처점 E
를 클릭합니다.

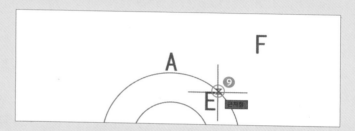

10 연결선 위치 지정 임의 점 F를 클릭
합니다.

11 문자 입력 및 문자 편집기 종료
키보드로 [원A]라고 입력합니다. [문
자 편집기] 탭 – [닫기] 패널에서 [문서
편집기 닫기]를 클릭하여 종료하면
지시선이 그려집니다.

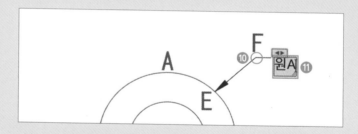

12 직사각형 명령 선택 [홈] 탭 – [그리기]
패널에서 [직사각형]을 클릭합니다.

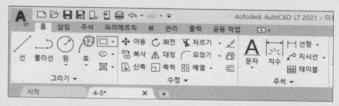

13 꼭짓점 지정 임의 점 G를 클릭합니다.

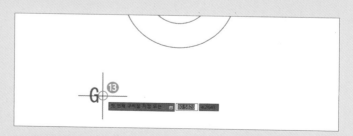

⑭ **상대좌표 입력** 키보드로 [25, 5]라고 입력하고 Enter 키를 누릅니다. 임의 점 G를 왼쪽 아래의 꼭짓점으로 한 가로 25, 세로 5의 직사각형이 그려집니다.

⑮ **직교 모드 켜기** [직교 모드] 아이콘을 클릭하여 켭니다.

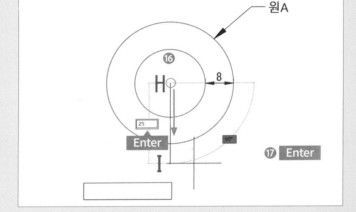

⑯ **선 그리기** [선] 명령을 실행한 후 시작점으로 원의 중심점 H를 클릭합니다(42쪽 참고). 두 번째 점은 수직 방향 아래(H에서 I쪽 방향)로 커서를 움직인 후 키보드로 [25]라고 입력하고 Enter 키를 누릅니다.

⑰ **명령 종료** Enter 키를 눌러 선 명령을 끝냅니다.

⑱ **직교 모드 끄기** [직교 모드] 아이콘을 클릭하여 끕니다.

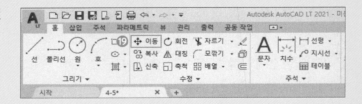

⑲ **이동 명령 선택** [홈] 탭 - [수정] 패널에서 [이동]을 클릭합니다.

⑳ **도형 선택 및 확정** 직사각형을 선택하고 Enter 키를 누릅니다.

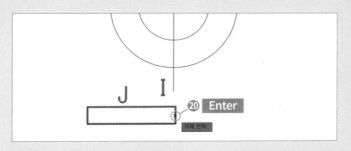

㉑ **기준점 지정** 직사각형의 중간점 J를 클릭합니다.

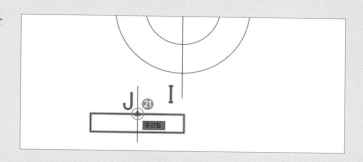

㉒ **목적점 지정 및 보조선 지우기** 끝점 I를 클릭하여 목적점을 지정하면 직사각형이 이동합니다. 보조선으로 사용한 선 HI를 지웁니다(82쪽 참고).

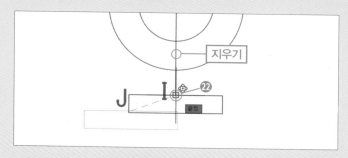

㉓ **단일 행 명령 선택** [홈] 탭 - [주석] 패널에서 [단일 행]을 클릭합니다.

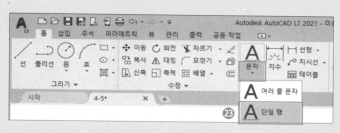

㉔ **[자리맞추기] 옵션 선택** 우클릭 후 표시된 메뉴에서 [자리맞추기(J)] 옵션을 선택합니다.

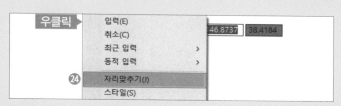

㉕ **[중간(M)] 선택** 커서 근처에 표시된 옵션에서 [중간(M)]을 클릭하여 선택합니다.

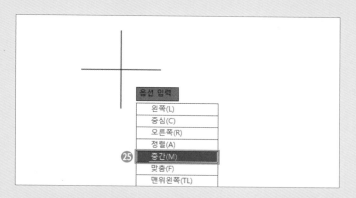

㉖ **우선 객체 스냅 지정** [Shift] 키를 누른 채로 우클릭한 후 [2점 사이의 중간]을 선택합니다.

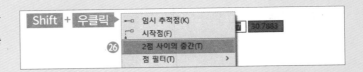

㉗ **2점 사이의 중간의 첫 번째, 두 번째 점 지정** 직사각형의 끝점 K, L을 클릭하여 선택합니다. 끝점 K, L의 중간점이 삽입 기준점으로 지정되고, 우선 객체 스냅으로 지정한 [2점 사이의 중간]이 끝납니다.

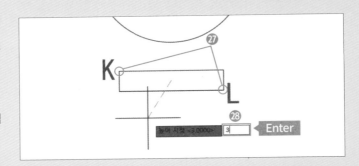

㉘ **높이 입력** 키보드로 [3]을 입력하고 [Enter] 키를 눌러 높이를 지정합니다.

㉙ **각도 입력** 키보드로 [0]을 입력하고 [Enter] 키를 눌러 각도를 지정합니다.

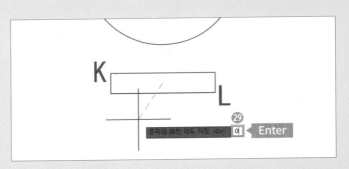

㉚ **문자 입력** 키보드로 [연습 문제 2]라고 입력합니다.

㉛ **줄 바꾸기** [Enter] 키를 눌러 줄을 바꿉니다.

㉜ **단일 행 명령 종료** [Enter] 키를 눌러 명령을 끝냅니다. [연습 문제 2]라는 문자가 입력됩니다.

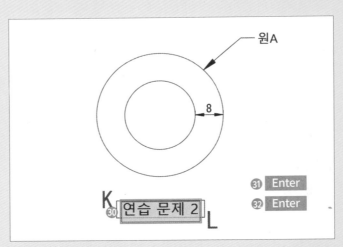

CHAPTER 05

도면층 활용의 기술

SECTION 01

도형의 도면층 지정

도면층이란 도면틀, 계획선, 치수 등의 도면 요소를 나누어 그리는 투명한 필름과 같은 것입니다. 여러 도면층(레이어라고도 부릅니다)에 나누어 도면을 그린 후 겹쳐서 하나의 완성 도면을 만듭니다. 여기부터는 객체 스냅과 선 명령을 간단히 설명하므로 [96쪽]과 [42쪽]을 참고합니다.

✅ 연습용 파일 5-1.dwg

미 리 보 기

도면층에서는 색상, 선종류, 선가중치 등을 설정하고, 그 도면층에 그린 도형의 색상, 선종류, 선가중치를 제어할 수 있습니다. 도면층 작성은 [238쪽] [도면층 설정]에서 자세히 다룹니다.

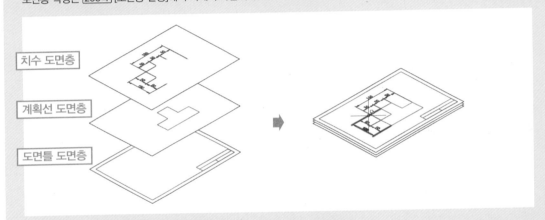

현재 도면층을 설정하여 그리기

» 216쪽

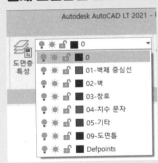

도형은 반드시 어딘가의 도면층에 속하며, 새로 그리는 도형은 현재 도면층에 속합니다. 현재 도면층을 전환하여 새로 그리는 도형이 어떤 도면층에 속할지를 설정할 수 있습니다.

📦 **조작 흐름**

현재 도면층 확인 ▶ 현재 도면층 설정 ▶ 도형 그리기

도형을 선택하여 현재 도면층 설정하기

기존에 그린 도형을 선택하여 현재 도면층을 전환할 수 있습니다. 도면층의 이름을 기억하지 못하더라도 같은 종류의 도형을 선택하면 현재 도면층을 설정할 수 있습니다. 특정한 도형과 같은 도면층에 도형을 그리고 싶을 때 편리합니다.

>> 217쪽

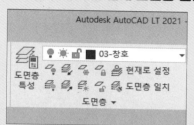

조작 흐름

현재 도면층 확인 ▶ 현재로 설정 실행 ▶ 도형 선택 ▶ 도형 그리기

도형의 도면층 변경하기

>> 218쪽

기존에 그린 도형의 도면층을 변경합니다. 복사나 간격띄우기 등으로 그린 도형은 도면층을 변경합시다. 이 예에서는 치수 도면층을 [01-벽체 중심선]에서 [04-치수 문자]로 변경합니다.

조작 흐름

도형 선택 ▶ 도면층 변경 ▶ 도형 선택 해제

도형의 도면층 일치시키기

>> 219쪽

다른 도형의 도면층 설정을 복사합니다. 도면층의 이름을 기억하지 못하더라도 같은 종류의 도형을 선택하면 도면층을 일치시킬 수 있습니다. 이 예에서는 [04-치수 문자] 도면층에 입력된 치수를 선택하고, 다른 치수를 그 도면층과 일치시킵니다.

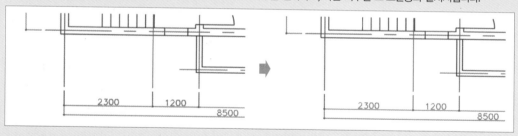

조작 흐름

특성 일치 실행 ▶ 원본 도형 선택 ▶ 대상 도형 선택 ▶ 특성 일치 종료

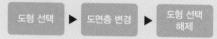

현재 도면층을 설정하여 그리기

현재 도면층을 [03-창호]로 설정하고, 선 AB를 그립니다. 현재 도면층의 설정은 [홈] 탭 – [도면층] 패널에서 [도면층]을 이용합니다.

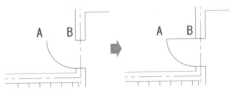

▷ **실습해 보세요**

❶ **현재 도면층 확인** [홈] 탭 – [도면층] 패널에서 [도면층]을 보면 현재 도면층을 확인할 수 있습니다. 현재 도면층은 [0]으로 설정되어 있습니다.

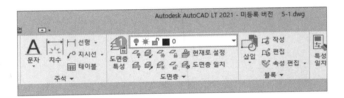

❷ **현재 도면층 설정** [홈] 탭 – [도면층] 패널에서 [도면층]을 클릭하고 [03-창호]를 선택합니다. 현재 도면층이 [03-창호]로 설정됩니다.

> TIP [도면층]을 클릭할 때 도면층의 이름 부분을 클릭하세요. 다른 부분을 클릭하면 다른 기능이 작동할 수 있습니다.

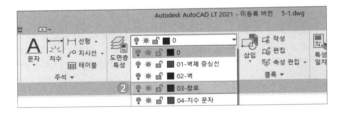

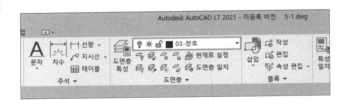

❸ **선 그리기** 휴게실의 문을 그리겠습니다. 객체 스냅을 [끝점]으로 설정하고, [선] 명령을 실행한 후 선 AB를 그립니다. 현재 도면층인 [03-창호]에 선 AB가 그려지고, 선 AB는 [03-창호] 도면층의 설정색인 파란색으로 표시됩니다.

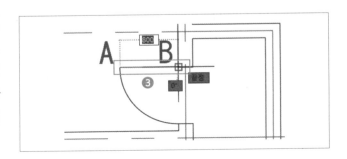

도형을 선택하여 현재 도면층 설정하기

[현재로 설정] 명령을 사용하여 현재 도면층 설정을 변경할 수 있습니다. 여기에서는 [09-도면틀] 도면층에 속한 도형을 선택하고, 현재 도면층이 [09-도면틀]에 설정된 것을 확인한 후 선 AB를 그립니다.

사용하는 명령	[현재로 설정]
메뉴 막대	[형식] – [도면층 도구] – [객체의 도면층을 현재 도면층으로 지정]
리본 메뉴	[홈] 탭 – [도면층] 패널
아이콘	
키보드	LAYMCUR Enter

▷ 실습해 보세요

❶ **현재로 설정 명령 선택** [홈] 탭 – [도면층] 패널에서 현재 도면층을 확인한 후 [현재로 설정]을 클릭하여 현재로 설정 명령을 실행합니다.

❷ **선 선택** 프롬프트에 [현재로 설정될 도면층을 갖고 있는 객체 선택]이라고 표시되면 도면틀의 선을 클릭하여 선택합니다. [홈] 탭 – [도면층] 패널에서 [도면층]이 [09-도면틀]로 설정된 것을 확인할 수 있습니다.

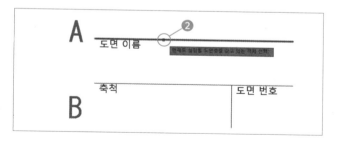

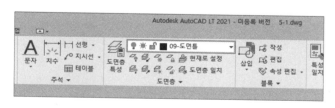

❸ **선 그리기** 객체 스냅의 [끝점], [직교]를 설정한 후 선 AB를 그립니다. [09-도면틀] 도면층에 선 AB가 그려지며, 선 AB는 [09-도면틀] 도면층의 설정색인 흰색(또는 검은색)으로 표시됩니다 (220쪽 [COLUMN] 참고).

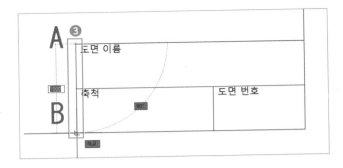

도형의 도면층 변경하기

도면층의 변경은 [도면층]을 사용합니다. 여기서는 [01-벽체 중심선] 도면층에 있는 치수를 [04-치수 문자] 도면층으로 변경합니다. 마지막으로 치수 선택을 해제하는 것을 잊지 마세요.

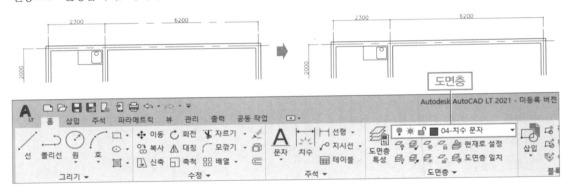

▷ 실습해 보세요

❶ **치수 선택** [6200]이라고 적힌 치수를 클릭하여 선택합니다.

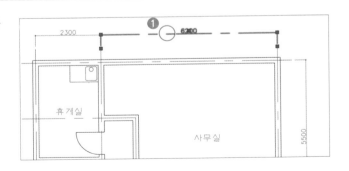

❷ **도형의 도면층 확인** [홈] 탭 – [도면층]
패널에서 [도면층]을 보면 선택한 도형
이 [01-벽체 중심선] 도면층으로 설정
되어 있습니다.

❸ **도면층 변경** [홈] 탭 – [도면층] 패널에
서 [도면층]을 클릭하고 [04-치수 문자]
를 선택합니다. 치수의 도면층이 변경
되면서 빨간색 1점 쇄선이던 치수가
초록색 실선으로 변경됩니다.

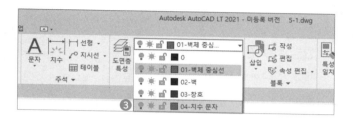

❹ **치수 선택 해제** 키보드의 Esc 키를
눌러서 선택을 해제합니다.

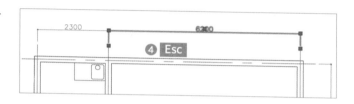

도형의 도면층 일치시키기

[특성 일치] 명령을 사용하여 도형의 도면층을 일치시킵니다. 대상 도형의 도면층이 원본 도형의 도면층과
같아집니다. 명령 실행 후 [04-치수 문자] 도면층에 속한 원본 도형 [8500]의 치수를 선택, 대상 도형인
[2300]과 [1200]의 치수를 선택하면 대상 도형인 [2300]과 [1200]의 치수가 [04-치수 문자] 도면층으로 이동
합니다.

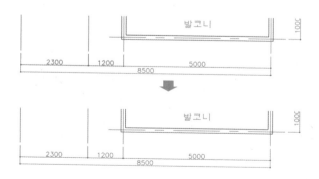

사용하는 명령	[특성 일치]
메뉴 막대	[수정] – [특성 일치]
리본 메뉴	[홈] 탭 – [특성] 패널
아이콘	
키보드	MATCHPROP Enter (MA Enter)

▷ 실습해 보세요

① **특성 일치 명령 선택** [홈] 탭 - [특성] 패널에서 [특성 일치]를 클릭하여 명령을 실행합니다.

② **원본 치수 선택** 프롬프트에 [원본 객체를 선택하십시오]라고 표시되면 [8500]이라고 적힌 치수를 클릭하여 선택합니다.

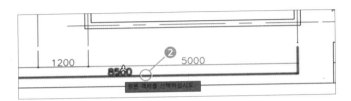

③ **대상 치수 선택** 프롬프트에 [대상 객체를 선택 또는]이라고 표시되면 [2300], [1200]이 적힌 치수를 클릭하여 선택합니다. 치수의 도면층이 **[04-치수 문자]**로 설정되면서 빨간색, 1점 쇄선이 초록색, 실선으로 변경됩니다.

④ **특성 일치 명령 종료** Enter 키를 눌러 특성 일치 명령을 끝냅니다.

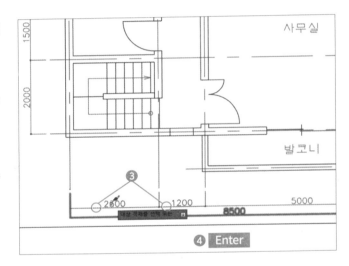

COLUMN　흑백 반전색

[09-도면틀] 도면층에 설정된 [7번(흰색)]이라는 색상은 작업 영역의 배경색에 따라 색이 반전되는 특별한 색상입니다. 배경색이 흰색이면 검은색으로 표시되며, 배경색이 검은색이면 흰색으로 표시됩니다. 인쇄할 때는 배경색에 관계없이 검은색으로 인쇄됩니다. 도면층의 색상 설정 방법은 238쪽을 참고하세요. 또한, 배경색 변경은 19쪽 [COLUMN]을 참고하세요.

SECTION 02
도면층 표시와 잠금

도형을 표시하고 싶지 않을 때 도면층 자체를 켜거나 끌 수도 있으며, 꺼진 도면층은 인쇄되지 않습니다. 또한 도면층을 잠그면 그 도면층에 속한 도형은 편집이나 삭제를 할 수 없게 됩니다. 도면층 켜고 끄기와 잠금을 잘 활용하면 도면 작성이 편해집니다.

 연습용 파일 5-2.dwg

미리보기

도면층 켜기/끄기

>> 222쪽

도면층을 켜거나 끕니다. 작업 중에 방해되거나 선택하고 싶지 않은 도형 등이 있다면 도면층을 잠시 꺼 두는 것이 좋습니다.

도면층 잠그기/잠금 해제하기

>> 224쪽

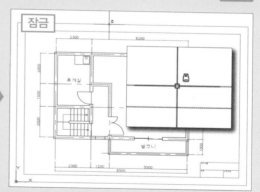

도면층을 잠그거나 잠금 해제할 수 있습니다. 잠긴 도면층은 페이드 표시(흐리게 표시)됩니다. 또한 도형에 커서를 가까이 대면, 잠김 마크가 표시됩니다. 더 이상 편집하지 않아도 되는 도면틀 도면층 등은 잠궈 놓는 것이 실수를 방지하는 길입니다.

[도면층] 패널에서 아이콘을 클릭하는 것만으로 간단하게 도면층을 켜거나 끌 수 있고, 잠그거나 잠금 해제할 수 있습니다. 꼭 활용해 보세요.

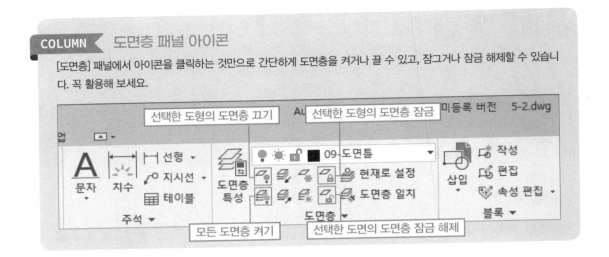

도면층 켜기/끄기

[04-치수 문자] 도면층을 켜고 꺼 봅니다. 도면층 설정은 [홈] 탭 - [도면층] 패널에서 [도면층]을 이용합니다.

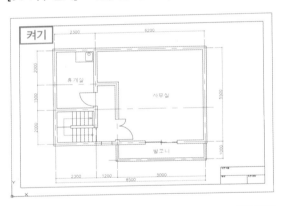

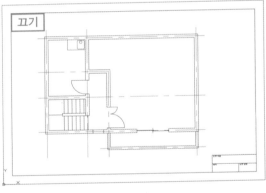

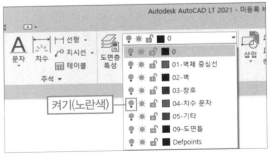

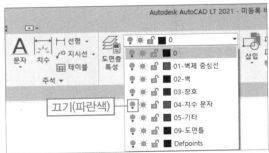

1 **도면층 끄기** [홈] 탭 - [도면층] 패널에서 [도면층]을 클릭하고 [04-치수 문자]의 💡를 클릭합니다. 아이콘 색이 노란색에서 파란색으로 바뀌면서 [04-치수 문자] 도면층이 꺼집니다.

TIP 팝업 창이 열리면 [현재 도면층 끄기]를 선택하면 됩니다.

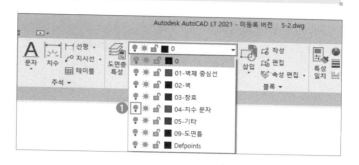

2 **도면 확인하기** 키보드의 Esc 키를 눌러서 도면층 목록을 닫습니다. [04-치수 문자] 도면층이 꺼지면서 도면에서도 치수가 사라진 것을 확인할 수 있습니다.

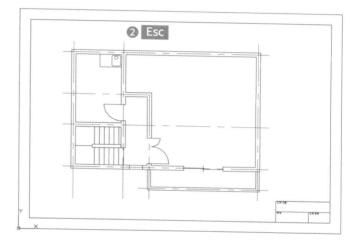

3 **도면층 켜기** [홈] 탭 - [도면층] 패널에서 [도면층]을 클릭하고 [04-치수 문자]의 💡를 클릭합니다. 아이콘 색이 파란색에서 노란색으로 바뀌면서 [04-치수 문자] 도면층이 켜집니다.

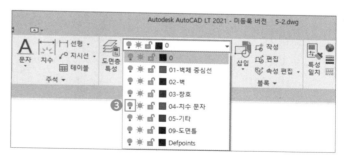

④ **도면 확인하기** 키보드의 Esc 키를 눌러서 도면층 목록을 닫습니다. [04-치수 문자] 도면층이 다시 켜지면서 도면에 치수가 표시됩니다.

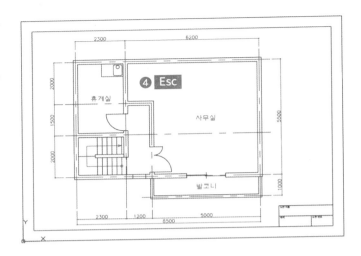

 도면층 잠그기/잠금 해제하기

[09-도면틀] 도면층을 잠그고, 다시 잠금 해제합니다. 도면층의 설정은 [홈] 탭 - [도면층] 패널에서 [도면층]을 이용합니다. 여기서는 잠긴 도면층이 삭제되지 않는 것을 확인하기 위해 모든 도형을 삭제해 봅니다.

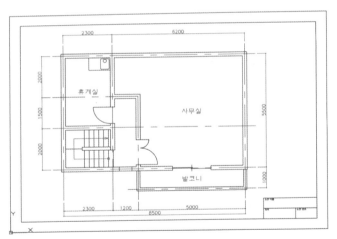

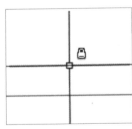

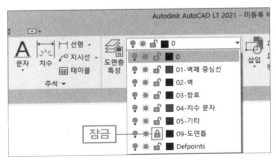

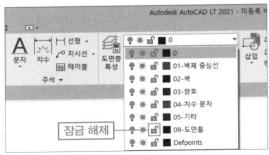

▷ 실습해 보세요

❶ **도면층 잠그기** [홈] 탭 – [도면층] 패널에서 [도면층]을 클릭하고 [09-도면틀]의 🔓를 클릭합니다. 아이콘이 🔒로 바뀌고, 색도 노란색에서 파란색으로 바뀌면서 [09-도면틀] 도면층이 잠깁니다.

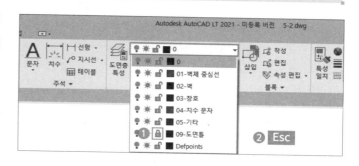

❷ **도면층 목록 닫기** 키보드의 Esc 키를 눌러서 도면층 목록을 닫습니다.

❸ **교차 선택으로 도형 지우기** 교차 선택으로 모든 도형을 선택하고 [홈] 탭 – [수정] 패널에서 [지우기]를 클릭합니다. [09-도면틀] 도면층은 잠겨 있으므로 도면틀만 남기고 모두 지워집니다.

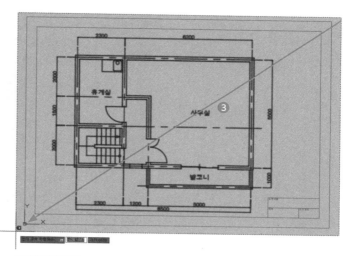

> **TIP** 잠긴 도면층의 페이드 표시(흐리게 표시하는 기능)를 켜거나 끄려면 [홈] 탭 – [도면층] 패널에서 패널 이름 옆에 있는 ▼을 클릭한 후 [잠긴 도면층 페이드]를 이용합니다.

④ 도면층 잠금 해제 [홈] 탭 – [도면층]
패널에서 [도면층]을 클릭하고 [09-도
면틀]의 🔒를 클릭합니다. 아이콘 모
양과 색이 바뀌며, [09-도면틀] 도면
층이 잠금 해제됩니다.

⑤ 도면층 목록 닫기 키보드의 Esc 키
를 눌러서 도면층 목록을 닫습니다.

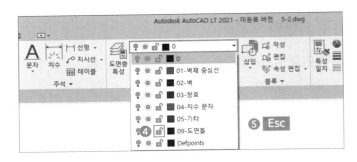

COLUMN [0] 도면층과 [Defpoints] 도면층에 관하여

AutoCAD LT는 처음부터 [0] 도면층을 가지고 있습니다. 이 도면층은 이름을 변경하거나 삭제할 수 없습니다. 블록 작
성을 위해 준비된 특별한 도면층이므로 되도록 사용하지 않는 것이 좋습니다.

또한, 치수를 작성하면 [Defpoints] 도면층이 자동으로 만들어집니다. 치수의 기준점을 보존한 도면층으로, AutoCAD
LT 시스템에서 사용합니다. 이 도면층은 인쇄되지 않으며, 역시 특별한 도면층이므로 되도록 사용하지 않는 것이 좋습
니다.

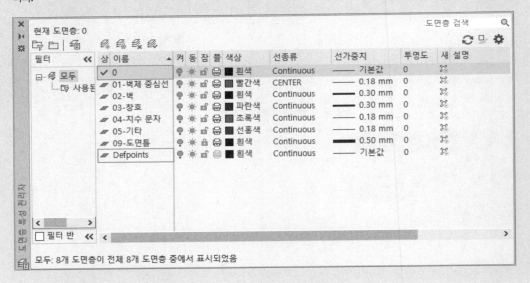

CHAPTER 06

실전 도면 작성 흐름

도면 작성 연습의 개요

지금까지 배운 기능을 사용하여 사무실 도면을 그립니다. 도면 작성 환경을 정비하기 위해 템플릿을 작성하고, 축척을 설정합니다. 그런 다음 도면을 하나씩 완성해 나갑니다. 여기에서는 전체적인 흐름을 파악해 보세요.

미리보기

아래 도면을 완성합니다.

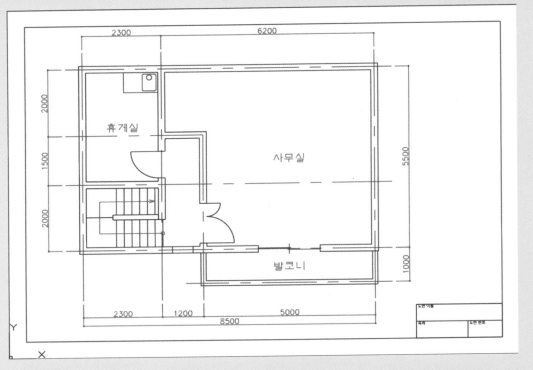

도면 작성 연습에서는 도면층과 치수 문자, 축척 등 도면 작성에 필수인 설정과 기본적인 요소를 우선 설명합니다. 또한 어디부터 그리기 시작하면 좋은지, 어떤 기능이나 명령을 자주 사용하는지를 배워 보기 위해 AutoCAD LT의 전체적인 기능을 활용할 수 있는 사무실 도면을 소재로 삼았습니다.

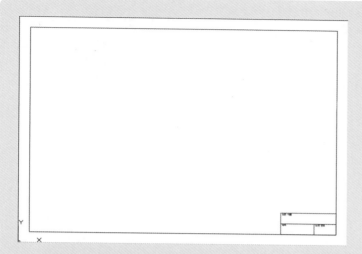

템플릿 작성/축척 설정

템플릿이란 문자 스타일이나 치수 스타일, 도면층 등 도면 작성에 필요한 설정을 미리 정해 둔 서식입니다. 모든 설정을 도면을 작성할 때마다 직접 설정하는 것은 비효율적입니다. 그러므로 템플릿을 이용하여 시간을 절약할 수 있습니다. 단, 템플릿에는 축척이 설정되어 있지 않으므로, 축척은 별도로 설정해야 합니다.

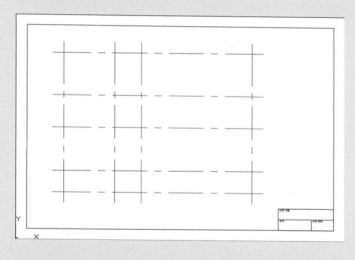

벽체 중심선 그리기

[01-벽체 중심선] 도면층에 벽체 중심선을 그립니다. 선 명령과 간격띄우기 명령을 사용합니다.

TIP 벽체 중심선이란 벽이나 기둥 두께의 중심선을 말합니다.

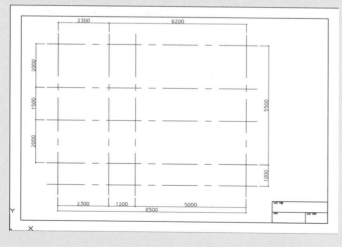

벽체 중심선 치수 입력

도면에 필요한 치수를 그립니다. 벽체 중심선의 치수가 잘못되면 이후에 수정하기 어려우므로, 여기에서 치수가 올바른지 확인하세요.

TIP 벽이나 기둥 두께의 중심선으로 측정한 건물 면적을 중심선 면적이라고 합니다. 아파트 광고나 팸플릿에 주로 기재되는 면적이 이것입니다. 한편, 벽의 안쪽 치수로 측정한 건물 면적은 안목 면적이라고 합니다.

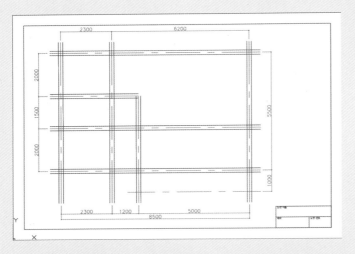

벽 그리기(1)

필요하지 않은 벽체 중심선을 잘라 내고 간격띄우기 명령으로 벽을 그립니다.

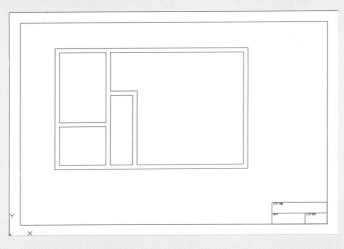

벽 그리기(2)

도면 작성에 필요하지 않은 도면층을 끄고, 모깎기 명령과 자르기 명령으로 벽을 완성합니다.

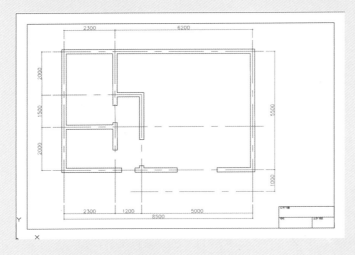

개구부 그리기

문이나 창 부분의 개구부를 그립니다. 간격띄우기 명령과 자르기 명령 등을 사용합니다.

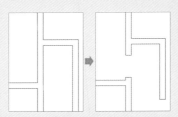

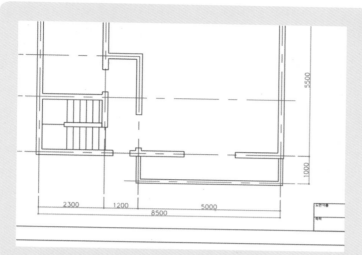

발코니와 계단 그리기

발코니와 계단을 그립니다. 벽을 그릴 때 사용한 명령들을 활용하여 완성합니다.

TIP 지붕이 없는 야외 공간은 발코니, 지붕이 있는 야외 공간은 베란다가 정식 명칭입니다. 1층에 만들어진 지붕이 없는 공간은 테라스라고 합니다.

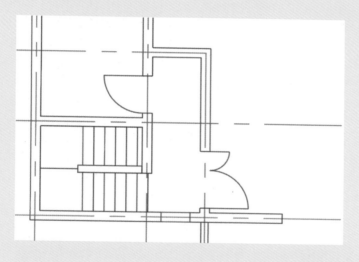

문과 창 그리기

문과 붙박이창을 그립니다. 선 명령, 원 명령, 자르기 명령을 사용합니다.

TIP 붙박이창이란 벽 등에 직접 끼운 개폐 불가능한 창을 말합니다.

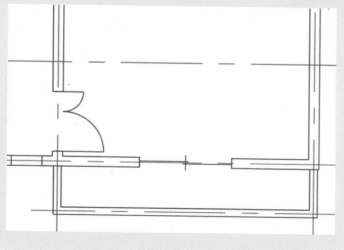

발코니 창 그리기

미서기창을 그립니다. 선 명령, 자르기 명령 등을 사용합니다.

TIP 미서기창이란 2장 이상의 유리창을 각각 다른 레일에 끼우고, 옆으로 밀어서 개폐하는 창을 말합니다.

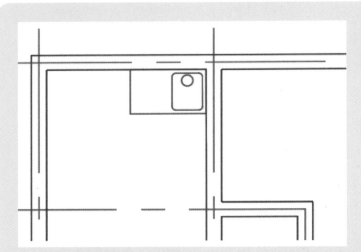

부엌 싱크대 그리기

부엌 싱크대를 그립니다. 직사각형 명령,
원 명령, 모깎기 명령 등을 사용합니다.

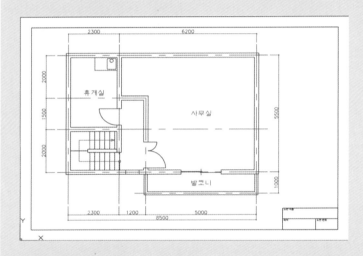

기호와 문자 입력하기

[사무실], [휴게실], [발코니]라는 문자를
입력합니다. 단일 행 명령을 사용합니다.

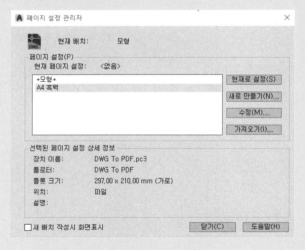

출력

출력 설정을 하고 그 설정을 저장한 후 출력합니다.
여기에서는 PDF에 출력해 봅니다.

SECTION 02

템플릿 작성

템플릿이란 다양한 설정이 미리 적용된 서식입니다. 도면을 작성할 때마다 문자 스타일과 치수 스타일, 도면층 등을 설정하는 것은 효율적이지 않습니다. 미리 설정한 후 템플릿 파일로 저장해 둡시다.

✔ 완성 파일 A4 사이즈.dwt

미리보기

템플릿 작성의 흐름은 다음과 같습니다. 파일을 새로 만들고, 다양한 설정을 지정한 후 도면틀을 만듭니다. 마지막으로 이 파일을 템플릿으로 사용하기 위해 확장자 [dwt]로 저장합니다.

파일 새로 만들기 ▶ 선종류 설정 ▶ 도면층 설정 ▶ 문자 스타일 설정 ▶

치수 스타일 설정 ▶ 다중 지시선 스타일 설정 ▶ 도면틀 그리기 ▶ 템플릿으로 저장

파일 새로 만들기

>> 236쪽

파일을 새로 만듭니다. 여기에서는 도면층 등이 설정되지 않은 AutoCAD LT의 템플릿 파일을 선택합니다. 템플릿 종류는 27쪽 [COLUMN]을 참고하세요.

선종류 설정

>> 237쪽

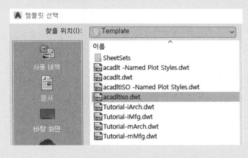

1점 쇄선과 파선, 점선 등의 선종류는 선종류 정의 파일에서 읽어 들여야 합니다. 이렇게 읽어 들이는 조작을 [로드]라고 하며, AutoCAD LT에 준비된 선종류 정의 파일은 다음과 같습니다.

• acadlt.lin   단위가 인치 계열의 도면용
• acadltiso.in   단위가 미터 계열의 도면용

도면층 설정

≫ 238쪽

도면층마다 색, 선종류, 선가중치를 설정할 수 있습니다. 켜기/끄기나 인쇄 등 도면을 작성할 때 관리하기 쉽도록 작성합니다. 또한, 기본으로 준비된 [0] 도면층은 블록으로 사용하는 특별한 도면층이므로 [0] 도면층에는 아무것도 입력하지 않는 것이 좋습니다(226쪽 참고).

문자 스타일 설정

≫ 241쪽

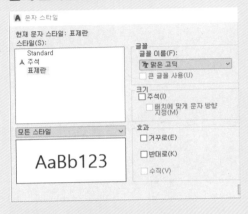

글꼴 등의 문자에 관한 설정은 문자 스타일로 설정합니다. AutoCAD LT에서 사용하는 글꼴은 AutoCAD 전용인 SHX 글꼴과 Windows 전반에서 사용되는 TrueType 글꼴이 있습니다. 글꼴에 따라 설정이 다르므로 주의하세요.

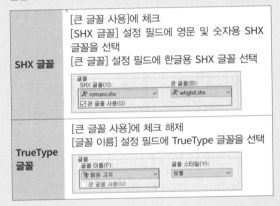

SHX 글꼴	[큰 글꼴 사용]에 체크 [SHX 글꼴] 설정 필드에 영문 및 숫자용 SHX 글꼴을 선택 [큰 글꼴] 설정 필드에 한글용 SHX 글꼴 선택
TrueType 글꼴	[큰 글꼴 사용]에 체크 해제 [글꼴 이름] 설정 필드에 TrueType 글꼴을 선택

치수 스타일 설정

≫ 244쪽

화살표의 종류나 치수 문자의 높이 등 치수에 관한 설정은 치수 스타일로 설정합니다. '새 치수 스타일' 대화상자를 열고 각 탭에서 다음과 같은 사항을 설정할 수 있습니다.

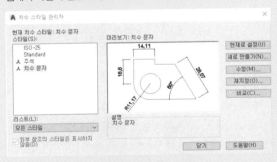

[선]	치수선, 치수보조선의 색상과 선종류 등
[기호 및 화살표]	치수에 사용하는 각종 기호 등
[문자]	치수 문자에 사용되는 문자 스타일과 높이 등
[맞춤]	치수 도형의 축척과 문자와 화살표의 간격, 배치 등
[1차 단위]	치수 문자의 소수점 단위 등
[대체 단위]	미터 계열, 인치 계열 양방의 표기 설정 등
[공차]	주로 기계 설계 등에서 사용하는 공차 설정

다중 지시선 스타일 설정

>> 247쪽

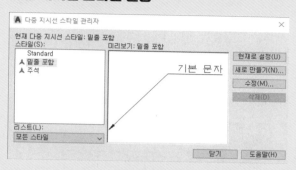

화살촉의 종류나 문자의 높이 등 다중 지시선에 관해 설정할 수 있습니다. '다중 지시선 스타일 수정' 대화상자의 각 탭에서 다음과 같은 사항을 설정할 수 있습니다.

[지시선 형식]	지시선의 색상과 선종류, 화살촉의 종류 등
[지시선 구조]	지시선 도형의 축척이나 연결선의 거리 등
[내용]	지시선에 사용되는 문자 스타일과 높이 등

도면틀 작성

>> 249쪽

용지의 크기를 나타내는 용지틀과 도면틀, 표제란을 직사각형이나 선, 문자로 그립니다.

• A1 사이즈: 841 x 594
• A2 사이즈: 594 x 420
• A3 사이즈: 420 x 297
• A4 사이즈: 297 x 210

템플릿으로 저장

>> 255쪽

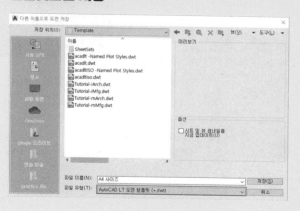

확장자가 dwt인 도면 템플릿 파일로 저장합니다. 템플릿으로 저장하면 파일을 새로 만들 때 템플릿으로 선택할 수 있으며, 미리 설정한 사항을 그대로 활용하여 도면 작성을 시작할 수 있습니다.

파일 새로 만들기

미터 계열의 템플릿 [acadltiso.dwt]를 선택하여 새로운 파일을 만듭니다.

사용하는 명령	[새로 만들기]
메뉴 막대	[파일] – [새로 만들기]
리본 메뉴	없음
아이콘	
키보드	NEW Enter

▷ 실습해 보세요

1 **[새로 만들기] 선택** AutoCAD LT 왼쪽 위에 있는 로고 모양의 [프로그램 메뉴] 아이콘을 클릭한 후 [새로 만들기]를 선택합니다.

2 **템플릿 파일 선택** '템플릿 선택' 대화상자가 열리면 [acadltiso.dwt]를 선택합니다.

3 **파일 열기** [열기] 버튼을 클릭하면 템플릿으로 새로운 파일이 시작됩니다.

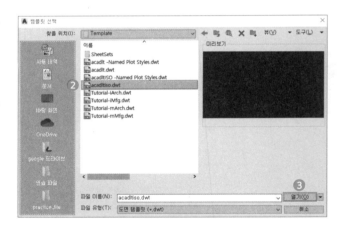

4 **그리드 끄기** 그리드가 켜져 있다면 상태 표시줄에 있는 [도면 그리드 표시] 아이콘을 클릭하여 그리드를 끕니다.

TIP 그리드란 모눈종이처럼 화면에 보조적으로 표시되는 선을 말합니다.

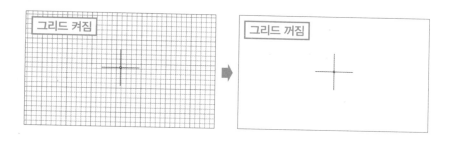

선종류 설정

사용하는 선종류를 미리 설정합니다. 여기에서는 1점 쇄선인 **[CENTER]**를 사용합니다.

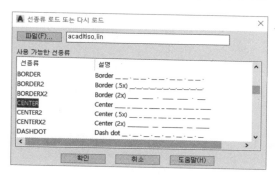

사용하는 명령	[선종류]
메뉴 막대	[형식] - [선종류]
리본 메뉴	[홈] 탭 - [특성] 패널
키보드	LINETYPE Enter (LT Enter)

▷ 실습해 보세요

1 **선종류 명령 선택** [홈] 탭 - [특성] 패널에서 [선종류]를 클릭하고 [기타]를 선택합니다. 선종류 명령이 실행합니다.

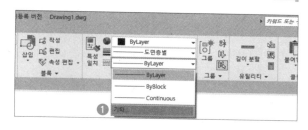

2 **선종류 로드 선택** '선종류 관리자' 대화상자가 표시되면 [로드] 버튼을 클릭합니다.

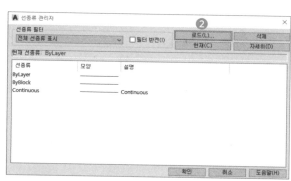

❸ **선종류 선택** '선종류 로드 또는 다시 로드' 대화상자가 표시되면 [사용 가능한 선종류] 목록에서 [CENTER]를 찾아 선택합니다.

❹ **선종류 로드 실행** [확인] 버튼을 클릭합니다. '선종류 로드 또는 다시 로드' 대화상자가 닫히고, 선택한 [CENTER] 선종류가 로드됩니다.

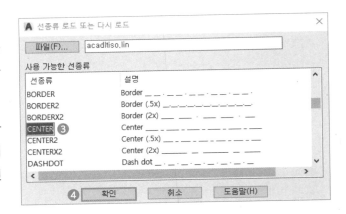

❺ **선종류 종료** '선종류 관리자' 대화상자에서 [CENTER]를 확인한 후 [확인] 버튼을 클릭합니다. 선종류 명령이 끝나며 '선종류 관리자' 대화상자가 닫힙니다.

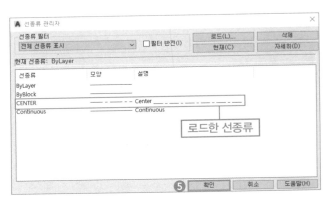

 도면층 설정

자주 사용하는 도면층을 작성하고, 색상이나 선종류, 선가중치를 설정합니다. 작성하는 도면층은 아래 표를 참고하세요. 선종류 중 [Continuous]는 실선입니다.

이름	색상	선종류	선가중치
01-벽체 중심선	빨간색	CENTER	0.18mm
02-벽	흰색	Continuous	0.30mm
03-창호	파란색	Continuous	0.30mm
04-치수 문자	초록색	Continuous	0.18mm
05-기타	선홍색	Continuous	0.18mm
09-도면틀	흰색	Continuous	0.50mm

사용하는 명령	[도면층 특성]
메뉴 막대	[형식] - [도면층]
리본 메뉴	[홈] 탭 - [도면층] 패널
아이콘	
키보드	LAYER Enter (LA Enter)

▷ 실습해 보세요

❶ 도면층 특성 명령 선택 [홈] 탭 − [도면층] 패널에서 [도면층 특성]을 클릭합니다.

❷ 새 도면층 선택 '도면층 특성 관리자'가 열리면 [새 도면층] 아이콘을 클릭합니다.

❸ 이름 입력 도면층이 만들어지며, 이름 입력 상태가 되면 키보드로 [01-벽체 중심선]을 입력하고 Enter 키를 눌러 이름을 입력합니다.

❹ 색상 선택 [색상] 설정 필드의 [흰색]을 클릭합니다.

❺ 도면층에 설정할 색 선택 '색상 선택' 대화상자가 표시되면 [빨간색]을 클릭하여 선택합니다.

> TIP '색상 선택' 대화상자에서 중간 부분에 표시된 아홉 가지 색은 자주 사용되는 색입니다.

❻ 색 선택 종료 [확인] 버튼을 클릭합니다. [01-벽체 중심선] 도면층의 색상이 [빨간색]으로 설정됩니다.

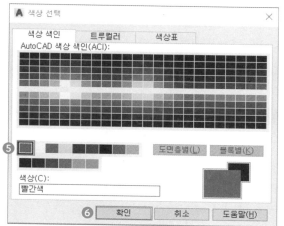

❼ 선종류 선택 [선종류] 설정 필드의 [Continuous]를 클릭합니다.

❽ 도면층에 설정할 선종류 선택 '선종류 선택' 대화상자가 표시되면 [CENTER]를 클릭하여 선택합니다.

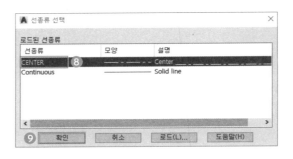

❾ 선종류 선택 종료 [확인] 버튼을 클릭해서 [01-벽체 중심선] 도면층의 선종류를 [CENTER]로 설정합니다.

❿ 선가중치 선택 [선가중치] 설정 필드의 [기본값]을 클릭합니다.

⓫ 도면층에 설정할 선가중치 선택 '선가중치' 대화상자가 표시되면 [0.18mm]를 클릭하여 선택합니다.

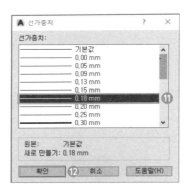

⓬ 선가중치 선택 종료 [확인] 버튼을 클릭합니다. [01-벽체 중심선] 도면층의 선가중치가 [0.18mm]로 설정됩니다.

⓭ 다른 도면층 작성 앞의 과정을 참고하여 [02-벽], [03-창호], [04-치수 문자], [05-기타], [09-도면틀] 도면층을 추가로 작성합니다. 색상 및 선의 설정은 238쪽 의 표를 참고하세요.

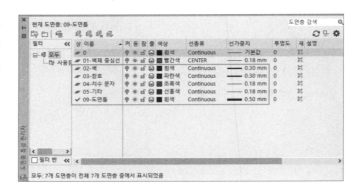

⑭ **도면층 특성 관리자 닫기** '도면층 특성 관리자에서 왼쪽 위에 있는 [닫기] 버튼을 클릭하여 창을 닫습니다.

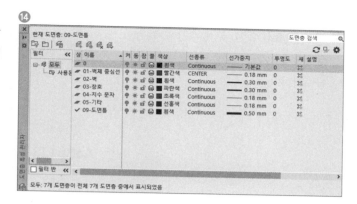

TIP [도면틀] 도면층은 작업 중 선택하는 일이 많지 않습니다. 그러므로 도면층의 표시 순서를 뒤로 미루기 위해 도면층 이름을 '09'로 설정했습니다.

문자 스타일 설정

[표제란]과 [치수 문자]의 문자 스타일을 작성합니다. [표제란] 글꼴은 TrueType 글꼴 중 [맑은 고딕], [치수 문자] 글꼴은 SHX 글꼴의 [romans.shx]와 [whgtxt.shx]를 선택합니다. @가 붙어 있는 글꼴은 세로쓰기용이므로 선택 시 주의하세요.

표제란

글꼴	
글꼴 이름(F):	글꼴 스타일(Y):
맑은 고딕	보통
☐ 큰 글꼴 사용(U)	

치수 문자

글꼴	
SHX 글꼴(X):	큰 글꼴(B):
romans.shx	whgtxt.shx
☑ 큰 글꼴 사용(U)	

사용하는 명령	[문자 스타일]
메뉴 막대	[형식] – [문자 스타일]
리본 메뉴	[홈] 탭 – [주석] 패널
아이콘	
키보드	STYLE Enter (ST Enter)

▷ 실습해 보세요

❶ **문자 스타일 명령 선택** [홈] 탭 – [주석] 패널에서 패널 이름 옆에 있는 ▼을 클릭해서 패널을 펼치고 [문자 스타일]을 클릭합니다.

❷ **새로 만들기 선택** '문자 스타일' 대화 상자가 표시되면 [새로 만들기] 버튼을 클릭합니다.

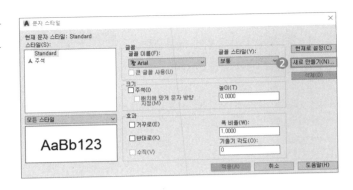

❸ **이름 입력** '새 문자 스타일' 대화상자가 표시되면 [스타일 이름] 설정 필드에 키보드로 [표제란]을 입력합니다.

❹ **이름 입력 종료** [확인] 버튼을 클릭하여 '새 문자 스타일' 대화상자를 닫습니다.

❺ **글꼴 선택** [표제란] 문자 스타일을 만들었으면 다음으로 [표제란]의 문자 스타일 설정을 변경합니다. 먼저 [글꼴 이름]을 [맑은 고딕]으로 설정합니다.

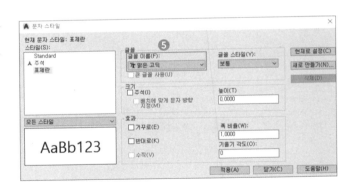

❻ **변경한 설정 적용** [적용] 버튼을 클릭하여 [표제란]의 문자 스타일 설정을 적용합니다.

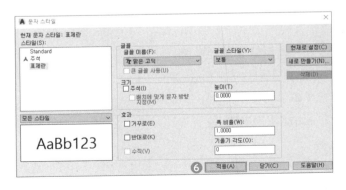

❼ [치수 문자] 문자 스타일 만들기 계속해서 [새로 만들기] 버튼을 클릭하여 [치수 문자] 문자 스타일을 만듭니다.

❽ 글꼴 선택 [치수 문자] 문자 스타일에서 [글꼴 이름]을 [romans.shx]로 설정합니다.

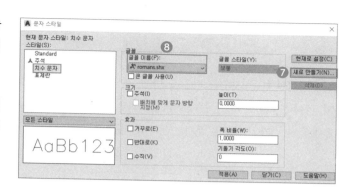

❾ 큰 글꼴 사용 선택 [치수 문자] 문자 스타일에서 [큰 글꼴 사용]에 체크합니다. 한국어용 글꼴을 선택하는 [큰 글꼴]을 설정할 수 있게 됩니다.

❿ 큰 글꼴 선택 [큰 글꼴]을 [whgtxt.shx]로 설정합니다.

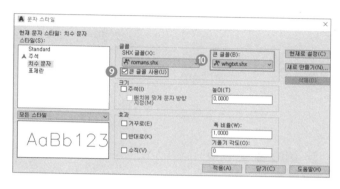

⓫ 주석 옵션 선택 [치수 문자] 문자 스타일에서 [주석]에 체크합니다.

> **TIP** [주석] 옵션을 체크하면 도면을 작성할 때 간단히 문자의 크기를 도면의 축척에 맞춰 설정할 수 있습니다.

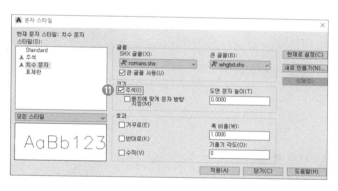

⓬ 변경한 설정 적용 [적용] 버튼을 클릭하여 [치수 문자] 문자 스타일 설정을 적용합니다.

⓭ 문자 스타일 종료 [닫기] 버튼을 클릭하여 '문자 스타일' 대화상자를 닫습니다.

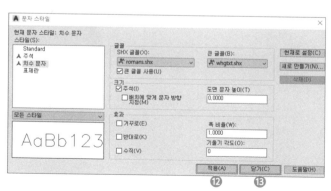

치수 스타일 설정

[벽체 중심선 치수] 치수 스타일을 만듭니다. '새 치수 스타일' 대화상자가 표시되면 [선] 탭에서 [기준선 간격], [치수선 너머로 연장], [원점에서 간격띄우기]를, [기호 및 화살표] 탭에서 [화살촉], [화살표 크기]를 [문자] 탭에서 문자 스타일에 [치수 문자], [문자 높이]를 설정합니다.

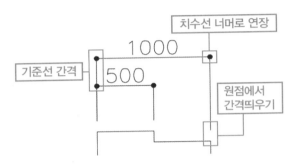

사용하는 명령	[치수 스타일]
메뉴 막대	[형식] - [치수 스타일]
리본 메뉴	[홈] 탭 - [주석] 패널
아이콘	⊬
키보드	DIMSTYLE Enter (D Enter)

▷ 실습해 보세요

❶ **치수 스타일 명령 선택** [홈] 탭 - [주석] 패널에서 패널 이름 옆에 있는 ▼을 클릭해서 패널을 펼치고 [치수 스타일]을 클릭합니다.

❷ **새로 만들기 선택** '치수 스타일 관리자'가 표시되면 [새로 만들기] 버튼을 클릭합니다.

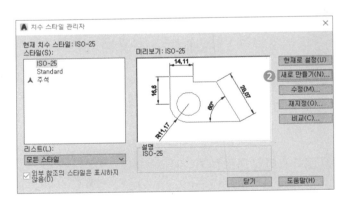

❸ **이름 입력** '새 치수 스타일 작성' 대화상자가 표시되면 [새 스타일 이름] 설정 필드에 키보드로 [벽체 중심선 치수]라고 입력합니다.

❹ **주석 옵션 선택** [주석]에 체크합니다.

TIP [주석] 옵션에 체크하면 도면을 작성할 때 간단하게 치수의 크기를 도면의 축척에 맞춰 설정할 수 있습니다.

❺ **이름 입력 종료** [계속] 버튼을 클릭합니다.

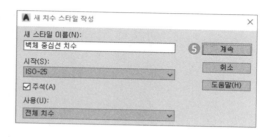

❻ **선 설정 변경** '새 치수 스타일: 벽체 중심선 치수' 대화상자가 표시되면 [선] 탭을 클릭하고 다음과 같이 설정합니다.

· 기준선 간격: 5
· 치수선 너머로 연장: 0
· 원점에서 간격띄우기: 2

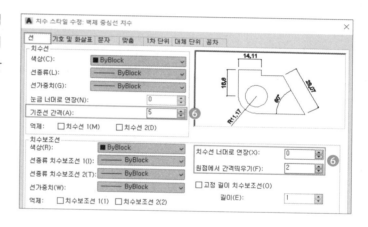

❼ **화살표 설정 변경** [기호 및 화살표] 탭을 클릭하고 다음과 같이 설정합니다.

· 화살촉 첫 번째: 점
· 화살표 크기: 0.8

TIP [첫 번째]를 [점]으로 바꾸면, 자동으로 [두 번째]도 [점]으로 바뀝니다.

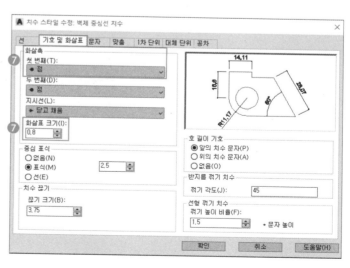

❽ **문자 설정 변경** [문자] 탭을 클릭하
고 다음과 같이 설정합니다.

- 문자 스타일: 치수 문자
- 문자 높이: 3

❾ **치수 설정 종료** [확인] 버튼을 클릭
하여 대화상자를 닫습니다.

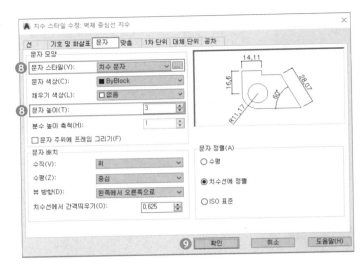

❿ **치수 스타일 관리자 종료** '치수 스
타일 관리자' 대화상자에서 [닫기]
버튼을 클릭합니다.

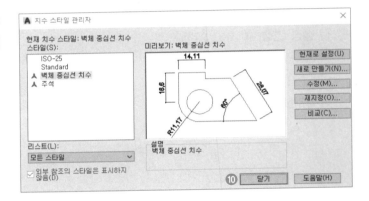

다중 지시선 스타일 설정

[밑줄 포함] 지시선 스타일을 만듭니다. '다중 지시선 스타일 수정' 대화상자가 표시되면 [지시선 형식] 탭에서 [화살촉], [화살촉 크기]를, [지시선 구조] 탭에서 [연결선 거리 설정]을, [내용] 탭에서 [문자 스타일], [문자 높이], [지시선 연결]을 설정합니다.

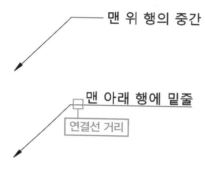

사용하는 명령	[다중 지시선 스타일]
메뉴 막대	[형식] - [다중 지시선 스타일]
리본 메뉴	[홈] 탭 - [주석] 패널
아이콘	
키보드	MLEADERSTYLE Enter (MLS Enter)

▷ 실습해 보세요

❶ **다중 지시선 스타일 명령 선택** [홈] 탭 - [주석] 패널에서 패널 이름 옆에 있는 ▼을 클릭해서 패널을 펼치고 [다중 지시선 스타일]을 클릭합니다.

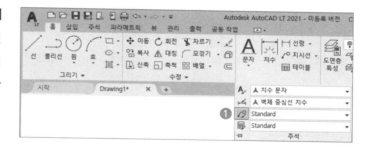

❷ **새로 만들기 선택** '다중 지시선 스타일 관리자'가 표시되면 [새로 만들기] 버튼을 클릭합니다.

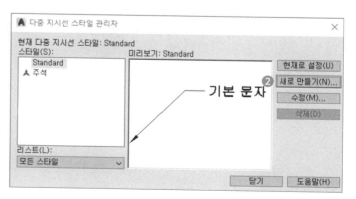

❸ 이름 입력 '새 다중 지시선 스타일 작성' 대화상자가 표시되면 **[새 스타일 이름]** 설정 필드에 키보드로 **[밑줄 포함]**을 입력합니다.

❹ 주석 옵션 선택 [주석]에 체크합니다.

TIP [주석] 옵션을 체크하면 도면을 작성할 때 간단히 지시선의 크기를 도면의 축척에 맞춰 설정할 수 있습니다.

❺ 이름 입력 종료 [계속] 버튼을 클릭합니다.

❻ 화살촉 설정 변경 '다중 지시선 스타일 수정: 밑줄 포함' 대화상자가 표시되면 **[지시선 형식]** 탭을 클릭하고 **[화살촉]**을 다음과 같이 설정합니다.

• 기호: 닫고 채움
• 크기: 2.5

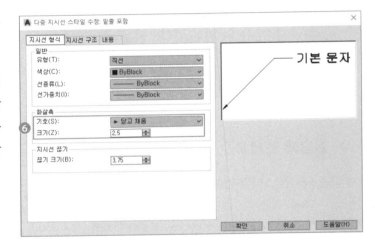

❼ 연결선 설정 변경 [지시선 구조] 탭을 클릭하고 [연결선 거리 설정] 설정 필드에서 [2]를 입력합니다.

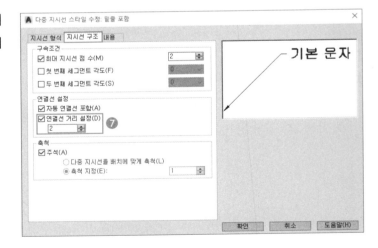

⑧ 치수 문자와 그 배치 설정 변경 [내용]
탭을 클릭하고 그림처럼 설정합니다.

• 문자 스타일: 치수 문자
• 문자 높이: 3
• 왼쪽 부착: 맨 아래 행에 밑줄
• 오른쪽 부착: 맨 아래 행에 밑줄

⑨ 다중 지시선 설정 종료 [확인] 버튼을
클릭합니다. '다중 지시선 스타일 수
정: 밑줄 포함' 대화상자가 닫힙니다.

⑩ 다중 지시선 스타일 종료 '다중 지시
선 스타일 관리자' 대화상자에서 [닫
기] 버튼을 클릭합니다.

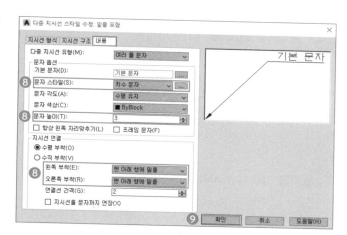

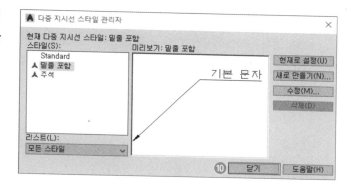

 도면틀 작성

A4 사이즈로 도면 작성을 연습합니다. 그러므로 A4 사이즈의 용지틀과 거기에서 10mm 안쪽에 도면틀,
그리고 표제란을 작성합니다. 명령은 직사각형, 선, 간격띄우기 등을 사용합니다. 또한, 용지틀의 왼쪽 아
래점을 원점으로 지정하고, 도면층은 [09-도면틀]로 작성, 표제란의 문자 스타일은 [표제란]을 사용하고 높
이는 [1.5]로 합니다.

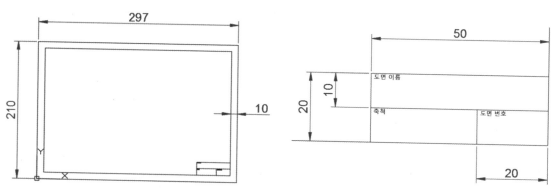

▷ 실습해 보세요

❶ **도면층 선택** [홈] 탭 - [도면층] 패널에서 [도면층]을 클릭하고 [09-도면틀]을 선택합니다.

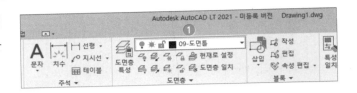

❷ **용지틀 그리기** [직사각형] 명령으로 직사각형을 그린 후 작업 영역에 용지틀을 크게 표시합니다. 55쪽과 다음 과정을 참고하세요.

ⓐ [홈] 탭 - [그리기] 패널에서 [직사각형]을 클릭

ⓑ [첫 번째 구석점 지정 또는]에 원점인 [0, 0] 입력

ⓒ [다른 구석점 지정 또는]에 용지틀의 크기 [297, 210] 입력

ⓓ 휠 버튼을 더블 클릭하여 [줌 범위]를 실행

❸ **도면틀 그리기** [간격띄우기] 명령으로 용지틀의 안쪽으로 10 거리에 도면틀을 그립니다. 105쪽과 다음 과정을 참고하세요.

ⓐ [홈] 탭 - [수정] 패널에서 [간격띄우기] 클릭

ⓑ [간격띄우기 거리 지정 또는]에 [10] 입력

ⓒ [간격띄우기할 객체 선택 또는]에서 용지틀을 클릭하여 선택

ⓓ [간격띄우기할 면의 점 지정 또는]에서 용지틀 안쪽을 클릭

ⓔ Enter 키를 눌러 간격띄우기 명령 종료

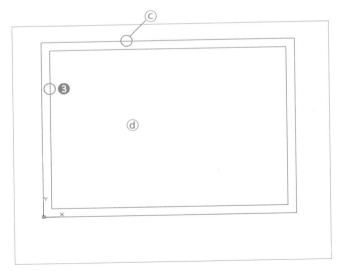

❹ **표제란 부근을 확대 표시** 도면틀 오른쪽 아래에 커서를 놓고 마우스 휠을 위로 올려 확대합니다.

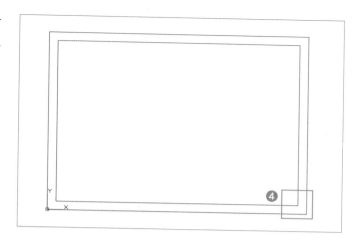

❺ **표제란 틀 작성** 객체 스냅을 적절하게 설정하고, [**직사각형**] 명령으로 가로 50, 세로 20의 크기로 표제란의 틀을 그립니다.

ⓐ [**홈**] 탭 – [**그리기**] 패널에서 [**직사각형**]을 클릭

ⓑ [**첫 번째 구석점 지정 또는**]에서 도면틀의 오른쪽 아래 끝점을 클릭

ⓒ [**다른 구석점 지정 또는**]에 표제란 틀의 크기로 [-50, 20]을 입력

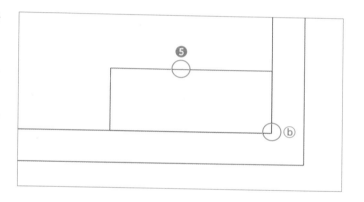

❻ **표제란의 선 그리기(1)** 객체 스냅을 적절하게 설정하고, [**선**] 명령으로 표제란의 가로선을 그립니다. 42쪽과 다음 과정을 참고하세요.

ⓐ [**홈**] 탭 – [**그리기**] 패널에서 [**선**]을 클릭

ⓑ [**첫 번째 점 지정**]에서 표제란 틀의 중간점 클릭

ⓒ [**다음 점 지정 또는**]에서 표제란 틀의 중간점 클릭

ⓓ Enter 키를 눌러 선 명령 종료

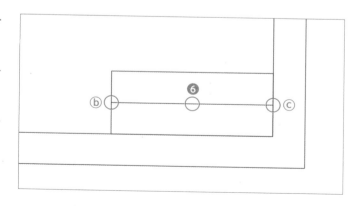

❼ 표제란의 선 그리기(2) 객체 스냅을 적절하게 설정하고, **[원]** 명령으로 반지름 20의 보조선으로 사용할 원을 그립니다. 52쪽과 다음 과정을 참고하세요.

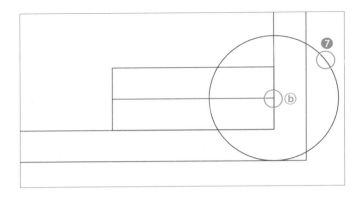

ⓐ **[홈]** 탭 – **[그리기]** 패널에서 **[원]** 클릭

ⓑ **[원에 대한 중심점 지정 또는]**에서 표제란 틀의 오른쪽 중간점 클릭

ⓒ **[원의 반지름 지정 또는]**에서 **[20]** 입력

❽ 표제란의 선 그리기(3) 객체 스냅을 적절하게 설정하고, **[선]** 명령으로 표제란의 세로선을 그립니다.

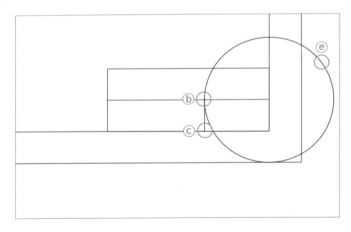

ⓐ **[홈]** 탭 – **[그리기]** 패널에서 **[선]** 클릭

ⓑ **[첫 번째 점 지정]**에서 원과 선의 교차점 클릭

ⓒ **[다음 점 지정 또는]**에서 도면틀과의 직교를 클릭

ⓓ **Enter** 키를 눌러서 선 명령 종료

ⓔ **[지우기]** 명령으로 보조선으로 사용한 원 지우기(82쪽 참고)

❾ **표제란의 문자 입력(1)** 객체 스냅을 적절하게 설정하고, [단일 행] 명령으로 표제란에 [도면 이름]이라는 문자를 입력합니다. [148쪽]과 다음의 과정을 참고하세요.

ⓐ [홈] 탭 – [주석] 패널을 펼치고 [문자 스타일]에서 [표제란]을 선택

ⓑ [홈] 탭 – [주석] 패널에서 [단일 행]을 클릭

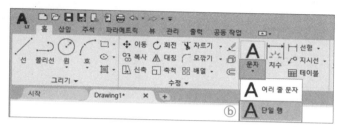

ⓒ [문자의 시작점 지정 또는]에서 표제란 틀의 왼쪽 위 끝점을 클릭

ⓓ [높이 지정]에서 [1.5] 입력

ⓔ [문자의 회전 각도 지정]에서 [Enter] 키를 누름

ⓕ [도면 이름]을 입력하고 [Enter] 키를 누름

ⓖ [Enter] 키를 눌러서 단일 행 명령 종료

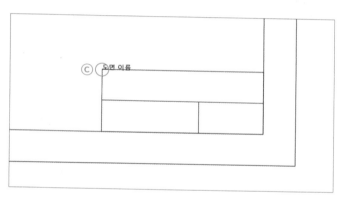

❿ **표제란의 문자 입력(2)** [이동] 명령으로 [도면 이름]이라는 문자를 X 방향으로 1, Y 방향으로 –2 이동하여 표제란 안쪽으로 옮깁니다. [90쪽]과 다음의 과정을 참고하세요.

ⓐ [홈] 탭 – [수정] 패널에서 [이동]을 클릭

ⓑ [객체 선택]에서 [도면 이름] 문자를 선택하고 [Enter]키를 누름

ⓒ [기준점 지정 또는]에서 [Enter] 키를 누름

ⓓ [변위 지정]에서 [1, –2]라고 입력

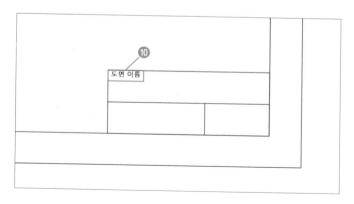

⑪ 표제란의 문자 입력(3) [복사] 명령으로 표제란의 문자 2개를 각각 다음 위치에 복사합니다. 복사 명령으로 두 개 복사합니다. 95쪽 과 다음의 과정을 참고하세요.

ⓐ [홈] 탭 - [수정] 패널에서 [복사]를 클릭

ⓑ [객체 선택]에서 [도면 이름] 문자를 선택하고 Enter 키를 누름

ⓒ [기본점 지정 또는]에서 표제란 틀의 왼쪽 위 끝점을 클릭

ⓓ [두 번째 점 지정 또는]에서 중간에 있는 가로선의 왼쪽 끝점을 클릭

ⓔ [두 번째 점 지정 또는]에서 세로선의 위쪽 끝점을 클릭.

ⓕ Enter 키를 눌러서 복사 명령 종료

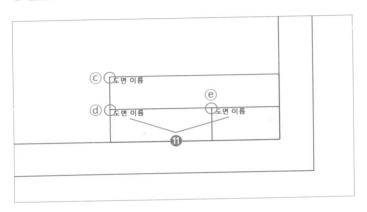

⑫ 표제란의 문자 입력(4) 표제란의 문자 내용을 각각 [축척], [도면 번호]라고 수정합니다.

ⓐ 왼쪽 아래의 문자를 더블 클릭

ⓑ [축척]을 입력하고 Enter 키를 두 번 누름

ⓒ 오른쪽 아래의 문자를 더블 클릭

ⓓ [도면 번호]라고 입력하고 Enter 키를 두 번 누름

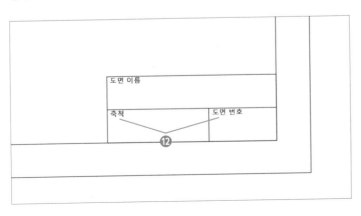

템플릿으로 저장

[A4 사이즈]라는 이름으로 템플릿을 저장합니다. A4 사이즈로 도면을 그릴 때는 이 템플릿을 이용합니다.

사용하는 명령	[다른 이름으로 저장]
메뉴 막대	[파일] - [다른 이름으로 저장]
리본 메뉴	없음
아이콘	
키보드	SAVEAS Enter

▷ 실습해 보세요

① **[다른 이름으로 저장] 선택** 빠른 실행 도구 모음에서 **[다른 이름으로 저장]** 아이콘을 클릭합니다.

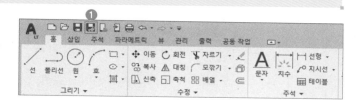

② **파일 종류 선택** '다른 이름으로 도면 저장' 대화상자가 표시되면 **[파일 유형]**을 **[AutoCAD LT 도면 템플릿(*.dwt)]**으로 선택합니다.

③ **파일 이름 입력** **[파일 이름]** 설정 필드를 클릭하고 **[A4 사이즈]**라고 입력합니다.

④ **저장** **[저장]** 버튼을 클릭합니다.

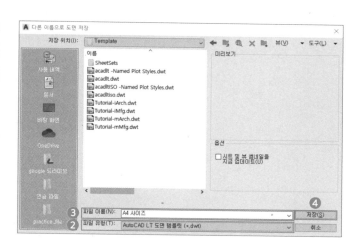

⑤ **템플릿 옵션 종료** '템플릿 옵션' 대화상자가 표시되면 [확인] 버튼을 클릭합니다. '템플릿 옵션' 대화상자가 닫히며, 템플릿으로 저장됩니다.

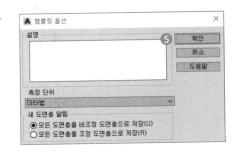

⑥ **파일 닫기** 작업 영역 오른쪽 위에 있는 [닫기] 버튼을 클릭하여 작성한 템플릿 파일을 닫습니다.

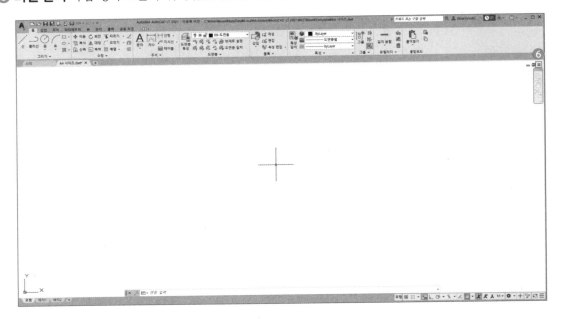

SECTION 03

축척 설정

앞서 작성한 템플릿에는 축척이 설정되어 있지 않습니다. AutoCAD LT에서는 실제 치수로 대상물을 그리고, 도면의 축척에 따라 문자나 치수, 도면틀의 크기를 조정합니다.

 연습용 파일 A4사이즈.dwt

미리보기

직접 만든 템플릿을 이용해 새로운 파일을 만들고 축척에 따라 도면틀 크기를 조정합니다. 이어서 문자나 치수 크기도 축척에 맞춰 조정한 후 이후 작업을 위해 다른 이름으로 저장합니다 .

1:5 도면틀의 크기
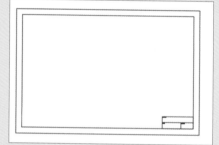

1:1 도면틀의 크기

1:2 도면틀의 크기

도면틀 크기 변경

》 258쪽

AutoCAD LT에서는 대상물을 실제 치수로 그리고, 도면틀의 크기를 도면의 축척에 맞춰서 변경합니다. 1:1로 그려진 도면틀이 있을 때 축척이 1:2라면 2배로, 1:5라면 5배로, 1:100이라면 100배로 크기를 변경합니다.

주석 축척 설정

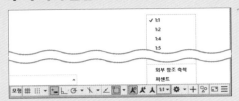

>> 260쪽

치수나 문자의 크기도 도면틀과 마찬가지로 변경해야 합니다. [A4 사이즈] 템플릿에서는 문자 스타일이나 치수 스타일, 다중 지시선 스타일에 [주석]을 설정하였으므로 [주석 축척]을 설정하면 치수와 문자 크기를 간단하게 조정할 수 있습니다.

도면틀 크기 변경

축척 명령으로 도면틀의 크기를 변경합니다. 이번 도면 작성 연습의 축척은 1:50입니다. 그러므로 도면틀은 50배로 크게 변경합니다.

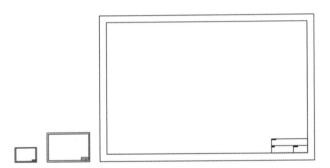

사용하는 명령	[축척]
메뉴 막대	[수정] - [축척]
리본 메뉴	[홈] 탭 - [수정] 패널
아이콘	⬚
키보드	SCALE Enter (SC Enter)

▷ 실습해 보세요

❶ **[새로 만들기] 선택** 빠른 실행 도구 모음에서 [새로 만들기] 아이콘을 클릭합니다.

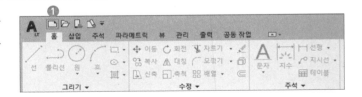

❷ **템플릿 파일 선택** 앞서 실습에서 만들어 저장한 [A4 사이즈.dwt]를 클릭하여 선택합니다.

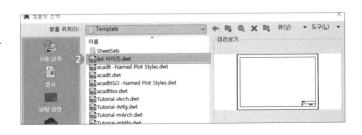

❸ **파일 열기** [열기] 버튼을 클릭합니다. 선택한 템플릿을 바탕으로 파일을 작성합니다.

❹ **축척 명령 선택** [홈] 탭 - [수정] 패널에서 [축척]을 클릭하여 축척 명령을 실행합니다.

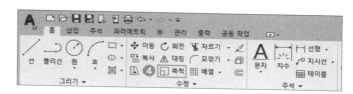

❺ **도형 선택** 프롬프트에 [객체 선택]이라고 표시되면 윈도우 선택 방법으로 도면틀을 전부 선택합니다.

❻ **선택 확정** [Enter] 키를 눌러 선택을 확정합니다.

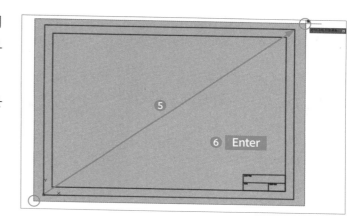

❼ **기준점 지정 및 축척 입력** 프롬프트에 [기준점 지정]이라고 표시되면 용지틀의 왼쪽 아래점을 클릭합니다.

❽ **축척 입력** 프롬프트에 [축척 비율 지정 또는]이라고 표시되면 키보드로 [50]을 입력하고 [Enter] 키를 누릅니다. 축척 명령이 끝나며, 도면틀이 50배 커집니다.

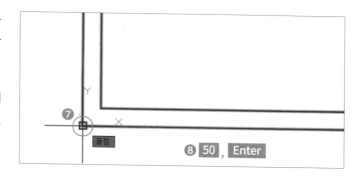

TIP 마우스의 휠 버튼을 더블 클릭하여 [줌 범위]를 실행하면 작업 영역에 커진 도면틀이 모두 표시됩니다.

주석 축척 설정

화면 오른쪽 아래에 있는 상태 표시줄에서 [주석 축척]으로 도면의 축척을 설정합니다. 연습 도면에서 축척은 1:50이므로 [1:50]으로 설정합니다. 이렇게 주석 축척을 이용해 다음과 같은 설정을 할 수 있게 됩니다.

• 문자 크기의 축척 설정

• 치수 크기의 축척 설정

• 다중 지시선의 축척 설정([주석] 옵션에 체크한 스타일이어야 함)

• 선종류 축척(선종류 간격)의 축척 설정

• [주석] 옵션에 체크한 해치의 축척 설정

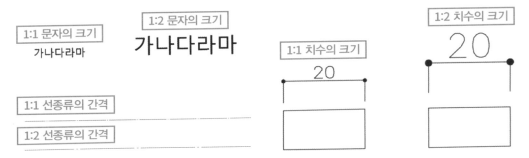

▷ 실습해 보세요

❶ **[주석 축척] 선택** 상태 표시줄에서 [주석 축척] 을 클릭하고 [1:50]을 선택하여 주석 축척을 설정합니다.

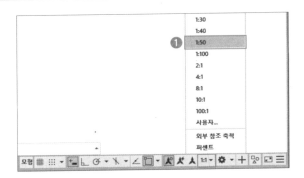

❷ **파일 저장** 빠른 실행 도구 모음에서 [다른 이름으로 저장] 아이콘을 클릭하고, 이름을 [6-3. dwg]로 저장합니다. 이 파일은 이후 실습에서 이어서 사용합니다.

주석 축척을 이용하지 않으면

주석 축척을 이용하지 않거나 스타일에서 [주석] 옵션에 체크하지 않았다면 치수 스타일, 다중 지시선 스타일, 선종류 축척에서 각각 도면의 축척을 설정해야 합니다. 또한, 문자는 입력할 때 도면의 축척을 고려하여 문자 크기를 설정해야 합니다. 다음 방법을 참고하세요.

문자의 크기

문자 입력 시 문자 높이로 다음과 같이 계산하여 크기를 설정하세요. 예를 들어 1:50 도면에서 3mm의 문자를 입력한다면 [3 × 50]을 계산해서 문자 크기를 [150]으로 설정합니다.

• 인쇄 시의 문자 크기 × 도면 축척의 역수

치수 스타일, 다중 지시선 스타일

스타일 설정에서 [전체 축척 사용]이나 [축척 지정] 설정 필드에 도면 축척의 역수를 입력합니다. 예를 들어 1:50 도면이라면 [50]을 입력합니다.

치수 스타일

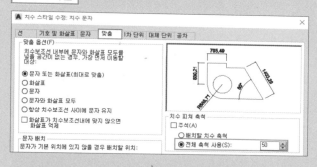

다중 지시선 스타일

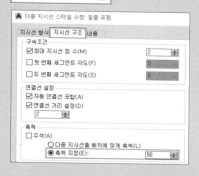

선종류 축척

'선종류 관리자' 대화상자를 표시한 후 [자세히] 버튼을 클릭하여 [상세 정보] 설정 필드 중 [전역 축척 비율]에 도면 축척의 역수를 입력합니다. 예를 들어 1:50 도면이라면 [50]을 입력합니다.

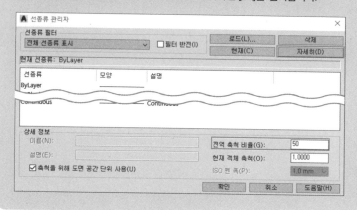

SECTION 04

벽체 중심선 그리기

축척 설정까지 마쳤다면 선 명령이나 간격띄우기 명령으로 벽체 중심선을 그립니다.
앞으로 도면을 그리는 모든 기준이 되는 선이므로 정확하게 그려야 합니다.

 연습용 파일 6-4.dwg

미리보기

A와 E의 벽체 중심선을 선 명령으로 그린 후 간격띄우기 명령으로 다른 벽체 중심선 B~D, F~I를 그립니다. 마지막으로 직
사각형 명령, 간격띄우기 명령, 자르기 명령을 사용하여 벽체 중심선의 길이를 조절합니다(A~I 문자는 설명용 문자이기에 실
제로는 입력하지 않습니다).

  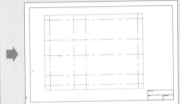

 벽체 중심선 그리기(1)

벽의 두께의 중심선인 벽체 중심선을 그립니다.

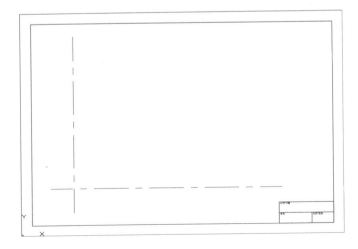

사용하는 명령 및 기능
선 명령([42쪽]), 직교 모드([43쪽])

▷ 실습해 보세요

① 현재 도면층 설정 [홈] 탭 – [도면층] 패널에서 [도면층]을 클릭하고 [01-벽체 중심선]을 선택합니다.

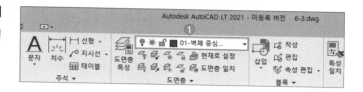

② 직교 모드 켜기 상태 표시줄에서 [직교 모드] 아이콘을 클릭해서 켭니다.

③ 선 명령 및 시작점과 종점 선택
[홈] 탭 – [그리기] 패널에서 [선]을 클릭해서 실행한 후 다음 그림에서 선 A의 위치를 참고하여 선 A의 끝점이 될 임의의 두 점을 클릭합니다.

④ 선 명령 종료 Enter 키를 누릅니다. 선 명령이 끝나며, 선 A가 그려집니다.

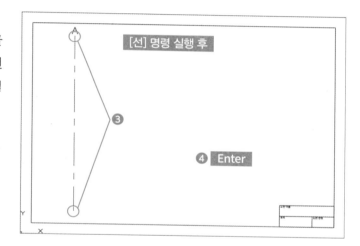

⑤ 선 E 그리기 앞의 과정을 참고하여 선 E를 그립니다.

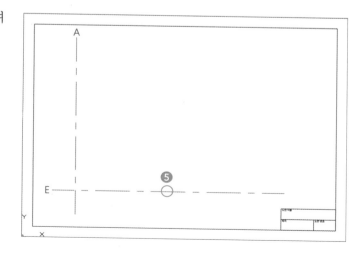

벽체 중심선 그리기(2)

수평, 수직의 벽체 중심선을 평행하게 복사합니다. 거리 입력 시 수치를 확인하며 정확히 입력하세요.

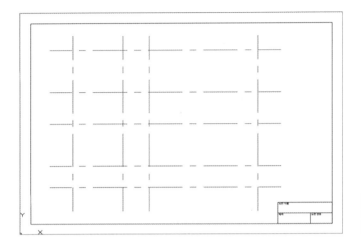

사용하는 명령 및 기능
간격띄우기 명령(105쪽)

▷ 실습해 보세요

1 간격띄우기 명령 선택 [홈] 탭 - [수정] 패널에서 [간격띄우기]를 클릭합니다.

2 거리 입력 키보드로 [2300]을 입력하고 Enter 키를 누릅니다.

3 도형 선택 선 A를 클릭하여 선택합니다.

4 간격띄우기할 방향 지정 선 A보다 오른쪽을 클릭하면 선 B가 그려집니다.

5 간격띄우기 명령 종료 Enter 키를 누릅니다.

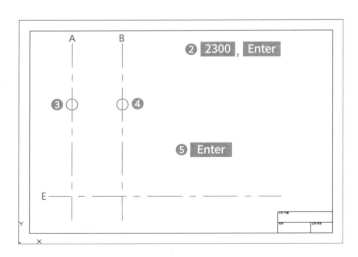

⑥ 벽체 중심선 C, D 그리기 앞의 과정과 다음 거리를 참고하여 벽체 중심선 C, D 를 그립니다.

- B와 C의 거리는 1200
- C와 D의 거리는 5000

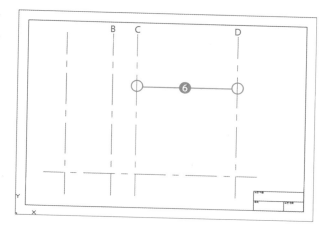

⑦ 벽체 중심선 F~I 그리기 앞의 과정과 다음 거리를 참고하여 벽체 중심선 F~I 를 그립니다.

- E와 F의 거리는 1000
- F와 G의 거리는 2000
- G와 H의 거리는 1500
- H와 I의 거리는 2000

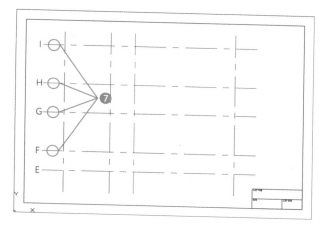

 ## 벽체 중심선의 길이 조절

처음부터 정확한 치수로 그리면 좋겠지만 결코 쉽지 않습니다. 그러니 대략적으로 그린 후 연장하거나 필요 없는 부분을 자르는 등 길이를 조절하면 됩니다.

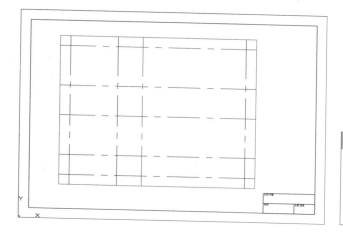

사용하는 명령 및 기능
직사각형 명령(55쪽)
간격띄우기 명령(105쪽)
지우기 명령(82쪽)
자르기 명령(길이가 부족할 때는 연장 명령 113쪽)
객체 스냅(48쪽)

▷ 실습해 보세요

① 객체 스냅 설정 '제도 설정' 대화상자에서 [교차점]으로 설정하고, 객체 스냅을 켭니다.

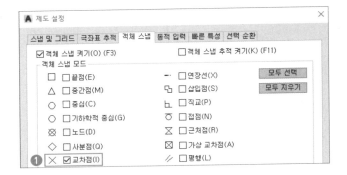

② 현재 도면층 설정 [홈] 탭 - [도면층] 패널에서 [도면층]을 클릭하고 [04-치수 문자]를 선택합니다.

③ 직사각형 명령 선택 [홈] 탭 - [그리기] 패널에서 [직사각형]을 클릭합니다.

④ 직사각형의 꼭짓점 2점 지정 선 A, I의 교차점, 선 D, E의 교차점을 꼭짓점으로 지정하여 직사각형 J를 그립니다.

⑤ 길이를 조절할 보조선 그리기 직사각형 J를 바깥쪽으로 500 거리에 간격띄우기하여 보조선으로 사용할 직사각형 K를 그립니다(105쪽 참고).

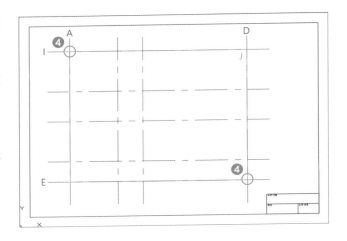

⑥ 안쪽 직사각형 지우기 직사각형 K를 그리기 위해 사용한 직사각형 J를 지웁니다(82쪽 참고).

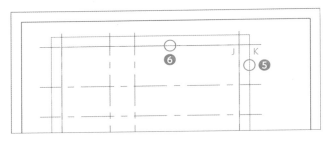

❼ 자르기 명령 선택 [홈] 탭 – [수정] 패
널에서 **[자르기]**를 클릭합니다.

TIP [자르기] 명령 실행 직후 프롬프트에 [자를
객체를 선택…]이라고 표시되면 114쪽의
[COLUMN]을 참고하여 모드를 변경한 후 다시
실행하세요.

❽ 절단 모서리 선택 및 확정 직사각형
K를 클릭하여 선택하고 Enter 키를
누릅니다.

❾ 자를 부분 선택 직사각형 K의 바깥
쪽 벽체 중심선을 모두 클릭하여 선
택합니다.

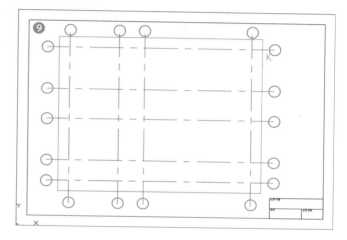

❿ 자르기 명령 종료 Enter 키를 누릅니
다. 필요 없는 부분을 잘라서 벽체
중심선의 길이를 조절했습니다.

TIP 길이가 부족하다면 [연장] 명령을 실행하여
직사각형 K까지 벽체 중심선을 늘려 주세요.

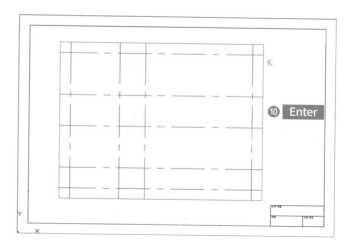

SECTION 05

벽체 중심선 치수 입력

치수선 위치에 보조선을 그린 후 치수를 입력합니다. 앞서 벽체 중심선까지 그린 파일에서 이어서 실습하거나 연습용 파일 [6-5.dwg]를 사용하여 실습을 진행합니다.

📁✓ 연습용 파일 6-5.dwg

미리보기

치수선 위치의 보조선으로 사용할 직사각형 L을 그립니다. 직사각형 K를 기준으로 간격띄우기 명령을 사용하며, 치수를 입력할 때는 선형 명령, 연속 명령, 기준선 명령 등을 사용합니다.

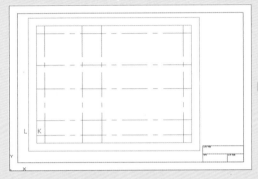 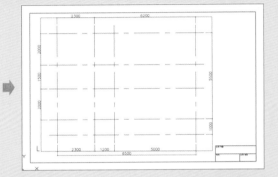

 치수선 위치에 보조선 그리기

보기 좋은 도면을 완성하려면 치수선을 배치할 위치에도 신경을 써야 합니다. 미리 보조선을 그려 두면 효율적으로 치수를 입력할 수 있습니다.

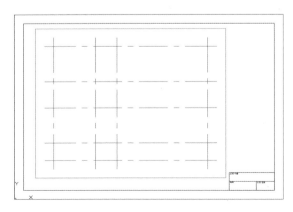

사용하는 명령 및 기능
간격띄우기 명령(105쪽), 지우기 명령(82쪽)

▷ 실습해 보세요

① **간격띄우기 명령 선택** [홈] 탭 - [수정] 패널에서 [간격띄우기]를 클릭합니다.

② **거리 입력** 키보드로 [500]을 입력하고 Enter 키를 누릅니다.

③ **도형 선택** 직사각형 K를 클릭하여 선택합니다.

④ **간격띄우기할 방향 지정** 직사각형 K 보다 바깥쪽을 클릭합니다. 직사각형 L이 그려집니다.

⑤ **간격띄우기 명령 종료** Enter 키를 누릅니다.

⑥ **직사각형 K 지우기** 직사각형 K를 지웁니다(82쪽 참고).

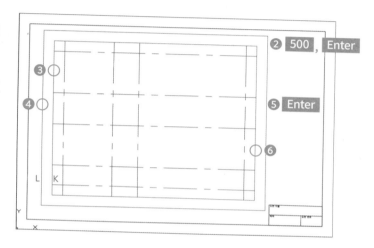

치수 입력

벽체 중심선의 치수를 입력합니다. 치수 문자를 확인하여 벽체 중심선이 정확히 그려졌는지 확인하세요.

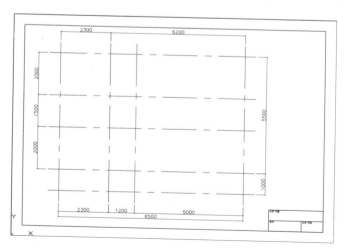

사용하는 명령 및 기능
선형 명령(164쪽), 연속 명령(170쪽)
기준선 명령(172쪽), 객체 스냅(48쪽)

▷ 실습해 보세요

1 객체 스냅 설정 '제도 설정' 대화상자에서 [끝점]으로 설정하고, 객체 스냅을 켭니다.

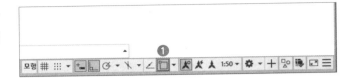

2 치수 스타일 설정 [홈] 탭 - [주석] 패널을 펼쳐서 [치수 스타일]을 클릭하고 [벽체 중심선 치수]를 선택합니다.

3 선형 명령 선택 [홈] 탭 - [주석] 패널에서 [선형]을 클릭하여 명령을 실행합니다.

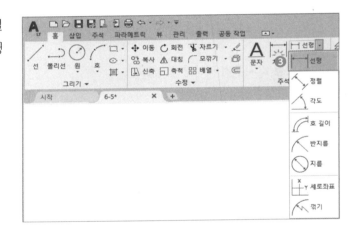

4 측정할 두 점 지정 측정할 두 점, 선 A의 끝점과 선 B의 끝점을 클릭하여 지정합니다.

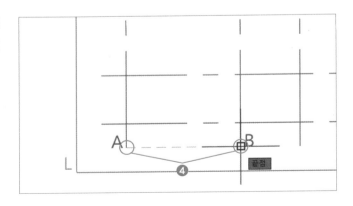

❺ **치수선 배치 위치 지정** 직사각형 L 의 끝점을 클릭하여 치수선 배치 위 치를 지정합니다. 선 AB를 측정한 [2300] 치수가 입력됩니다.

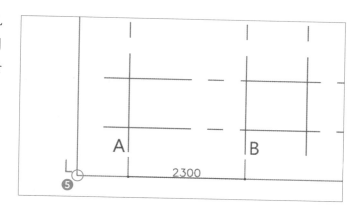

❻ **연속 명령 선택** [주석] 탭 – [치수] 패 널에서 [연속]을 클릭합니다.

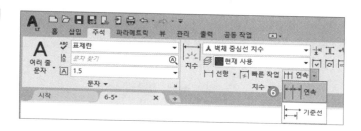

❼ **측정할 치수의 두 번째 점 지정** 선 C의 끝점, 선 D의 끝점을 클릭 하여 연속된 치수의 두 번째 점을 지정합니다.

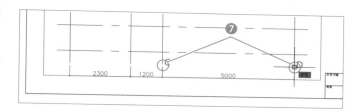

❽ **연속 명령 종료** Enter 키를 두 번 누릅니다. 선 B, C를 측정한 [1200], 선 C, D를 측정한 [5000] 치수가 연 속으로 입력됩니다.

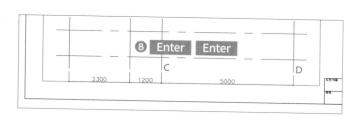

❾ **기준선 명령 선택** [주석] 탭 – [치수] 패널에서 [기준선]을 클릭합니다.

⑩ **[선택] 옵션 선택** 우클릭 후 표시된 메뉴에서 [선택(S)]을 클릭합니다.

⑪ **기존 치수 선택** 선 A, B를 측정한 치수에서 치수를 연결하고 싶은 쪽의 치수보조선(선 A쪽)을 클릭합니다.

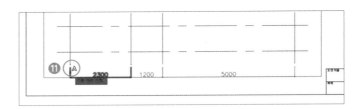

⑫ **측정할 치수의 두 번째 점 지정** 선 D의 끝점을 클릭합니다.

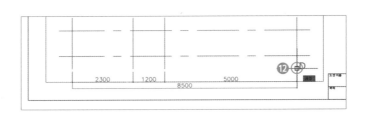

⑬ **기준선 명령 종료** Enter 키를 두 번 누릅니다. [8500] 치수가 입력됩니다.

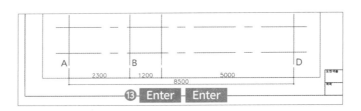

⑭ **기타 치수 그리기** 앞서의 과정을 참고하여 오른쪽 그림처럼 나머지 치수를 입력합니다.

⑮ **직사각형 L 지우기** 보조선으로 사용한 직사각형 L을 지웁니다([82쪽] 참고).

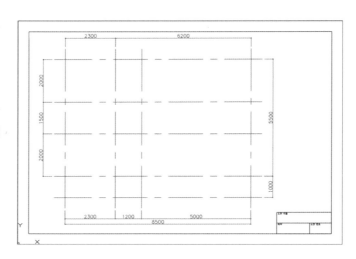

SECTION 06

벽 그리기(1)

벽체 중심선을 기준으로 간격띄우기 명령을 사용하여 벽을 그립니다. 교차하는 벽의 처리는 278쪽 에서 이어서 진행합니다.

 연습용 파일 6-6.dwg

미리보기

그립을 사용하여 벽체 중심선 C, E, H의 길이를 조절하고 간격띄우기 명령으로 벽을 그립니다.

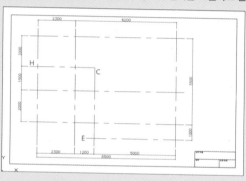 →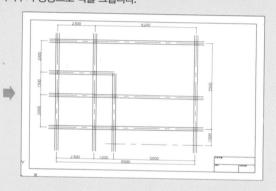

 벽체 중심선의 길이 조절

보기 좋은 도면을 만들기 위해 벽에 맞춰서 벽체 중심선의 길이를 조절합니다.

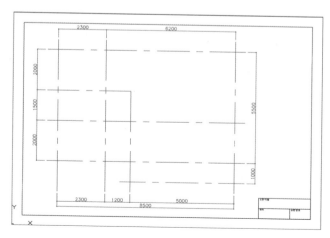

사용하는 명령 및 기능
자르기 명령(113쪽), 직교 모드(43쪽)
그립 편집(177쪽)

6일 차

① **자르기 명령 및 절단 모서리 선택 후 확정** [홈] 탭 - [수정] 패널에서 [자르기]를 클릭하여 명령을 실행합니다. 선 C, E, H를 클릭하여 선택한 후 Enter 키를 눌러 확정합니다.

> TIP [자르기] 명령 실행 직후 프롬프트에 [자를 객체를 선택…]이라고 표시되면 114쪽의 [COLUMN]을 참고하여 모드를 변경한 후 다시 실행하세요.

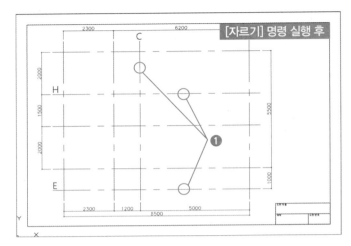

② **자를 부분 선택** 오른쪽 그림을 참고하여 선 C의 위쪽, 선 H의 오른쪽, 선 E의 왼쪽을 선택합니다.

③ **자르기 명령 종료** Enter 키를 누릅니다. 선택한 선이 잘립니다.

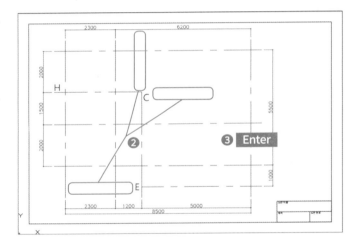

④ **직교 모드 켜기** 상태 표시줄에서 [직교 모드] 아이콘을 클릭해서 켭니다.

⑤ **선 E 선택** 선 E를 클릭하여 선택하면 선 E에 그립(파란색 점)이 표시됩니다.

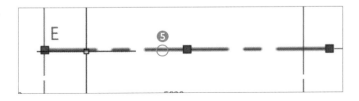

❻ 그립 선택 선 E의 왼쪽 끝점 그립을 클릭하여 선택합니다. 그립이 파란색에서 빨간색으로 바뀌고, 그립의 위치를 이동할 수 있게 됩니다.

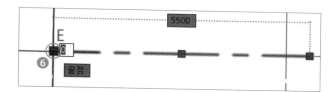

❼ 그립을 이동할 방향과 거리 지정 커서를 왼쪽으로 이동하고, 키보드로 [500]을 입력한 후 Enter 키를 누릅니다. 그립의 위치가 변경됩니다.

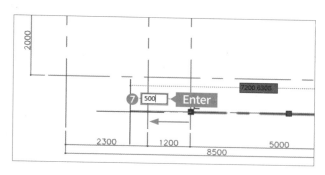

❽ 선 선택 해제 키보드의 Esc 키를 눌러 선택을 해제합니다.

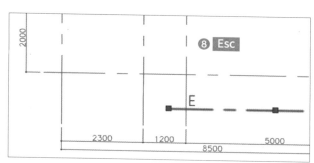

 벽 그리기

벽체 중심선을 바탕으로 벽을 그립니다. 벽체 중심선과 벽은 도면층이 다르므로 주의하세요.

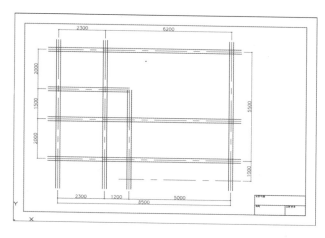

사용하는 명령 및 기능
간격띄우기 명령(105쪽)

▷ 실습해 보세요

① **현재 도면층 설정** [홈] 탭 - [도면층] 패널에서 [도면층]을 클릭하고 [02-벽]을 선택합니다.

② **간격띄우기 명령 선택** [수정] 패널에서 [간격띄우기]를 클릭합니다.

③ **[도면층] 옵션 선택** 우클릭 후 표시된 메뉴에서 [도면층(L)]을 선택합니다.

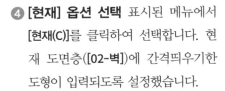

④ **[현재] 옵션 선택** 표시된 메뉴에서 [현재(C)]를 클릭하여 선택합니다. 현재 도면층([02-벽])에 간격띄우기한 도형이 입력되도록 설정했습니다.

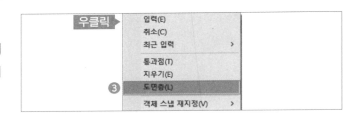

⑤ **거리 입력** 키보드로 [100]을 입력하고 Enter 키를 누릅니다.

⑥ **도형 선택** 선 A를 클릭하여 선택합니다.

⑦ **간격띄우기할 방향 지정** 선 A의 왼쪽을 클릭합니다.

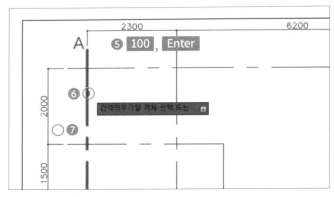

❽ **오른쪽에도 간격띄우기** 선 A를 클릭하여 선택하고 선 A의 오른쪽을 클릭합니다. 벽체 중심선 A의 벽이 그려집니다.

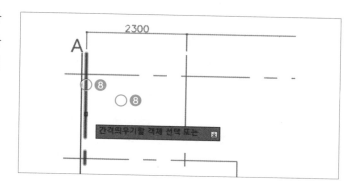

❾ **간격띄우기 명령 종료** [Enter] 키를 누릅니다.

❿ **다른 벽체 중심선의 벽 그리기** 간격 띄우기 명령을 반복하여 다른 벽을 그립니다.

> [TIP] 도면층 옵션은 한 번 설정해 두면 그 후에는 같은 옵션이 선택된 상태로 유지됩니다.

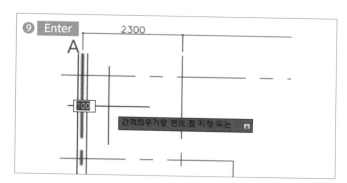

COLUMN ▶ 롤오버 툴팁에 관하여

아무런 명령도 실행하지 않은 상태에서 도형에 커서를 가져다 대면 그 도형의 종류, 색, 도면층과 선종류 등의 특성 정보가 툴팁으로 표시됩니다. 이 기능은 [롤오버 툴팁]이라고 부르며, AutoCAD LT 왼쪽 위에 있는 로고 모양의 [프로그램 메뉴] 아이콘을 클릭한 후 [옵션] 버튼을 클릭하면 표시되는 '옵션' 대화상자에서 [화면표시] 탭의 [롤오버 툴팁 표시]에 체크하거나 체크 해제해서 사용 여부를 설정할 수 있습니다.

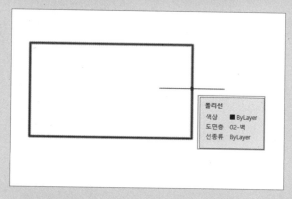

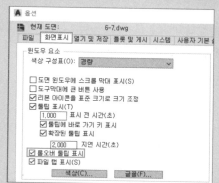

SECTION 07

벽 그리기(2)

교차하는 벽을 모깎기 명령과 자르기 명령으로 깔끔하게 정리합니다.

📁 연습용 파일 6-7.dwg

지금 당장 사용하지 않는 도면층은 끄고, L자형 부분은 모깎기 명령으로, T자형 부분은 자르기 명령으로 처리합니다.

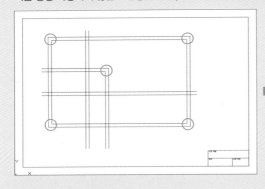 ➡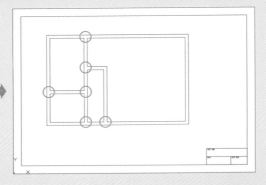

벽 처리하기, L자형

벽체 중심점에서 간격띄우기로 그린 벽의 선은 끊어져 있거나 겹쳐 있습니다. 여기에서는 L자형 부분을 처리합니다.

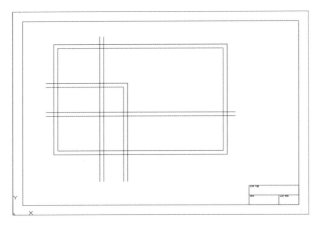

사용하는 명령 및 기능
끄기 명령(222쪽), 모깎기 명령(119쪽)

▷ 실습해 보세요

① 끄기 명령 선택 [홈] 탭 – [도면층] 패널에서 [끄기]를 클릭합니다.

② 끌 도면층의 도면 선택 임의의 치수와 벽체 중심선을 선택합니다. 클릭한 도형의 도면층이 꺼집니다.

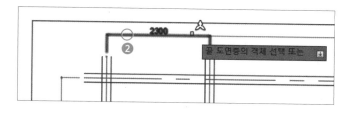

③ 끄기 명령 종료 [Enter] 키를 눌러 명령을 종료합니다.

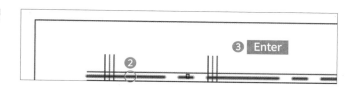

④ 처리할 부분 확대 마우스 휠 버튼 등으로 그림과 같은 부분을 확대합니다.

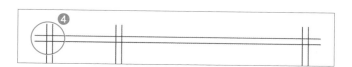

⑤ 모깎기 명령 선택 [홈] 탭 – [수정] 패널에서 [모깎기]를 클릭합니다.

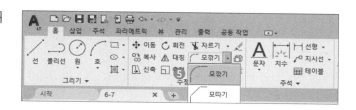

⑥ 첫 번째 도형 선택 선 A에서 그림과 같은 위치를 클릭하여 선택합니다.

⑦ 두 번째 도형을 [Shift] **키를 누른 채로 선택** [Shift] 키를 누른 채로 선 B에서 그림과 같은 위치를 클릭하여 선택합니다.

❽ **모깎기 명령 및 첫 번째 도형 선택**
[홈] 탭 - [수정] 패널에서 [모깎기]를
클릭한 후 첫 번째 도형으로 선 C에
서 그림과 같은 위치를 클릭합니다.

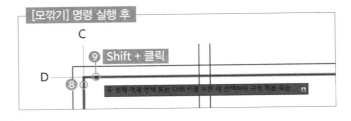

❾ **두 번째 도형을 [Shift] 키를 누른 채
로 선택** [Shift] 키를 누른 채로 선 D
에서 그림과 같은 위치를 클릭하여 선
택합니다. L자형 벽이 만들어집니다.

❿ **다른 L자형 벽 처리** 앞의 과정을 참
고하여 나머지 L자형 벽 부분을 처리
합니다.

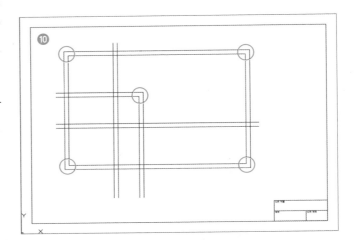

 벽 처리하기, T자형

벽체 중심점에서 간격띄우기로 그린 벽의 선 중 T자형 부분을 처리합니다.

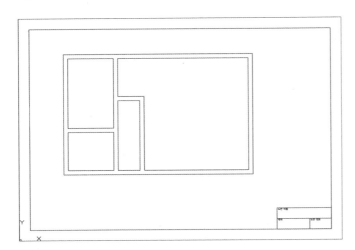

사용하는 명령 및 기능
자르기 명령([113쪽])

▷ 실습해 보세요

① 처리할 부분 확대 마우스 휠 버튼 등으로 그림의 부분을 확대합니다.

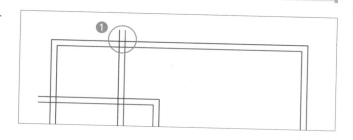

② 자르기 명령 및 도형 선택 [홈] 탭 –
[수정] 패널에서 [자르기]를 클릭한 후
선 D, E, F를 클릭하여 선택하고
Enter 키를 누릅니다.

TIP 자르기 명령 실행 직후 프롬프트에 [자를
객체를 선택…]이라고 표시되면 114쪽의
[COLUMN]을 참고하여 모드를 변경한 후 다시
실행하세요.

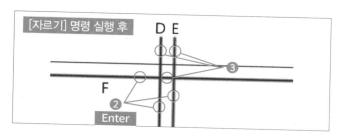

③ 자를 부분 선택 이어서 자를 부분으로 선 D, E의 윗부분과 선 D, E 사이에 있는 F를 클릭하여 선택합니다.

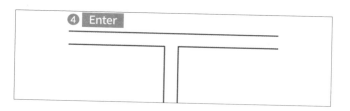

④ 자르기 명령 종료 Enter 키를 눌러 명령을 종료합니다.

⑤ 다른 T자형 벽 처리 앞의 과정을 참고하여 나머지 T자형 벽 부분을 처리합니다.

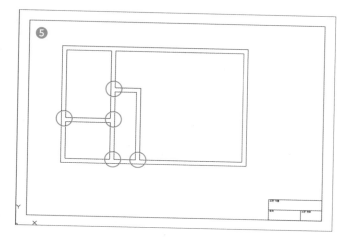

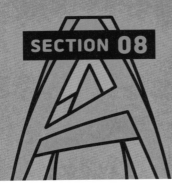

SECTION 08

개구부 그리기

계단이나 문, 창을 그리기 위해 벽에 개구부를 그립니다. 개구부는 채광, 환기, 통행, 출입 등을 위해 벽을 치지 않은 창이나 출입구 등을 이야기합니다.

☑ 연습용 파일 6-8.dwg

미리보기

계단이나 문, 창의 개구부를 간격띄우기 명령과 자르기 명령으로 그리고, 마지막으로 꺼 두었던 도면층을 켭니다.

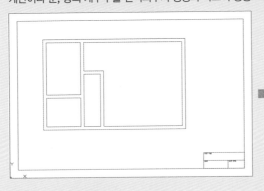 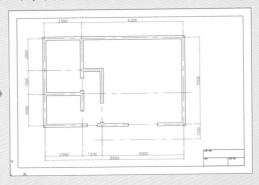

 개구부 그리기

벽이 막혀 있으면 문이나 창을 그릴 수 없습니다. 문이나 창의 크기에 맞춰서 벽의 일부분을 지웁니다.

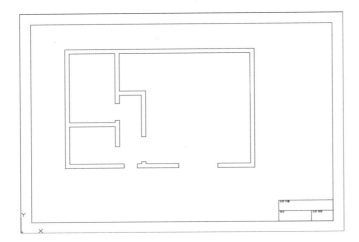

> **사용하는 명령 및 기능**
> 선 명령(42쪽), 간격띄우기 명령(105쪽),
> 자르기 명령(113쪽), 지우기 명령(82쪽),
> 객체 스냅(48쪽)

▷ 실습해 보세요

1 처리할 부분 확대 마우스 휠 버튼 등으로 그림의 부분을 확대합니다.

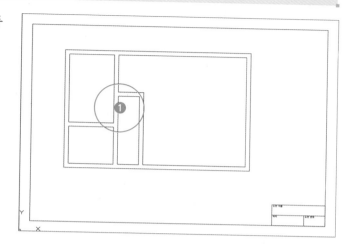

2 객체 스냅 설정 '제도 설정' 대화상자에서 [끝점], [직교]로 설정하고, 객체 스냅을 켭니다.

3 개구부 위치에 보조선 그리기 그림과 같이 선 AB를 그립니다. [선] 명령을 실행한 후 끝점 A와 직교 B를 지정했습니다.

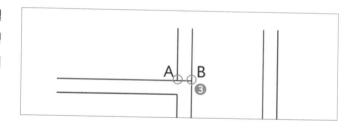

4 개구부 위치 그리기 간격띄우기 명령으로 선 AB에서 거리를 [100]으로 지정한 개구부의 선 CD와 선 CD에서 거리를 [800]으로 지정하여 개구부의 선 EF를 같은 방식으로 그립니다. 마지막으로 선 AB를 지웁니다.

TIP 지우기는 도형을 먼저 선택한 후에 [지우기] 아이콘을 클릭하거나 키보드의 Delete 키를 눌러도 됩니다.

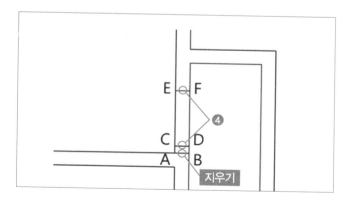

⑤ 개구부 그리기 다음 과정을 참고하여 자르기 명령으로 선 CD, EF를 절단 모서리로 지정하여 개구부를 완성합니다.

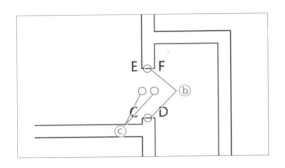

ⓐ [홈] 탭 – [수정] 패널에서 [자르기]를 클릭

ⓑ 선 CD, EF를 클릭하고 Enter 키를 누름

ⓒ 선 CE, DF를 선택하고 Enter 키를 누름

⑥ 다른 개구부 그리기 같은 방식으로 나머지 개구부를 완성합니다. 치수는 아래 그림을 참고하세요.

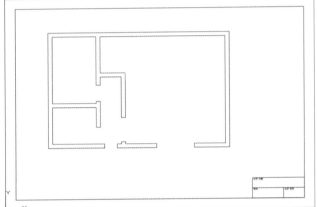

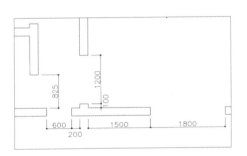

 벽 처리하기

계단의 개구부를 그릴 때 3개의 선으로 나누어진 선이 있습니다. 이를 하나의 선으로 합칩니다.

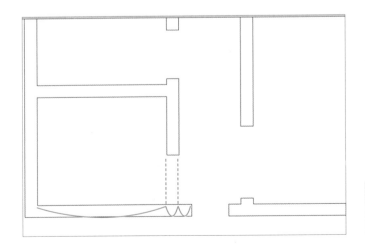

사용하는 명령 및 기능
결합 명령(285쪽)
모든 도면층 켜기 명령(222쪽)

❶ 결합 명령 선택 [홈] 탭 – [수정] 패널 이름 옆에 있는 ▼을 클릭해서 패널을 펼치고 **[결합]**을 클릭합니다.

❷ 선 선택 그림처럼 세 곳을 클릭하여 나누어진 선 3개를 선택합니다.

❸ 결합 명령 종료 [Enter] 키를 누르면 3개로 나누어진 선이 하나로 합쳐집니다.

❹ 모든 도면층 켜기 명령 선택 [홈] 탭 – [도면층] 패널에서 **[모든 도면층 켜기]**를 클릭합니다. 꺼져 있던 도면층이 표시됩니다.

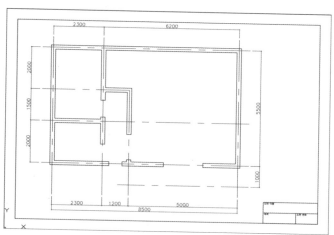

SECTION 09

발코니와 계단 그리기

발코니와 계단을 그립니다. 지금까지 연습한 다양한 명령을 사용하므로, 복습한다는 느낌으로 하나씩 완성해 봅니다.

✓ 연습용 파일 6-9.dwg

미리보기

발코니는 벽 그리기와 같은 방식으로 그리고, 계단은 선과 직사각형, 간격띄우기, 대칭 명령 등을 사용하여 그립니다.

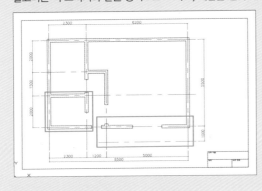 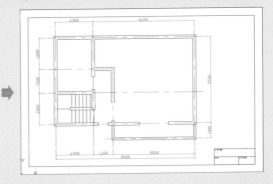

 ## 발코니 그리기

발코니를 그립니다. 앞서 그린 벽과는 두께가 다릅니다. 그러므로 간격띄우기 명령의 거리 입력에 주의하세요.

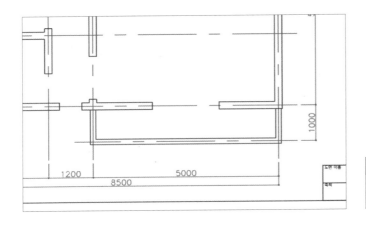

사용하는 명령 및 기능
간격띄우기 명령(105쪽), 모깎기 명령(119쪽)
자르기 명령(113쪽)

❶ **처리할 부분 확대** 마우스 휠 버튼 등으로 그림의 부분을 확대합니다.

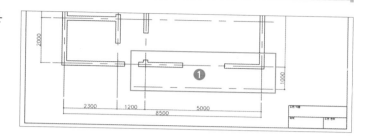

❷ **발코니 선 그리기** [275쪽] **[벽 그리기]** 과정을 참고하여 발코니의 벽체 중심선을 [75] 거리로 간격띄우기합니다.

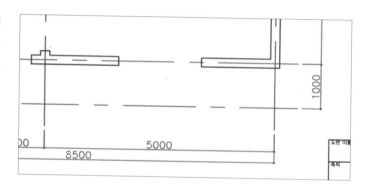

❸ **발코니 선 처리** [278쪽] **[벽 처리하기, L자형]** 과정 중 5번부터 9번까지를 참고하여 발코니의 모서리를 모깎기 명령으로 처리합니다. 또한 벽과 닿는 부분은 [284쪽]의 5번과정을 참고하여 자르기 명령으로 처리합니다.

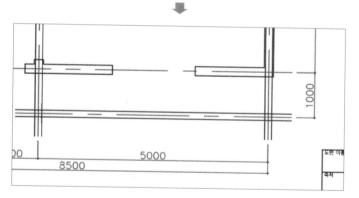

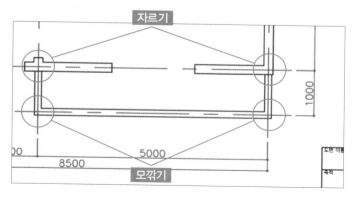

계단 그리기

계단을 그립니다. 대칭 명령을 사용하면 같은 형태를 효과적으로 그릴 수 있습니다.

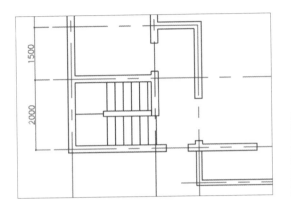

사용하는 명령 및 기능
직사각형 명령(55쪽), 선 명령(42쪽),
이동 명령(90쪽), 간격띄우기 명령(105쪽),
대칭 명령(110쪽), 객체 스냅(48쪽),
직교 모드(43쪽)

▷ **실습해 보세요**

❶ **처리할 부분 확대** 마우스 휠 버튼 등으로 그림의 부분을 확대합니다.

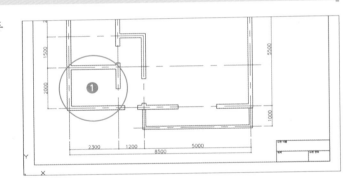

❷ **객체 스냅 설정 및 벽 그리기** [끝점], [중간점], [직교]를 설정하고, 객체 스냅을 켭니다. [직사각형] 명령을 실행한 후 첫 번째 점은 끝점 A를, 두 번째 점은 상대좌표로 [-1325, 150]을 입력하여 직사각형을 그립니다.

❸ **계단 그리기(1)** 선 명령으로 중간점 B와 직교 C, 끝점 D와 직교 E를 이용해 2개의 선을 그립니다.

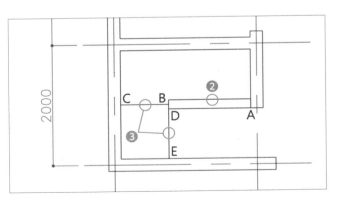

❹ **계단 그리기(2)** [직교 모드]를 켠 후 이동 명령으로 선 DE를 오른쪽으로 [100] 이동합니다.

TIP 이동 명령은 도형 선택 → 기준점(여기에서는 임의 점) → 목적점(여기에서는 커서를 오른쪽으로 움직이고 [100]을 입력)을 지정합니다.

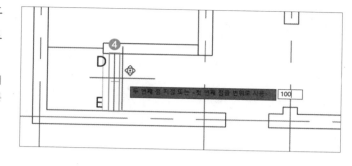

❺ **계단 그리기(3)** 간격띄우기 명령으로 선 DE를 오른쪽으로 [225]만큼 간격띄우기합니다. 선 DE를 포함하여 총 7개의 선을 그립니다.

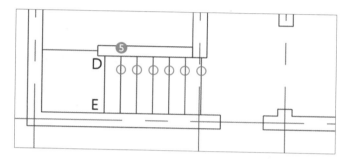

❻ **계단 그리기(4)** 대칭 명령으로 가장 오른쪽 선을 제외한 6개의 선을 반대쪽에 복사합니다. 대칭선의 첫 번째 점, 두 번째 점은 끝점 B, C를 지정하며, 원본 객체는 [아니오]를 클릭해서 남깁니다.

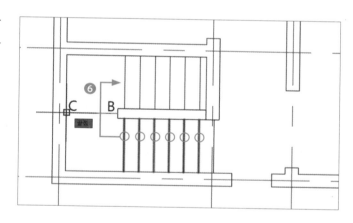

❼ **전체 표시** 마우스 휠 버튼을 더블 클릭하여 [줌 범위]를 실행합니다. 전체 도면이 표시됩니다.

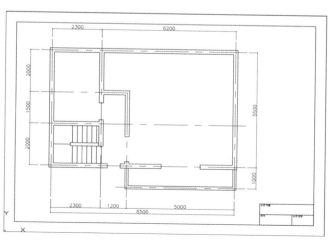

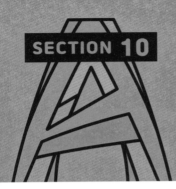

SECTION 10

문과 창 그리기

방의 문과 계단 앞의 붙박이창을 선과 호로 그립니다.

📁 **연습용 파일 6-10.dwg**

미리보기

문과 창을 선과 호로 그립니다. 호는 자르기 명령을 사용하여 원의 일부를 지웁니다.

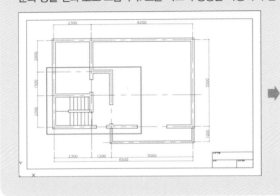 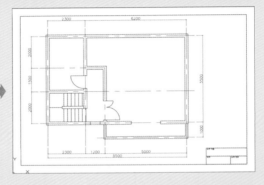

 문 그리기

방의 문을 그립니다. 문이 열리는 궤적 부분은 호로 그리며, 원을 먼저 그린 후 일부를 잘라 내는 방식을 이용하면 편리합니다.

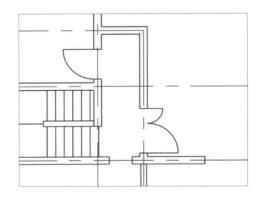

사용하는 명령 및 기능
선 명령(42쪽), 원 명령(52쪽), 자르기 명령(113쪽), 객체 스냅(48쪽), 직교 모드(43쪽)

▷ 실습해 보세요

❶ 처리할 부분 확대 및 현재 도면층 설정 마우스 휠 버튼 등으로 그림의 부분을 확대합니다. [홈] 탭 - [도면 층] 패널에서 [도면층]을 클릭하고 [03-창호]를 선택합니다.

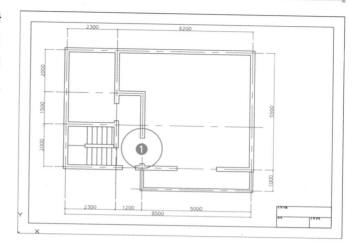

❷ 양개형 문의 선 그리기 [직교 모드]를 켜고, 객체 스냅의 [끝점]을 설정한 후 선 명령으로 선 AB, AC, BD를 그립니다. AC의 길이는 [400], BD의 길이는 [800]으로 지정합니다.

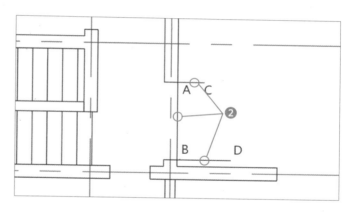

❸ 양개형 문의 원 그리기 원 명령 중 [중심점, 반지름]을 선택해서 끝점 A 가 중심점이고, 반지름 [400]인 원을 그립니다. 같은 방법으로 끝점 B 가 중심점이고, 반지름 [800]인 원을 그립니다.

TIP [원] 아이콘의 ▼을 클릭하여 [중심점, 반 지름]을 선택합니다.

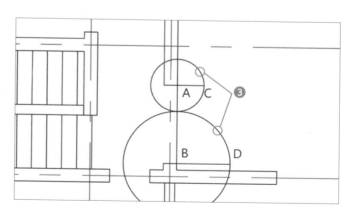

④ 양개형 문의 원과 선 처리 자르기 명령으로 선 AB, AC, BD를 절단 모서리로 지정하고 바깥쪽 원을 잘라 냅니다. 마지막으로 선 AB를 지웁니다.

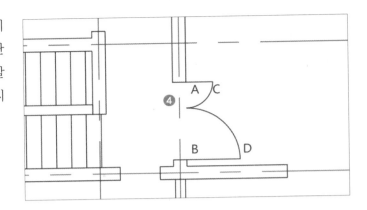

⑤ 편개형 문의 원과 선 처리 앞의 과정을 참고하고, 선, 원, 자르기 명령을 사용해 편개형 문을 그립니다. 반지름은 [800]으로 지정합니다.

TIP [직교 모드]를 켜고 개구부에 선을 그린 후 선의 위쪽 끝점에서 왼쪽으로 800인 선을 그립니다. 그 후 선의 위쪽 끝점을 중심점으로 반지름 800인 원을 그리고, 자르기 명령으로 원을 잘라낸 후 마지막으로 그린 선을 지우면 편개형 문을 완성할 수 있습니다.

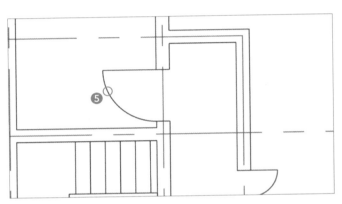

 # 붙박이창 그리기

벽에 직접 끼워진 붙박이창을 그립니다.

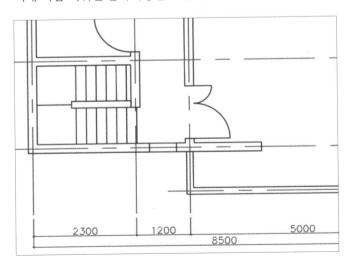

사용하는 명령 및 기능
선 명령(42쪽), 객체 스냅(48쪽)

❶ **처리할 부분 확대** 마우스 휠 버튼 등으로 그림의 부분을 확대합니다.

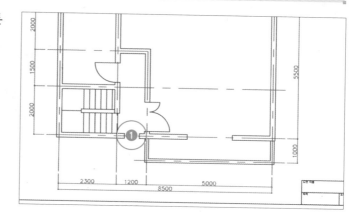

❷ **객체 스냅 설정** [끝점]을 설정하고 객체 스냅을 켭니다.

❸ **붙박이창 그리기** 선 명령으로 선 AB, CD를 그립니다.

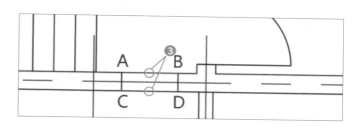

❹ **전체 표시** 마우스 휠 버튼을 더블 클릭하여 [줌 범위]를 실행합니다. 전체 도면이 표시됩니다.

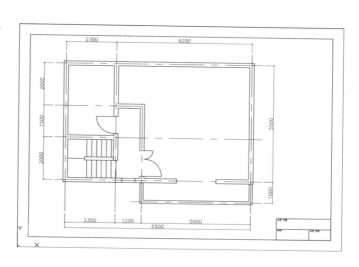

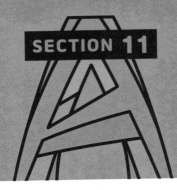

SECTION 11

발코니 창 그리기

선 명령으로 발코니의 미서기창을 그립니다. 미서기창은 2장 이상의 유리창을 각각 다른 레일에 끼우고, 옆으로 밀어서 개폐하는 창을 말합니다.

📁 연습용 파일 6-11.dwg

미리보기

발코니의 미서기창을 선 명령으로 그립니다. 중심선을 그릴 때는 그립 편집을 사용합니다.

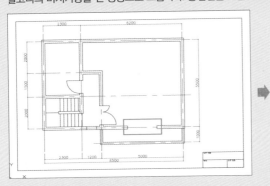 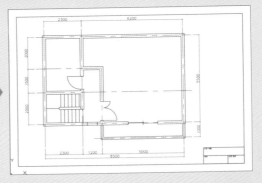

 미서기창 그리기

옆으로 개폐하는 미서기창을 그립니다. 창의 중심선도 선으로 그립니다.

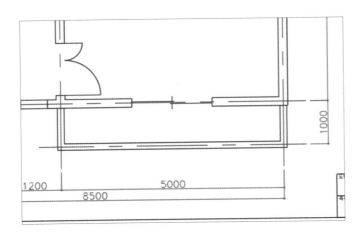

사용하는 명령 및 기능

선 명령(42쪽), 간격띄우기 명령(105쪽), 자르기 명령(113쪽), 그립 편집(177쪽), 객체 스냅(48쪽), 직교 모드(43쪽)

① **처리할 부분 확대** 마우스 휠 버튼 등으로 그림의 부분을 확대합니다.

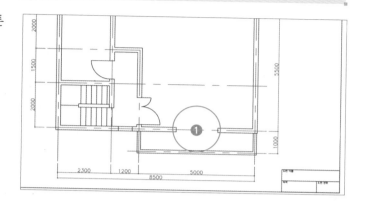

② **보조선 그리기** 객체 스냅의 [중간점]을 사용하고, 선 명령으로 선 AB를 그립니다.

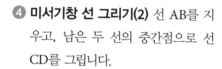

③ **도면층 끄기 및 미서기창 선 그리기(1)** 끄기 명령으로 임의의 치수, 벽체 중심선, 벽을 선택하고 Enter 키를 눌러서 클릭한 도형의 도면층을 모두 가린 후(222쪽) 참고) 선 AB를 위아래 [25] 거리로 간격띄우기합니다.

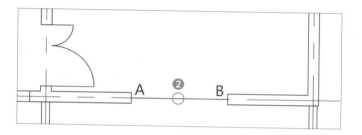

④ **미서기창 선 그리기(2)** 선 AB를 지우고, 남은 두 선의 중간점으로 선 CD를 그립니다.

⑤ **미서기창 선 수정(1)** 선 CD를 클릭하여 선택하고 끝점 C의 그립을 선택합니다.

⑥ **미서기창 선 수정(2)** 직교 모드를 켜고 위쪽으로 커서를 움직여 [125]라고 입력한 후 Enter 키를 누릅니다. 끝점 C가 위쪽으로 125만큼 이동합니다.

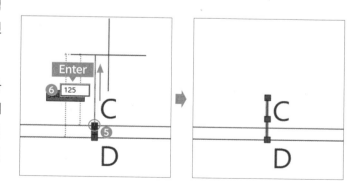

❼ 미서기창 선 수정(3) 앞의 과정을 참고하여 끝점 D는 아래쪽으로 125 만큼 이동합니다. 마지막으로 Esc 키를 눌러 선택을 해제합니다.

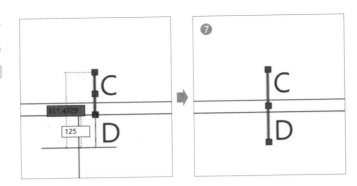

❽ 미서기창 선 수정(4) 자르기 명령을 사용하여 선 CD를 절단 모서리로 지정하고 그림과 같이 좌우의 선을 하나씩 자릅니다.

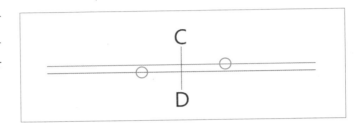

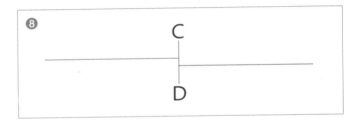

❾ 미서기창 완성 앞서 '미서기창 선 수정' 방법을 참고하여 선 EF의 끝점 F, 선 GH의 끝점 G를 각각 50 씩 이동하고, 마지막으로 Esc 키를 눌러 선택을 해제합니다.

TIP 미서기창을 완성했으면 모든 도면층을 켜고, 마우스 휠 버튼을 더블 클릭하여 [줌 범위]를 실행하여 전체 도면을 확인합니다.

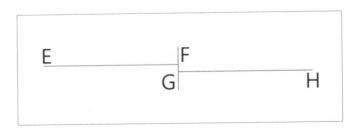

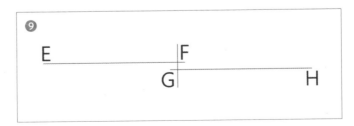

SECTION 12

부엌 싱크대 그리기

직사각형 명령과 원 명령으로 부엌 싱크대를 그립니다.

📁 **연습용 파일 6-12.dwg**

미리보기

부엌 싱크대를 직사각형과 원으로 그립니다. 싱크대는 임시 위치에 그린 후 이동 명령으로 정확한 위치로 옮깁니다. 마지막으로 모깎기 명령으로 싱크대의 모서리를 둥글게 만듭니다.

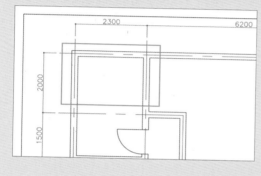 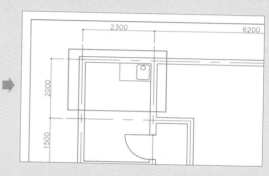

부엌 싱크대 그리기

부엌 싱크대를 그립니다. 싱크대는 물이 흘러 나가는 구멍을 원으로 그리고 모서리를 둥글게 가다듬어야 합니다.

사용하는 명령 및 기능

직사각형 명령(55쪽), 이동 명령(90쪽),
원 명령(52쪽), 모깎기 명령(119쪽),
객체 스냅(48쪽), 직교 모드(43쪽)

❶ 처리할 부분 확대 마우스 휠 버튼 등으로 그림의 부분을 확대합니다.

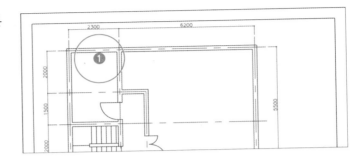

❷ 현재 도면층 설정 및 직사각형 그리기(1) [홈] 탭 – [도면층] 패널에서 [도면층]을 클릭하고 [05-기타]를 선택한 후 [그리기] 패널에서 [직사각형] 명령을 실행합니다. 첫 번째 점은 끝점 A를, 두 번째 점은 상대좌표로 [-1000, -600]을 입력하여 직사각형을 그립니다.

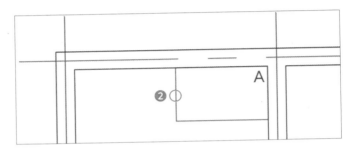

❸ 직사각형 그리기(2) 다시 [직사각형] 명령을 실행한 후 첫 번째 점은 끝점 A를, 두 번째 점은 상대좌표로 [-400, -500]을 입력해서 직사각형을 그립니다.

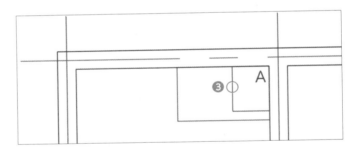

❹ 직사각형 이동 두 번째로 그린 직사각형을 이동합니다. 기준점은 끝점 A를, 목적점은 X 방향으로 -50, Y 방향으로 -50을 지정합니다.

TIP [이동] 명령을 실행하고 도형을 선택 → 기준점으로 끝점 A 지정 → 목적점으로 [-50, -50]을 입력하면 됩니다.

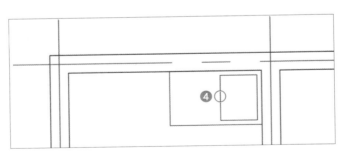

⑤ 원 그리기 [원] 아이콘의 ▼을 클릭하고 [중심점, 반지름]을 선택하여 명령을 실행한 후 이동한 직사각형의 윗변 중간점 B를 중심점으로, 반지름 [75]인 원을 그립니다.

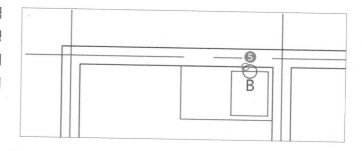

⑥ 원 이동 원을 아래 방향으로 [100]만큼 이동합니다.

TIP [이동] 명령을 실행하고 도형을 선택 → 기준점으로 중간점 B 지정 → 직교 모드를 켜고 아래 방향으로 커서를 이동한 후 [100]을 입력합니다.

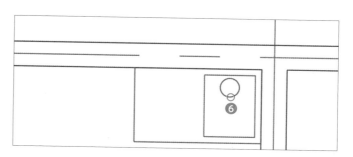

⑦ 모서리를 둥글게 만들기 모깎기 명령으로 반지름 [50]을 지정하여 작은 직사각형의 모서리를 둥글게 만듭니다.

TIP [모깎기] 명령을 실행하고 우클릭하여 [반지름] 선택 → 반지름에 [50]을 입력 → 모서리 부분의 도형을 선택합니다.

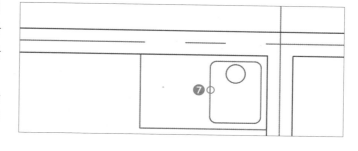

⑧ 전체 표시 마우스 휠 버튼을 더블클릭하여 [줌 범위]를 실행하여 전체 도면을 확인합니다.

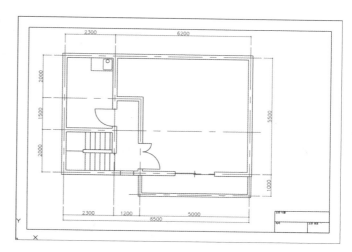

SECTION 13

기호와 문자 입력하기

원과 선으로 계단 기호를 그린 후 문자로 방 이름을 입력합니다.

 연습용 파일 6-13.dwg

미리보기

계단 기호는 원과 선으로 그립니다. 방향을 표시하기 위해 사용하는 화살촉은 정확한 각도로 그리기 위해 극좌표 추적을 사용합니다. 방 이름은 방의 중앙에 문자로 입력합니다.

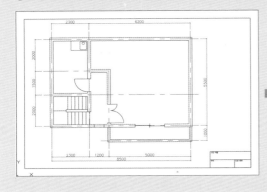 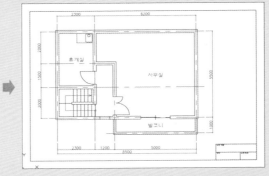

A 계단 기호 그리기

계단의 방향을 나타내는 선을 그립니다. 최하단에는 원을 그리고, 최상단에는 화살촉을 그립니다.

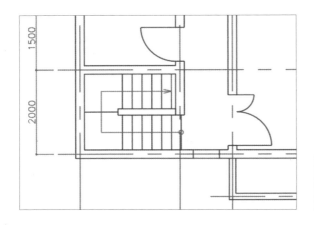

사용하는 명령 및 기능
선 명령(42쪽), 원 명령(52쪽), 모깎기 명령(119쪽), 극좌표 추적(45쪽)

❶ **처리할 부분 확대** 마우스 휠 버튼 등으로 그림의 부분을 확대합니다.

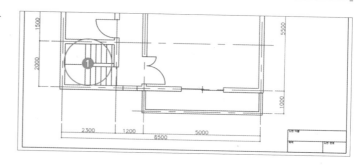

❷ **현재 도면층 설정 및 기호용 선 그리기** [홈] 탭 - [도면층] 패널에서 [도면층]을 [04-치수 문자]로 선택합니다. 직교 모드를 켜고, 선 명령으로 임의 길이의 선을 3개 그립니다. 각각 첫 번째 점은 계단 선의 중간점 A, B, C를 지정합니다.

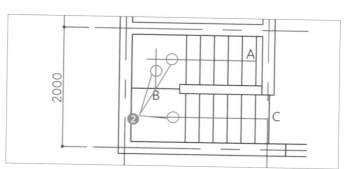

❸ **기호용 선 수정** 모깎기 명령으로 선의 길이를 수정하여 그림처럼 ㄷ 모양을 만듭니다.

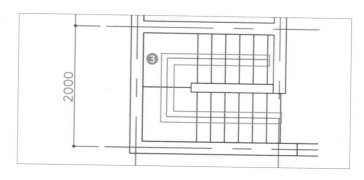

❹ **기호용 원 그리기** 선의 끝점 C를 중심점으로 반지름 [50]인 원을 그립니다.

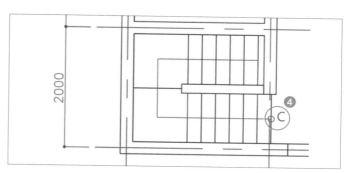

❺ **극좌표 추적 설정** 상태 표시줄에서 [극좌표 추적] 아이콘을 우클릭하여 [15, 30, 45, 60···]을 선택하여 극좌표 추적을 켭니다.

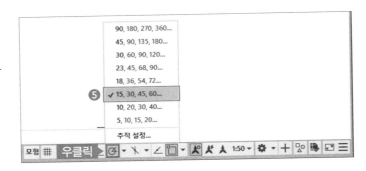

❻ **기호의 화살촉 부분을 선으로 그리기(1)** 선 명령으로 첫 번째 점은 끝점 A를, 두 번째 점은 극좌표 추적으로 각도가 15°가 되도록 그림처럼 방향을 지정하고 거리 [180]을 입력합니다.

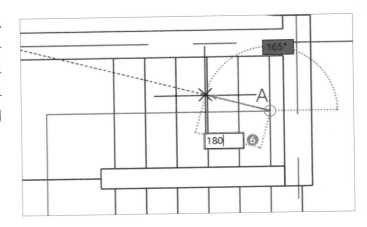

❼ **화살촉 완성 및 전체 표시** 앞서와 같은 방법으로 반대쪽 방향의 선을 그려 화살촉을 완성합니다. 마우스 휠 버튼을 더블 클릭하여 [줌 범위]를 실행하여 전체 도면을 확인합니다.

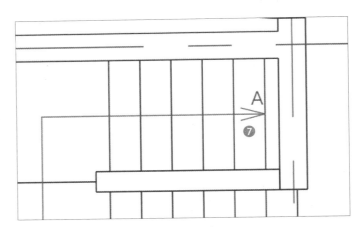

방 이름 입력하기

방 이름을 문자로 입력합니다. 문자를 방의 중앙에 배치하기 위해 보조선을 그리고, 그 중간점을 지정합니다.

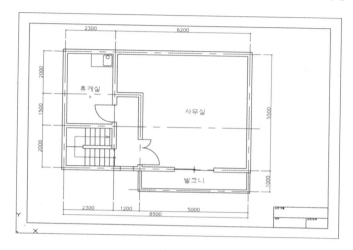

<table>
<tr><th colspan="2">사용하는 명령 및 기능</th></tr>
<tr><td colspan="2">선 명령(42쪽), 단일 행 명령(150쪽),
지우기 명령(82쪽), 객체 스냅(48쪽)</td></tr>
</table>

▷ 실습해 보세요

① 보조선 그리기 선 명령으로 방의 벽 모서리의 끝점 A, B를 지정하여 선을 그립니다.

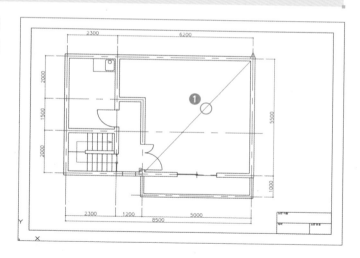

② 문자 스타일 설정 [홈] 탭 - [주석] 패널 이름 옆에 있는 ▼을 클릭해서 패널을 펼치고 [문자 스타일]을 [치수 문자]로 선택합니다.

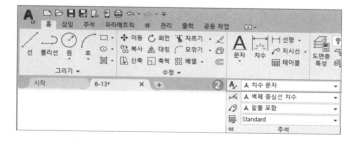

③ 단일 행 명령, [자리 맞추기] – [중간] 옵션 선택 [홈] 탭 – [주석] 패널에서 [단일 행]을 클릭합니다. 우클릭 후 표시된 메뉴에서 [자리맞추기(J)] 옵션을 선택하고 커서 근처에 표시된 옵션에서 [중간(M)]을 클릭하여 선택합니다.

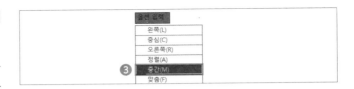

④ 삽입 기준점 지정 선의 중간점을 클릭하여 선택합니다.

⑤ 높이 입력 키보드로 [5]라고 입력하고 [Enter] 키를 누릅니다.

⑥ 각도 입력 키보드로 [0]을 입력하고 [Enter] 키를 누릅니다.

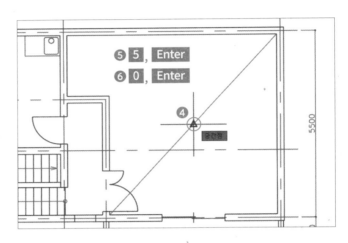

⑦ 문자 내용 입력 키보드로 [사무실]을 입력합니다.

⑧ 단일 행 명령 종료 [Enter] 키를 두 번 누릅니다.

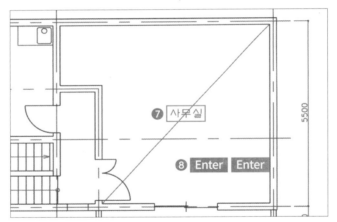

⑨ 다른 문자 입력 앞서와 같은 방법으로 [휴게실], [발코니] 문자를 입력합니다.

⑩ 보조선 지우기 문자를 입력하기 위해 그린 대각선을 모두 지웁니다.

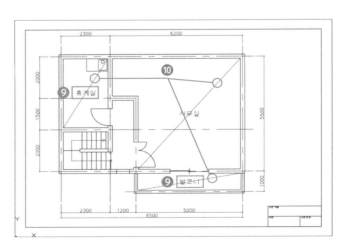

SECTION 14

출력

출력 설정을 한 후 도면을 출력해 봅니다. AutoCAD LT에서는 출력 혹은 인쇄라는 용어 대신 플롯이라는 용어를 사용합니다. 이는 도면을 출력할 때는 주로 플로터라는 이름의 대형 출력장치를 이용하기 때문입니다.

📁 **연습용 파일 6-14.dwg**

미리보기

프린터나 플로터, 용지 크기, 도면의 축척, 선의 색상 등의 설정에 이름을 붙여서 저장하고, 출력할 때 이 설정을 불러옵니다.

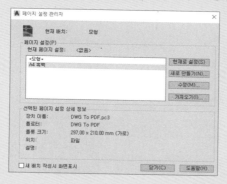
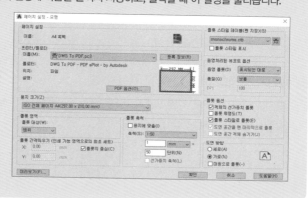

 ## 출력 설정 저장

출력할 때마다 매번 같은 설정을 반복하는 것은 비효율적입니다. 그러므로 출력 설정에 이름을 붙여서 저장하고, 저장한 설정은 **[페이지 설정]**에서 사용합니다.

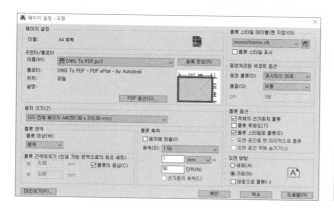

필요한 출력 설정
• 프린터/플로터의 종류
• 용지 크기
• 플롯 영역
• 플롯 간격띄우기(출력 기준)
• 플롯 축척
• 플롯 스타일 테이블(색상 및 가중치 설정)
• 객체의 선가중치 플롯
• 플롯 스타일로 플롯
• 도면 방향

① 페이지 설정 관리자 명령 선택 [출력] 탭 - [플롯] 패널에서 [페이지 설정 관리자]를 클릭합니다.

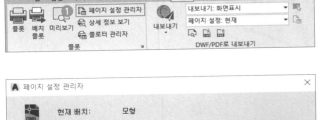

② 페이지 설정 새로 만들기 '페이지 설정 관리자' 대화상자가 표시되면 [새로 만들기] 버튼을 클릭합니다.

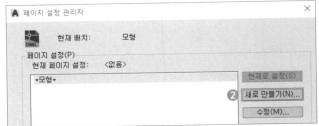

③ 페이지 설정의 이름 입력 '새 페이지 설정' 대화상자가 표시되면 [A4 흑백]을 입력하고 [확인] 버튼을 클릭합니다.

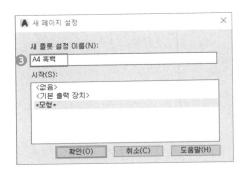

④ 페이지 설정 '페이지 설정 - 모형' 대화상자가 표시됩니다. PDF로 A4 용지에 흑백으로 출력하도록 설정해 보겠습니다. 다음과 같이 설정하세요.

ⓐ 프린터/플로터 이름:
DWG to PDF.pc3

ⓑ 용지 크기: ISO 전체 페이지
A4(297.00 x 210.00 mm)]

ⓒ 플롯 대상: 범위
(작성된 도면 전체가 인쇄 대상이 됨)

ⓓ 플롯 간격띄우기(인쇄 기준):
[플롯의 중심] 체크(용지의 중앙에 맞춰서 인쇄됨)

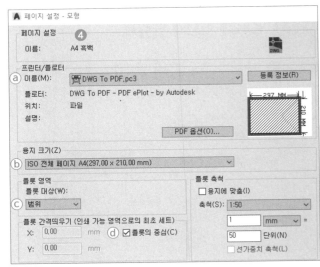

ⓔ 플롯 축척: [용지에 맞춤] 체크 해제,
  축척 [1:50](도면의 축척에 맞춰 설정)

ⓕ 플롯 스타일 테이블(색상 및 가중
  치 설정): monochrome.ctb, 전체
  탭에 적용할지 묻는 대화상자가 표
  시되면 [예]를 클릭(모든 선이 검은
  색으로 인쇄되는 설정)

ⓖ 플롯 옵션: [객체의 선가중치 플롯]
  체크(도면층의 선가중치를 출력 시
  반영), [플롯 스타일로 플롯] 체크
  (monochrome.ctb 설정을 반영)

ⓗ 도면 방향: 가로

❺ **미리보기** [미리보기] 버튼을 클릭하여
  출력 설정에 따른 결과를 미리 확인합
  니다.

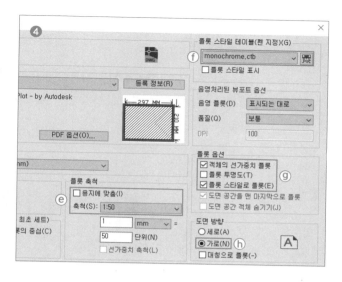

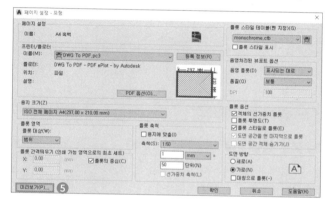

❻ **미리보기 닫기** 미리보기 화면 왼쪽 위에
  있는 [닫기] 버튼을 클릭하여 닫습니다.

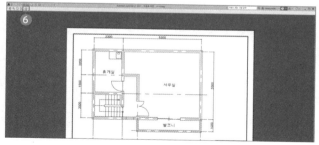

❼ **페이지 설정 닫기** [확인] 버튼을 클릭
  하여 '페이지 설정 – 모형' 대화상자를
  닫고, 이어서 '페이지 설정 관리자' 대
  화상자에서 [닫기] 버튼을 클릭하여 모
  든 대화상자를 닫습니다.

출력 실행

저장한 출력 설정(페이지 설정)인 **[A4 흑백]**을 사용하여 출력합니다. PDF로 출력하는 것이 아니라 프린터나 플로터로 인쇄하려면 '플롯 – 모형' 대화상자에서 프린터/플로터 이름을 실제 출력할 프린터나 플로터로 선택하면 됩니다.

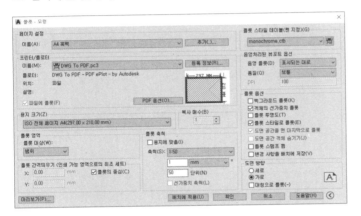

▷ 실습해 보세요

1 플롯 명령 선택 [출력] 탭 – **[플롯]** 패널에서 **[플롯]**을 클릭합니다.

TIP [여러 개의 도면/배치가 열려 있습니다] 라는 메시지가 표시되면 [단일 시트 플롯 계속]을 선택하세요.

2 페이지 설정 선택 '플롯 – 모형' 대화상자가 표시되면 페이지 설정의 **[이름]** 설정 필드에서 **[A4 흑백]**을 선택합니다. 지난 실습에서 저장한 설정이 그대로 불러와집니다.

3 미리보기 [미리보기] 버튼을 클릭하여 출력될 결과를 미리 확인합니다.

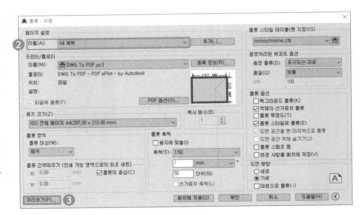

❹ **출력하기** [플롯] 버튼을 클릭합니다. 미리보기 대화상자가 닫히며, '플롯 파일 찾아보기' 대화상자가 표시됩니다.

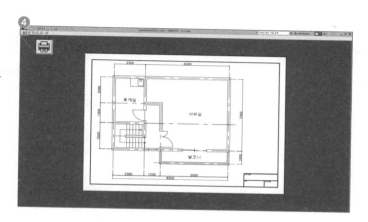

❺ **PDF 파일의 저장 위치와 이름 선택** 파일의 저장 위치와 파일 이름을 입력하고 [저장] 버튼을 클릭합니다. 대화상자가 닫히고 출력이 시작됩니다. 출력이 끝나면 생성된 PDF 파일이 표시됩니다.

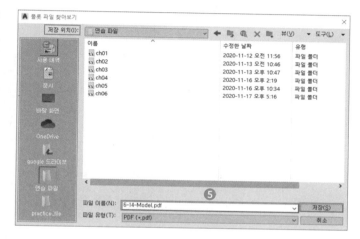

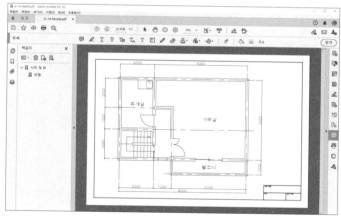

도면을 출력할 때 플롯 스타일을 선택하지 않으면([없음]을 선택) 작업 영역에 표시된 색상과 완전히 같은 색상으로 인쇄됩니다.

A 플롯 - 모형				✕
페이지 설정			**플롯 스타일 테이블(펜 지정)(G)**	
이름(A):	＜없음＞ ⌄	추가(.)...	없음 ⌄	▦
프린터/플로터			**음영처리된 뷰포트 옵션**	
이름(M):	🖶 없음 ⌄	등록 정보(R)...	음영 플롯(D) 표시되는 대로 ⌄	

하지만 도형의 색상은 도면을 그릴 때 어떤 선인지(벽의 선, 기둥의 선 등)를 이해하기 쉽도록 설정한 것입니다. 그러므로 출력할 때는 별도로 설정하고 싶을 것입니다. 즉, 출력 시에는 플롯 스타일을 선택함으로써 인쇄용 색상을 반영하여 출력합니다.

AutoCAD LT에서는 도형의 색상별, 도면층별로 인쇄 색상이나 가중치를 설정할 수 있습니다. 색상별로 인쇄 설정하는 것을 [색상 종속 플롯 스타일], 도면층별로 인쇄 설정하는 것을 [명명된 플롯 스타일]이라고 합니다. 플롯 스타일은 도면 파일과는 별도로 작성되며, 색상 종속 플롯 스타일 파일의 확장자는 ctb, 명명된 플롯 스타일의 확장자는 stb입니다.

AutoCAD LT에 기본으로 저장된 플롯 스타일은 다음과 같으며, 여기에서 소개하는 플롯 스타일의 선가중치는 도면층이나 도형에 설정된 선가중치에 따르도록 설정되어 있습니다.

monochrome.ctb / monochrome.stb: 전부 검은색으로 인쇄하고 싶을 때 사용합니다. 다만 monochrome.ctb에서는 True Color를 사용할 때 그 부분만 컬러로 인쇄됩니다.

acadlt.ctb / acadlt.stb: 전부 컬러로 인쇄하고 싶을 때 사용합니다.

CHAPTER 07

도면 작성이
더욱 편리해지는 기능

SECTION 01

신속 선택

조건을 지정하여 객체를 선택하려면 [신속 선택]을 사용합니다. 원만 선택하거나 선의 길이를 지정하여 선택하는 등 다양한 지정이 가능합니다.

📁 ✓ 연습용 파일 7-1.dwg

미리보기

객체의 종류를 지정하여 선택하기　　　　　　　　　　　　　≫ 313쪽

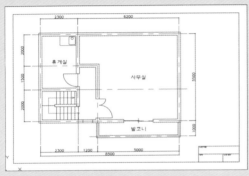

[객체 유형] 항목에서 객체의 종류(선, 원, 호, 치수 등)를 지정하고 해당 종류의 객체를 전부 선택합니다. 여기에서는 치수를 선택한 후 도면층을 변경합니다.

문자 스타일을 지정하여 선택하기　　　　　　　　　　　　　≫ 315쪽

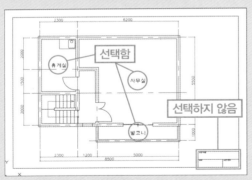
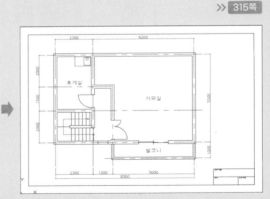

임의의 문자 스타일을 지정하고 해당 문자 스타일의 문자를 전부 선택합니다. 도면틀의 문자는 선택하지 않고 도면 내의 문자만 선택하기 위해 문자 스타일을 지정하여 문자를 선택, 도면층을 변경합니다.

객체의 종류를 지정하여 선택

[신속 선택] 명령을 실행, [적용 위치]에 [전체 도면], [객체 유형]에 [회전된 치수], [연산자]에 [모두 선택]을 지정하여 치수만을 선택합니다. 선택 후 특성에서 [04-치수 문자] 도면층으로 변경합니다.

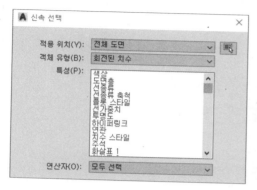

사용하는 명령	[신속 선택]
메뉴 막대	[도구] - [신속 선택]
리본 메뉴	[홈] 탭 - [유틸리티] 패널
아이콘	
키보드	QSELECT [Enter]

▷ 실습해 보세요

❶ **신속 선택 명령 선택** 작업 영역에서 우클릭하고 [신속 선택]을 선택하여 신속 선택 명령을 실행합니다.

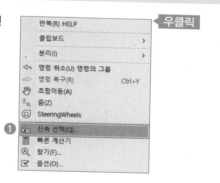

우클릭

❷ **신속 선택의 각 항목 지정** 아래의 각 항목을 지정하세요.

ⓐ 적용 위치: 전체 도면

ⓑ 객체 유형: 회전된 치수

ⓒ 연산자: 모두 선택

ⓓ 적용 방법: 새 선택 세트에 포함

ⓔ 현재 선택 세트에 추가: 체크 해제

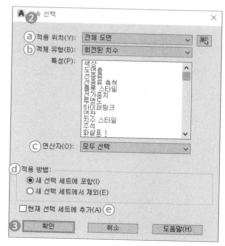

7일차

③ 신속 선택 명령 종료 [확인] 버튼을 클릭합니다. 신속 선택 명령이 끝나며 모든 치수가 선택됩니다.

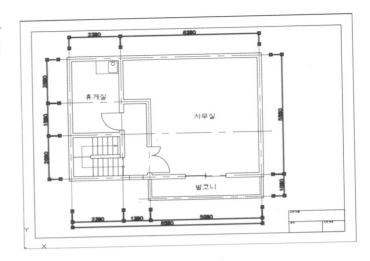

④ 특성 팔레트 표시 [뷰] 탭 - [팔레트] 패널에서 [특성]을 클릭합니다.

⑤ 도면층 변경 특성 팔레트가 표시되면 [도면층] 설정 필드를 클릭하고 [04-치수 문자]를 선택합니다. 선택한 치수의 도면층이 [04-치수 문자]로 변경됩니다.

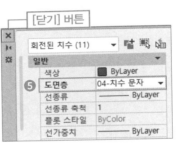

⑥ 치수 선택 해제 키보드의 Esc 키를 눌러서 선택을 해제합니다. 치수 선택이 해제되며, 특성 팔레트의 가장 위에는 [선택 요소가 없습니다]라고 표시됩니다. 특성 팔레트에서 [닫기] 버튼을 클릭하여 닫습니다.

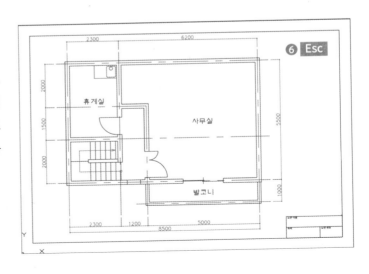

문자 스타일을 지정하여 선택하기

[신속 선택] 명령을 실행, [적용 위치]에 [전체 도면], [객체 유형]에 [문자], [특성]에 [스타일], [연산자]에 [=같음]을 지정하고, [값]에 [치수 문자]를 지정하여 문자 스타일이 [치수 문자]인 문자만을 선택합니다. 선택 후 특성에서 [04-치수 문자] 도면층으로 변경합니다.

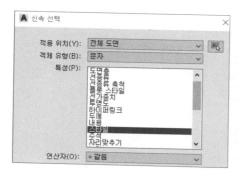

사용하는 명령	[신속 선택]
메뉴 막대	[도구] - [신속 선택]
리본 메뉴	[홈] 탭 - [유틸리티] 패널
아이콘	
키보드	QSELECT Enter

▷ 실습해 보세요

❶ **신속 선택 명령 선택** 작업 영역에서 우클릭하고 [신속 선택]을 선택하여 신속 선택 명령을 실행합니다.

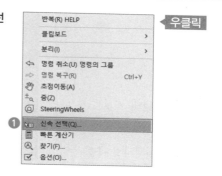

❷ **신속 선택의 각 항목 지정** 아래의 각 항목을 지정하세요.

ⓐ 적용 위치: 전체 도면

ⓑ 객체 유형: 문자

ⓒ 특성: 스타일

ⓓ 연산자: =같음

ⓔ 값: 치수 문자

ⓕ 적용 방법: 새 선택 세트에 포함

ⓖ 현재 선택 세트에 추가: 체크 해제

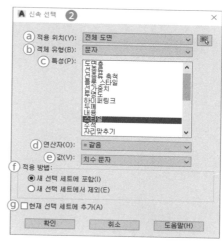

❸ **신속 선택 명령 종료** [확인] 버튼
을 클릭합니다. 신속 선택 명령이
끝나며 문자 스타일이 [**치수 문자**]
인 문자가 전부 선택됩니다.

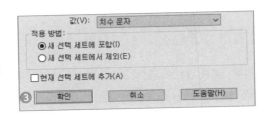

❹ **특성 팔레트 표시** [뷰] 탭 – [팔레
트] 패널에서 [**특성**]을 클릭합니다.

❺ **도면층 변경** 화면에 특성 팔레트
가 표시되면 [**도면층**] 설정 필드를
클릭하고 [**04-치수 문자**]를 선택합
니다. 선택한 문자의 도면층이
[**04-치수 문자**]로 변경됩니다.

❻ **문자 선택 해제** 키보드의 Esc 키
를 눌러서 선택을 해제합니다. 문
자 선택이 해제되며 특성 팔레트의
가장 위에는 [**선택 요소가 없습니다**]
라고 표시됩니다. 특성 팔레트의
[**닫기**] 버튼을 클릭해서 닫습니다.

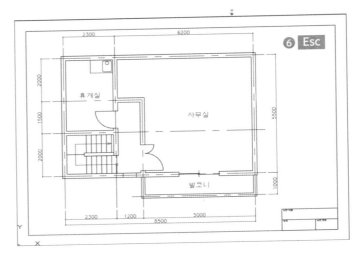

SECTION 02

특성 일치

특성 일치를 사용하면 객체의 도면층이나 문자 설정 등의 특성을 다른 객체로 복사할 수 있습니다. 도면을 작성하거나 수정할 때 편리한 도구이므로, 꼭 기억해 둡시다.

📁 연습용 파일 7-2.dwg

미리보기

객체의 도면층 일치시키기

>> 318쪽

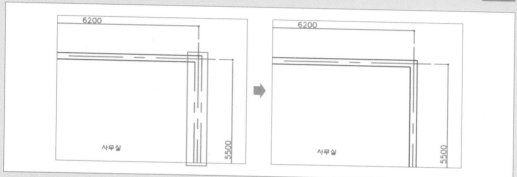

객체의 도면층을 변경하기 위해 특성 일치를 사용합니다. 여기에서는 일부 벽의 도면층이 [01-벽체 중심선]인 상태이므로, 다른 벽의 도면층에서 복사하여 [02-벽]으로 변경합니다.

문자의 크기 일치시키기

>> 319쪽

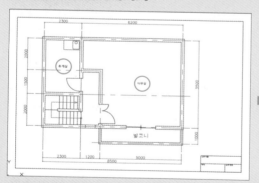

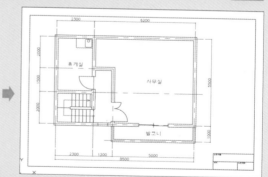

문자의 크기를 변경하기 위해 특성 일치를 사용합니다. 여기에서는 [휴게실], [사무실]의 문자 크기가 작으므로, [발코니]의 문자 크기와 같아지도록 특성을 복사합니다.

객체의 도면층 일치시키기

[특성 일치] 명령을 실행, 원본 객체로 [02-벽] 도면층에 그려진 선 A를 선택하고, 대상 객체로 [01-벽체 중심선] 도면층에 그려진 선 B, C를 선택합니다. 대상 객체의 도면층이 원본 객체의 도면층과 같아집니다.

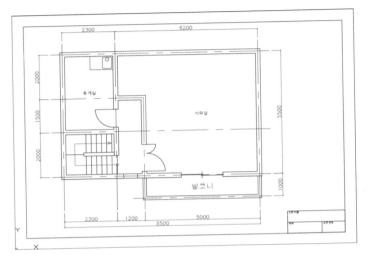

사용하는 명령	[특성 일치]
메뉴 막대	[수정] - [특성 일치]
리본 메뉴	[홈] 탭 - [특성] 패널
아이콘	
키보드	MATCHPROP Enter (MA Enter)

▷ 실습해 보세요

❶ **특성 일치 명령 선택** [홈] 탭 - [특성] 패널에서 [특성 일치]를 클릭하여 특성 일치 명령을 실행합니다.

❷ **원본 도형 선택** 프롬프트에 [원본 객체를 선택하십시오]라고 표시되면 [02-벽] 도면층의 선 A를 선택합니다.

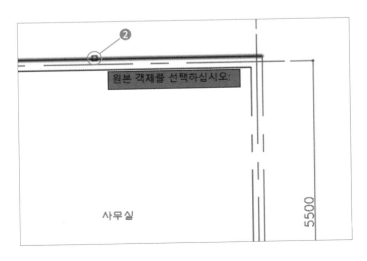

❸ **대상 도형 선택** 프롬프트에 [대상 객체를 선택 또는]이라고 표시되면 [01-벽체 중심선]의 선 B, C를 클릭하여 선택합니다. 클릭한 선의 도면층이 [02-벽]으로 변경되며, 색상과 선종류도 바뀝니다.

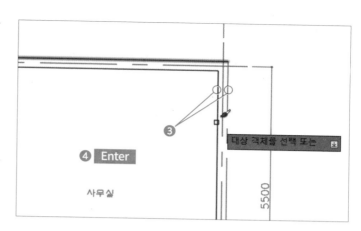

❹ **특성 일치 명령 종료** [Enter] 키를 눌러 프롬프트를 확정하고, 특성 일치 명령을 끝냅니다.

 문자의 크기 일치시키기

[**특성 일치**] 명령을 실행, 원본 객체로 [**발코니**] 문자를 선택하고, 대상 객체로 [**휴게실**], [**사무실**] 문자를 선택합니다. 원본 객체에 설정된 문자 크기 등의 서식이 대상 객체의 문자에 적용됩니다.

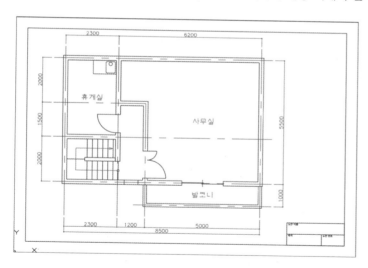

사용하는 명령	[특성 일치]
메뉴 막대	[수정] – [특성 일치]
리본 메뉴	[홈] 탭 – [특성] 패널
아이콘	
키보드	MATCHPROP [Enter] (MA [Enter])

7일차

① **특성 일치 명령 선택** [홈] 탭 - [특성] 패널에서 [특성 일치]를 클릭하여 특성 일치 명령을 실행합니다.

② **원본 도형 선택** 프롬프트에 [원본 객체를 선택하십시오]라고 표시되면 [발코니]라고 적힌 문자를 선택합니다.

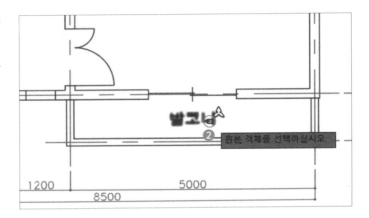

③ **대상 도형 선택** 프롬프트에 [대상 객체를 선택 또는]이라고 표시되면 [휴게실], [사무실]이라고 적힌 문자를 클릭하여 선택합니다. 클릭한 문자의 크기가 변경됩니다.

④ **특성 일치 명령 종료** Enter 키를 누릅니다. 프롬프트가 확정되며, 특성 일치 명령이 끝납니다.

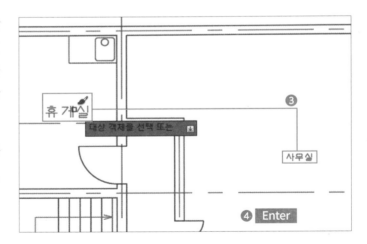

SECTION 03

블록

블록이란 선이나 호 등의 여러 도형을 하나의 도형으로 취급할 수 있는 기능으로 자주 사용하는 도형이나 도면 기호 등을 블록으로 등록하여 도면 내에 삽입할 수 있습니다. 블록은 파일별로 등록되며, 분해 명령으로 선과 호로 되돌릴 수 있습니다(335쪽 참고).

📁✓ 연습용 파일 7-3.dwg

미리보기

블록 등록하기
>> 322쪽

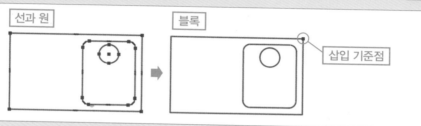

블록에는 [이름], [삽입 기준점], [블록으로 만들 도형] 세 가지가 필요합니다. 또한 블록의 도면층과 색상, 선종류, 선가중치를 변경할 수 있게 하려면 블록으로 만들기 전에 도형의 도면층, 색상, 선종류 등의 특성을 블록용으로 지정해야 합니다. 블록을 선택하면 그립은 삽입 기준점에 하나만 표시됩니다.

블록 삽입하기
>> 325쪽

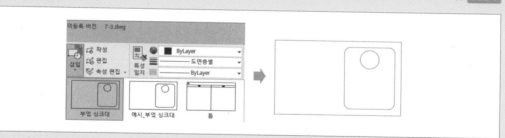

도면에 등록한 블록의 이름을 지정하고 블록을 도면 안에 삽입합니다. 이때 블록용 특성으로 작성된 블록이라면, 도면층의 색상, 선종류 등이 반영됩니다.

다른 도면에서 블록 삽입하기

≫ 326쪽

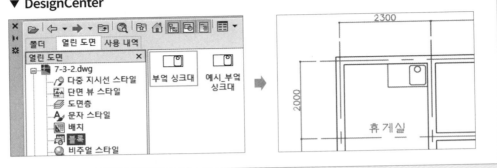

▼ DesignCenter

블록은 도면별로 저장됩니다. 그러므로 다른 도면의 블록은 [블록 삽입] 명령으로 삽입할 수 없습니다. DesignCenter를 사용하여 다른 도면에서 블록을 삽입합니다.

블록 등록하기

부엌 싱크대 도형의 특성을 블록용으로 만들기 위해 도면층을 [0], 색상·선종류·선가중치를 [ByBlock]으로 변경합니다. [작성] 명령을 실행하여 이름은 [부엌 싱크대], 삽입 기준점은 오른쪽 위의 끝점 A, 끝으로 블록으로 만들 도형을 선택합니다.

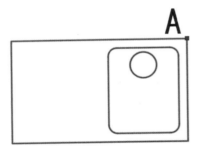

사용하는 명령	[작성]
메뉴 막대	[그리기] – [블록] – [만들기]
리본 메뉴	[홈] 탭 – [블록] 패널
아이콘	
키보드	BLOCK Enter (B Enter)

▷ 실습해 보세요

❶ **특성 팔레트 표시** [뷰] 탭 – [팔레트] 패널에서 [특성]을 클릭합니다.

❷ **도형 선택** 화면에 특성 팔레트가 표시되면 부엌 싱크대 도형을 [교차 선택] 등의 방법으로 선택합니다.

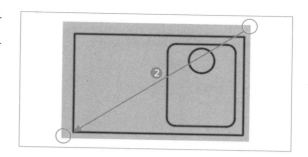

❸ **특성 변경** 특성 팔레트에서 아래와 같이 블록용 특성으로 변경합니다.

ⓐ 색상: ByBlock   ⓑ 도면층: 0

ⓒ 선종류: ByBlock   ⓓ 선가중치: ByBlock

❹ **도형 선택 해제** 키보드의 [Esc] 키를 눌러서 선택을 해제하고, 특성 팔레트에서 [닫기] 버튼을 클릭해서 닫습니다.

❺ **작성 명령 선택** [홈] 탭 – [블록] 패널에서 [작성]을 클릭하여 작성 명령을 실행합니다.

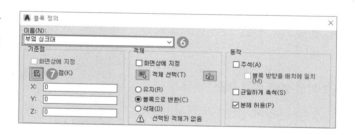

❻ **블록 이름 입력** '블록 정의' 대화상자가 표시되면 [이름] 설정 필드에 [부엌 싱크대]라고 입력합니다.

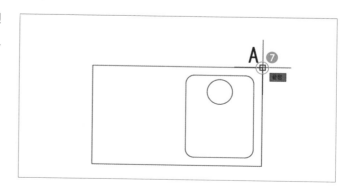

❼ **삽입 기준점 지정** 대화상자에서 [선택점] 아이콘을 클릭하고 도형에서 오른쪽 위의 끝점 A를 클릭합니다.

⑧ **블록으로 만들 도형 선택** [객체 선택] 아이콘을 클릭하고, 부엌 싱크대 도형을 [교차 선택] 등으로 전부 선택하고 Enter 키를 누릅니다.

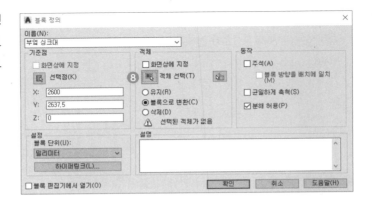

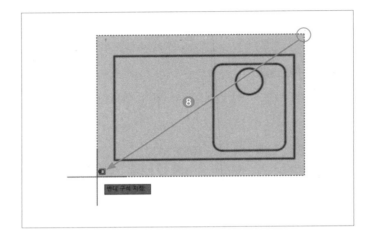

⑨ **블록으로 변환 선택** [블록으로 변환]을 지정합니다.

⑩ **작성 명령 종료** [확인] 버튼을 클릭하여 대화상자를 닫습니다. 작성 명령이 끝나며 선택한 도형이 블록으로 변환됩니다.

블록 삽입하기

앞서 실습에서 작성한 블록 **[부엌 싱크대]**를 도면층 **[연습_기타]**에 삽입합니다. **[부엌 싱크대]** 블록은 블록용
도면층으로 만들었기에 삽입하면 **[연습_기타]** 도면층의 색상이 됩니다.

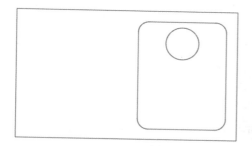

사용하는 명령	[블록 삽입]
메뉴 막대	없음
리본 메뉴	[홈] 탭 – [블록] 패널
아이콘	
키보드	INSERT Enter (I Enter)

▷ 실습해 보세요

① **현재 도면층 설정** [홈] 탭 – [도면
층] 패널에서 **[도면층]**을 클릭하고
[연습_기타]를 선택합니다.

② **블록 삽입 명령 선택** [홈] 탭 – [블
록] 패널에서 **[삽입]**을 클릭하고 **[부
엌 싱크대]**를 클릭하여 블록 삽입
명령을 실행합니다.

> **TIP** AutoCAD 2014 이전 버전이라면 [홈]
> 탭 – [블록] 패널에서 [삽입]을 클릭하고 대화
> 상자에서 삽입 위치와 축척, 회전값을 입력
> 합니다.

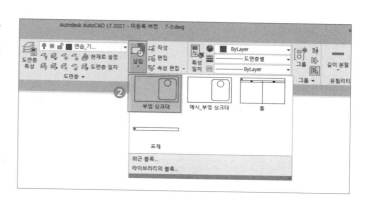

❸ **삽입점 지정** 커서에 블록의 미리보기
가 표시되면 임의의 점을 클릭합니다.
블록 삽입 명령이 끝나며, 지정한 임
의 점에 블록이 삽입됩니다. 또한, 현
재 도면층인 [**연습_기타**]에 블록이 배
치되므로 색상이 블록 작성 시의 색상
과 다른 것을 확인할 수 있습니다.

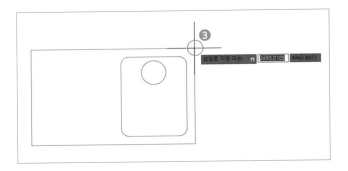

🅰 다른 도면에서 블록 삽입하기

DesignCenter를 사용하여 다른 도면에서 블록을 삽입합니다. 여기에서는 [**7-3-2.dwg**]의 [**부엌 싱크대**] 블
록을 [**7-3-3.dwg**] 파일에 삽입합니다.

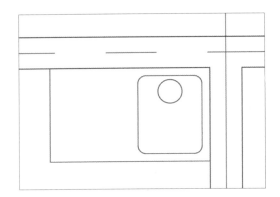

사용하는 명령	[DesignCenter]
메뉴 막대	[도구] - [팔레트] - [DesignCenter]
리본 메뉴	[뷰] 탭 - [팔레트] 패널
아이콘	
키보드	ADCENTER Enter (CE Enter)

▷ 실습해 보세요

① 파일 열기 [7-3-2.dwg]와 [7-3-3. dwg] 두 파일을 열고, [7-3-3.dwg] 를 활성화합니다.

TIP 현재 편집 중인 파일(활성화된 파일)은 탭이 밝게, 문자가 검게 표시되며, 열려 있는 다른 파일은 탭과 문자가 회색으로 표시됩니다. 또한 편집이 끝났지만 저장되지 않은 파일에는 파일 이름에 [*]가 표시됩니다.

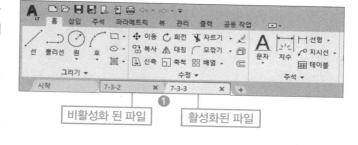

② 처리할 부분 확대 마우스 휠 버튼 등으로 그림의 부분을 확대합니다.

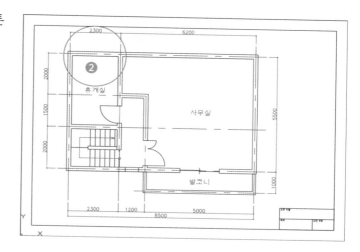

③ 현재 도면층 설정 [홈] 탭 - [도면층] 패널에서 [도면층]을 클릭하고 [05-기타]를 선택합니다.

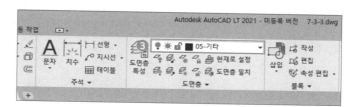

④ DesignCenter 팔레트 표시 [뷰] 탭 - [팔레트] 패널에서 [DesignCenter]를 클릭합니다.

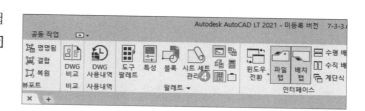

❺ **블록 선택** 화면에 DesignCenter 팔레트가 표시되면 [열린 도면] 탭을 클릭한 후 [7-3-2.dwg]의 [블록]을 선택합니다.

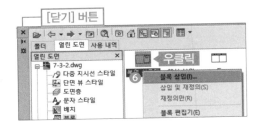

❻ **블록 삽입 실행** [부엌 싱크대]를 우클릭 후 메뉴에서 [블록 삽입]을 선택하여 블록 삽입 명령을 실행합니다.

❼ **블록 삽입 설정** '삽입' 대화상자에서 다음과 같이 설정합니다.
  ⓐ 이름: 부엌 싱크대
  ⓑ 삽입점: 화면상에 지정
  ⓒ 축척: X, Y, Z: 1
  ⓓ 회전: 0

❽ **블록 삽입 대화상자 종료** [확인] 버튼을 클릭하여 '삽입' 대화상자를 닫고, DesignCenter 팔레트에서 [닫기] 버튼을 클릭하여 닫습니다.

❾ **삽입점 지정** 프롬프트에 [삽입점 지정 또는]이라고 표시되면 벽의 끝점을 클릭합니다. 블록 삽입 명령이 끝나며, 지정한 끝점에 블록이 삽입됩니다. 삽입된 블록은 현재 도면층인 [05-기타]에 배치됩니다.

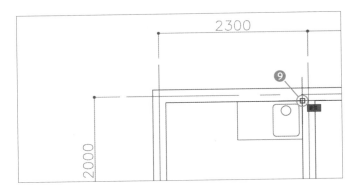

SECTION 04

다른 도면에서 복사

다른 도면 파일에 도형을 복사하려면 Windows의 클립보드 기능인 복사와 붙여넣기를 사용합니다. 같은 도형은 복사하여 효율적으로 도면을 작성합시다.

📋 연습용 파일 7-4.dwg

미리보기

다른 도면에서 복사하기

>> 330쪽

원본 파일에서 [기준점을 사용하여 복사] 명령을 실행, Windows의 클립보드에 복사합니다. 다음으로 대상 파일에서 [붙여넣기] 명령을 실행, 넣고자 하는 위치에 붙여넣습니다.

COLUMN ▶ 클립보드에 관하여

클립보드란 복사 조작이나 잘라내기 조작으로 데이터를 일시적으로 저장하는 공간입니다. 문자열이나 이미지를 지정하여 복사나 잘라내기를 실행하면 그 데이터는 클립보드에 저장되며, 붙여넣기를 하면 클립보드에서 데이터를 불러옵니다.

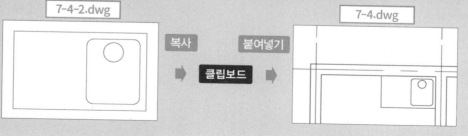

7일차

다른 도면에서 복사하기

[7-4-2.dwg] 파일을 열고 [기준점을 사용하여 복사] 명령을 실행, 기준점으로 끝점 A를 지정하고 부엌 싱크대 도형을 선택합니다. 다음으로 [7-4.dwg] 파일을 열어 [붙여넣기] 명령을 실행, 삽입 기준점으로 끝점 B를 지정합니다. 지정한 기준점에 도형이 붙여넣어지는 것을 확인하세요.

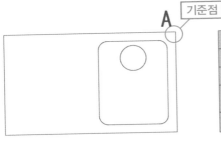

사용하는 명령	[기준점을 사용하여 복사]
메뉴 막대	[편집] – [기준점을 사용하여 복사]
리본 메뉴	없음
아이콘	
키보드	COPYBASE Enter

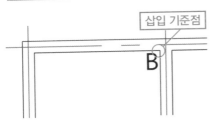

사용하는 명령	[붙여넣기]
메뉴 막대	[편집] – [붙여넣기]
리본 메뉴	[홈] 탭 – [클립보드] 패널
아이콘	
키보드	PASTECLIP Enter

▷ 실습해 보세요

❶ **원본 파일 열기** [7-4-2.dwg] 파일을 엽니다.

❷ **기준점을 사용하여 복사 명령 실행** 작업 영역에서 우클릭하고 [클립보드] – [기준점을 사용하여 복사]를 선택하여 명령을 실행합니다.

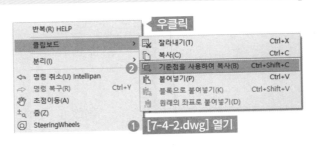

❸ **기준점 지정** 프롬프트에 [기준점 지정]이라고 표시되면 끝점 A를 클릭합니다.

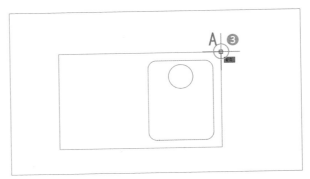

④ **도형 선택** 프롬프트에 [객체 선택]이라고 표시되면 [교차 선택] 등의 방법으로 도형을 선택합니다.

⑤ **선택 확정** Enter 키를 누릅니다. 선택이 확정되며, 기준점을 사용하여 복사 명령이 끝납니다.

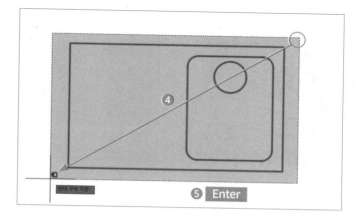

⑥ **대상 파일 열기** [7-4.dwg] 파일을 엽니다.

⑦ **붙여넣기 명령 선택** 작업 영역에서 우클릭하고 [클립보드] - [붙여넣기]를 선택하여 붙여넣기 명령을 실행합니다.

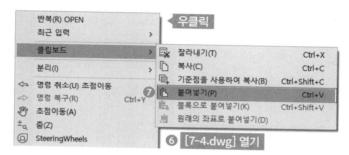

TIP [붙여넣기] 메뉴가 선택되지 않는다면 [홈] 탭 - [클립보드] 패널에서 [붙여넣기]를 클릭하고 [붙여넣기]를 선택하세요.

⑧ **삽입점 지정** 프롬프트에 [삽입점 지정]이라고 표시되면 끝점 B를 클릭합니다. 붙여넣기 명령이 끝나며, 부엌 싱크대 도형이 붙여넣어집니다.

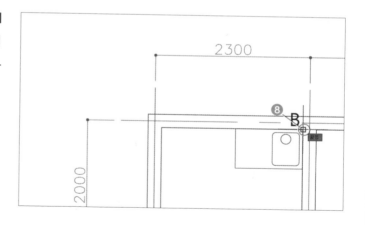

SECTION 05

길이와 면적 구하기

AutoCAD LT에서 길이나 면적을 측정하려면 해당 범위에 폴리선 도형을 그린 후 특성에서 확인할 수 있습니다. 폴리선 도형은 선과 호로 구성된 연속선으로, 직사각형 명령으로 그린 도형도 폴리선입니다.

✅ 연습용 파일 7-5.dwg

미리보기

길이와 면적 구하기

» 333쪽

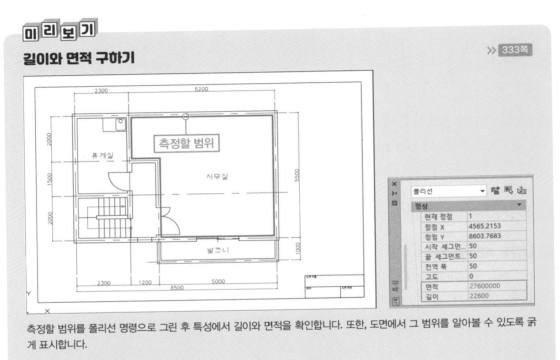

측정할 범위를 폴리선 명령으로 그린 후 특성에서 길이와 면적을 확인합니다. 또한, 도면에서 그 범위를 알아볼 수 있도록 굵게 표시합니다.

길이와 면적 구하기

[폴리선] 명령을 실행하고 끝점 A~F를 클릭, 마지막으로 **[닫기]** 옵션을 사용하여 닫힌 폴리선 도형을 그립니다. 특성에서 폴리선을 굵게 표시하고, 면적과 길이를 확인합니다.

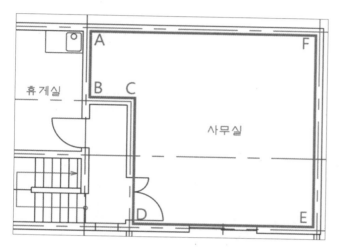

사용하는 명령	[폴리선]
메뉴 막대	[그리기] - [폴리선]
리본 메뉴	[홈] 탭 - [그리기] 패널
아이콘	⌐ㅁ
키보드	PLINE Enter (PL Enter)

▷ 실습해 보세요

① **폴리선 명령 선택** [홈] 탭 - [그리기] 패널에서 **[폴리선]**을 클릭하여 폴리선 명령을 실행합니다.

② **시작점 지정** 프롬프트에 [시작점 지정]이라고 표시되면 끝점 A를 클릭합니다.

③ **다음 점 지정** 프롬프트에 [다음 점 지정 또는]이라고 표시되면 끝점 B, C를 클릭합니다.

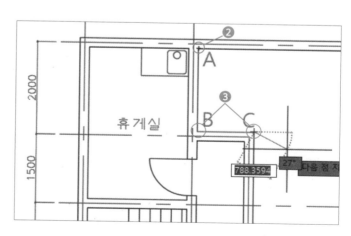

❹ **다음 점 지정** 계속해서 끝점 D~F를 순서대로 클릭합니다.

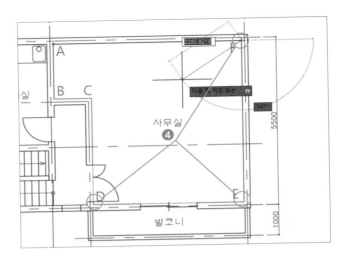

❺ **[닫기] 옵션 선택** 우클릭 후 메뉴에서 [닫기(C)] 옵션을 선택하여 폴리선 명령을 끝냅니다. 끝점 F에서 끝점 A까지 선이 그려지며, 폴리선이 닫힙니다.

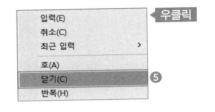

❻ **특성 팔레트 표시 후 폴리선 선택** [뷰] 탭 - [팔레트] 패널에서 [특성]을 클릭하여 특성 팔레트가 표시되면 앞서 그린 폴리선을 클릭하여 선택합니다.

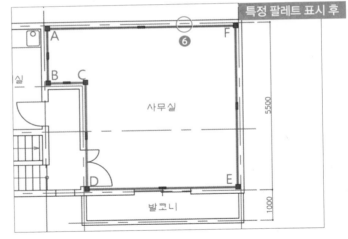

❼ **폴리선의 굵기 변경** 특성 팔레트에서 [전역 폭] 설정 필드를 클릭한 후 [50]을 입력하고 Enter 키를 누릅니다. 폴리선 도형의 굵기가 변경됩니다.

❽ **면적과 길이 확인** 특성 팔레트에서 [면적]과 [길이]의 수치를 확인합니다.

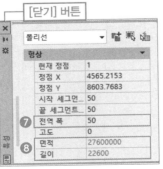

⑨ 선택 해제 키보드의 Esc 키를 눌러서 폴리선 선택을 해제합니다. 특성 팔레트에서 [닫기] 버튼을 클릭하여 닫습니다.

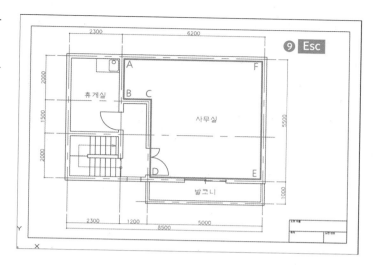

미리 그려 놓은 선과 호를 결합하여 연속된 폴리선으로 만들 수 있으며, 반대로 폴리선을 선이나 호로 분해할 수도 있습니다.

선/호 → 폴리선

① [홈] 탭 - [수정] 패널을 펼친 후 [폴리선 편집] 실행 ② [폴리선 선택 또는]이라고 표시되면 폴리선으로 만들 선 또는 호를 선택 ③ [전환하기를 원하십니까?]라고 표시되면 Enter 키를 누름 ④ [옵션 입력]이라고 표시되면 [결합] 옵션 선택 ⑤ [객체 선택]이라고 표시되면 폴리선으로 연결할 선이나 호를 모두 선택하고 Enter 키 누름 ⑥ [옵션 입력]이라고 표시되면 Enter 키를 눌러 폴리선 편집 명령 종료

폴리선 → 선/호

① [홈] 탭 - [수정] 패널에서 [분해] 실행 ② [객체 선택]이라고 표시되면 폴리선을 선택하고 Enter 키를 누름

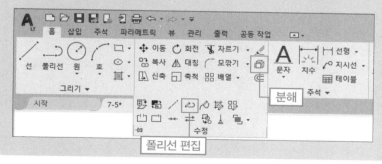

7일차

SECTION 06

배치

AutoCAD LT에는 도면 작성용 [모형] 탭과 출력 설정용 [배치] 탭이 있습니다. [모형] 탭은 한 파일에 한 개뿐이며, 실제 치수로 대상물을 그립니다. [배치] 탭은 이름을 수 정하거나 여러 개를 작성할 수 있으며 축척 및 출력 설정을 변경할 수 있습니다.

✅ 연습용 파일 7-6.dwg

미리보기

배치 탭 만들기

>> 337쪽

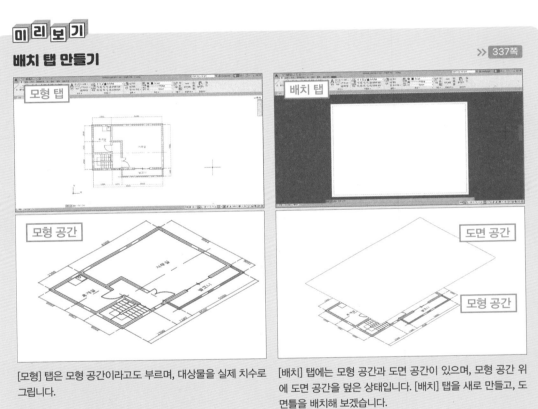

[모형] 탭은 모형 공간이라고도 부르며, 대상물을 실제 치수로 그립니다.

[배치] 탭에는 모형 공간과 도면 공간이 있으며, 모형 공간 위에 도면 공간을 덮은 상태입니다. [배치] 탭을 새로 만들고, 도면틀을 배치해 보겠습니다.

뷰포트 만들기

>> 340쪽

[배치] 탭에서 모형 공간을 표시하려면 도면 공간에 뷰포트라고 불리는 구멍을 만들어서 덮여서 보이지 않던 모형 공간을 확인합니다. 이 뷰포트는 축척을 설정함으로써 모형 공간을 작게 표시하거나 크게 표시할 수 있습니다.

배치 탭 만들기

[배치] 탭을 만들어 도면틀을 배치하고 출력 설정을 합니다. 출력 설정은 기존의 페이지 설정 [A4 흑백]을 적용합니다(305쪽 참고).

▷ 실습해 보세요

❶ **배치 탭 만들기** [모형] 탭을 우클릭하고 [새 배치]를 선택합니다.

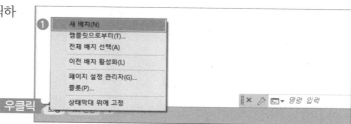

② **배치 탭 표시** [배치1] 탭이 만들어지면
[배치1] 탭을 클릭해서 확인합니다.

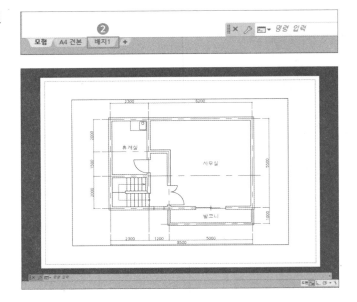

③ **뷰포트 지우기** 뷰포트가 만들어져
있으면 뷰포트 틀을 클릭하여 선택하
고 **Delete** 키를 눌러 지웁니다. 뷰포
트가 지워지며 도면이 보이지 않고,
[배치] 탭에는 용지만 표시된 상태가
됩니다.

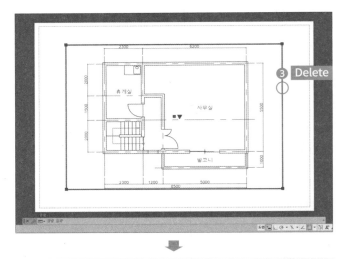

④ **도면틀 블록 삽입** [홈] 탭 – [블록] 패널에서 [삽입]을 클릭하고 [도면틀]을 클릭합니다. 블록 삽입점으로 원점을 지정하기 위해 [#0, 0]을 입력하고 Enter 키를 눌러 도면틀 블록을 삽입합니다.

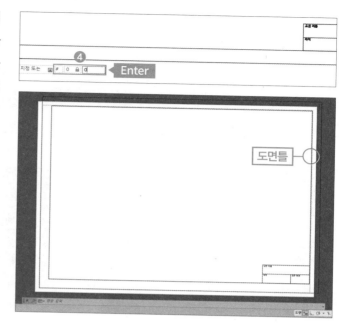

⑤ **페이지 설정 관리자 명령 선택** [출력] 탭 – [플롯] 패널에서 [페이지 설정 관리자]를 클릭합니다.

⑥ **페이지 설정 적용** '페이지 설정 관리자' 대화상자가 표시되면 [A4 흑백]을 선택하고 [현재로 설정] 버튼을 클릭합니다. [*배치1(A4 흑백)*]이 표시되면 이것은 [배치1] 탭에 [A4 흑백] 페이지 설정이 적용되었다는 의미입니다.

⑦ **페이지 설정 관리자 닫기** [닫기] 버튼을 클릭합니다.

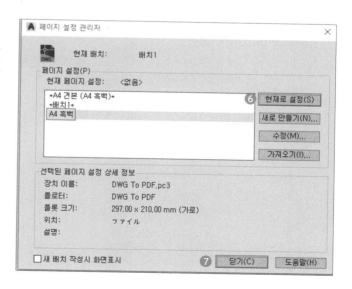

뷰포트 만들기

뷰포트를 2개 만들어서 왼쪽 뷰포트에는 축척을 [1:100], 오른쪽 뷰포트에는 축척을 [1:50]으로 설정합니다. 모형 공간, 도면 공간을 오가므로, 현재 어떤 공간인지를 확인하면서 작업하세요.

도면 공간

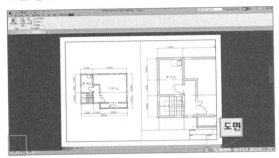

상태 표시줄에 [도면]이라고 표시되며, UCS 아이콘은 삼각형으로 표시됩니다.

모형 공간

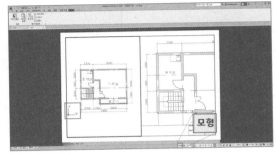

상태 표시줄에 [모형]이라고 표시되며, UCS 아이콘은 뷰포트의 안에 표시됩니다.

▷ **실습해 보세요**

❶ **현재 도면층 설정** [홈] 탭 – [도면층] 패널에서 [도면층]을 클릭하고 [10-VIEW]를 선택하여 현재 도면층을 [10-VIEW]로 변경합니다.

> TIP [10-VIEW] 도면층은 인쇄되지 않는 도면층으로 설정되어 있습니다. 그러므로 [10-VIEW] 도면층에 그린 뷰포트의 틀은 인쇄되지 않습니다.

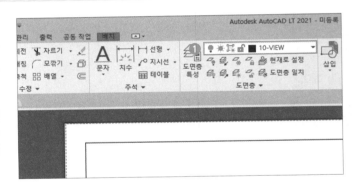

❷ 뷰포트 직사각형 명령 선택 [배치] 탭 - [배치 뷰포트] 패널에서 [직사각형]을 클릭합니다.

TIP AutoCAD LT 2012 버전부터는 [뷰] 탭 - [뷰포트] 패널에서 [직사각형]을 클릭하지만, AutoCAD LT 2011 이전 버전이라면 [뷰] 탭 - [뷰포트] 패널에서 [새 뷰포트]를 클릭한 후 '뷰포트 관리자' 대화상자에서 [단일]을 선택하고 [확인] 버튼을 클릭합니다.

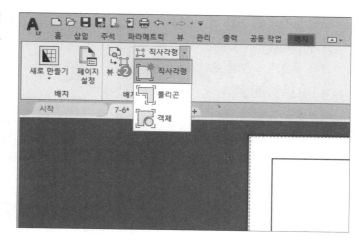

❸ 뷰포트 직사각형의 점 지정 프롬프트에 [뷰포트 구석 지정 또는]이라고 표시되면 도면틀의 왼쪽 위 끝점, 아래 중간점을 클릭합니다. 뷰포트가 만들어지며, 모형 공간이 표시됩니다.

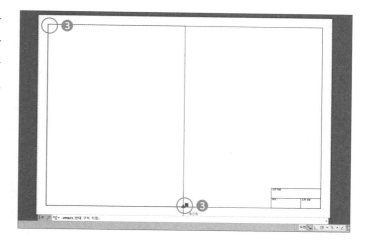

❹ 오른쪽 뷰포트 만들기 다시 [배치] 탭 - [배치 뷰포트] 패널에서 [직사각형]을 클릭한 후 도면 안쪽의 위 중간점, 표제란의 오른쪽 위 끝점을 클릭합니다. 도면 오른쪽에 뷰포트가 만들어지며, 모형 공간이 표시됩니다.

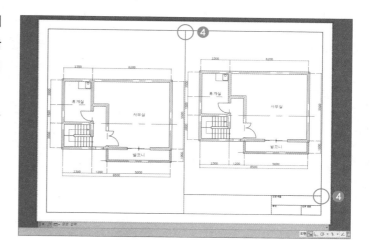

7일차

⑤ 모형 공간으로 이동 왼쪽 뷰포트 안쪽을 더블 클릭합니다. 더블 클릭한 뷰포트가 굵게 표시되며, 모형 공간으로 이동합니다. 상태 표시줄에도 [모형]이 표시되며, 모형 공간에서는 축척을 설정할 수 있습니다.

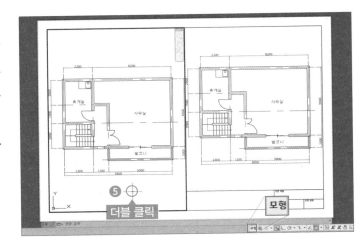

⑥ 뷰포트의 축척 설정 상태 표시줄의 [뷰포트 축척]을 클릭하고 [1:100]을 선택합니다. 뷰포트의 축척이 1:100으로 설정됩니다.

TIP 모형 공간에서 마우스 휠 버튼을 조작하면 뷰포트 안이 확대/축소되며, 축척도 변경됩니다. 이런 조작 실수를 방지하기 위해 뷰포트를 잠그는 것이 좋습니다.

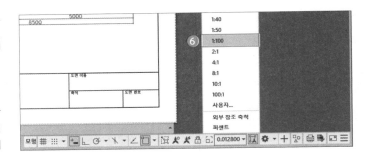

⑦ 뷰포트 표시 잠금 상태 표시줄의 [뷰포트 잠금/잠금 해제]를 클릭합니다. 닫힌 자물쇠가 되면 잠긴 상태입니다.

⑧ 활성 뷰포트 전환 오른쪽 뷰포트를 클릭합니다. 오른쪽 뷰포트의 틀이 굵게 표시되면서 활성화됩니다.

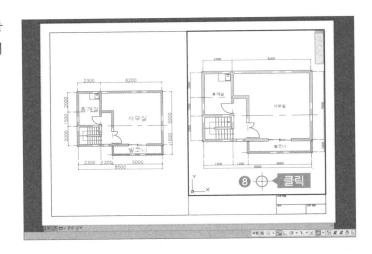

⑨ 오른쪽 뷰포트의 축척 설정 왼쪽
뷰포트 축척 변경 방법과 같은 방
법으로 오른쪽 뷰포트의 축척을
[1:50]으로 설정한 후 잠그고, 휴
게실과 계단 부분이 표시되도록
화면을 이동합니다.

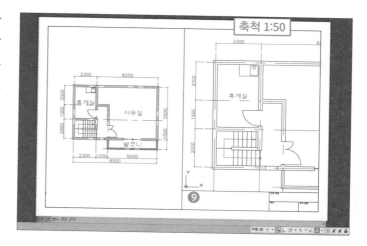

⑩ 도면 공간으로 이동 뷰포트의 바
깥쪽을 더블 클릭하여 도면 공간
으로 이동합니다. 상태 표시줄에
서 [도면]이라고 표시되는 것을 확
인합니다.

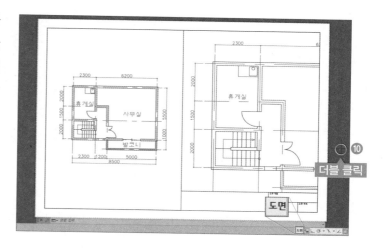

빠르게 찾아보는 AutoCAD LT 명령과 아이콘

명령	키보드 실행	아이콘	메뉴/리본 메뉴에서 실행	
DesignCenter	ADCENTER (CE)		메뉴	[도구] - [팔레트] - [DesignCenter]
			리본	[뷰] 탭 - [팔레트] 패널
각도	DIMANGULAR (DAN)		메뉴	[치수] - [각도]
			리본	[치수] - [각도]
간격띄우기	OFFSET (O)		메뉴	[수정] - [간격띄우기]
			리본	[홈] 탭 - [수정] 패널
기준점을 사용하여 복사	COPYBASE		메뉴	[홈] 탭 - [수정] 패널
			리본	-
다른 이름으로 저장	SAVEAS		메뉴	[파일] - [다른 이름으로 저장]
			리본	
다중 지시선 스타일	MLEADERSTYLE (MLS)		메뉴	[형식] - [다중 지시선 스타일]
			리본	[홈] 탭 - [주석] 패널
단일 행	TEXT (DT)		메뉴	[그리기] - [문자] - [단일 행 문자]
			리본	[홈] 탭 - [주석] 패널
대칭	MIRROR (MI)		메뉴	[수정] - [대칭]
			리본	[홈] 탭 - [수정] 패널
도면층 특성	LAYER (LA)		메뉴	[형식] - [도면층 상태 관리자]
			리본	[홈] 탭 - [도면층] 패널
모깎기	FILLET (F)		메뉴	[수정] - [모깎기]
			리본	[홈] 탭 - [수정] 패널
문자 스타일	STYLE (ST)		메뉴	[형식] - [문자 스타일]
			리본	[홈] 탭 - [주석] 패널
문자 편집	TEXTEDIT (ED)		메뉴	[수정] - [객체] - [문자] - [편집]
			리본	-
반지름	DIMRADIUS (DRA)		메뉴	[치수] - [반지름]
			리본	[홈] 탭 - [주석] 패널
복사	COPY (CO 또는 CP)		메뉴	[수정] - [복사]
			리본	[홈] 탭 - [수정] 패널
붙여넣기	PASTECLIP		메뉴	[편집] - [붙여넣기]
			리본	[홈] 탭 - [클립보드] 패널
블록 삽입	INSERT (I)		메뉴	[삽입] - [블록 팔레트]
			리본	[홈] 탭 - [블록] 패널
블록 작성	BLOCK (B)		메뉴	[그리기] - [블록] - [만들기]
			리본	[홈] 탭 - [블록] 패널
새로 만들기	NEW		메뉴	[파일] - [새로 만들기]
			리본	
선	LINE (L)		메뉴	[그리기] - [선]
			리본	[홈] 탭 - [그리기] 패널
선종류	LINETYPE (LT)	—	메뉴	[형식] - [선종류]
			리본	[홈] 탭 - [특성] 패널

명령	키보드 실행	아이콘	메뉴/리본 메뉴에서 실행	
선형	DIMLINEAR (DLI)		메뉴	[치수] - [선형]
			리본	[홈] 탭 - [주석] 패널
신속 선택	QSELECT		메뉴	[도구] - [신속 선택]
			리본	[홈] 탭 - [유틸리티] 패널
여러 줄 문자	MTEXT (T)		메뉴	[그리기] - [문자] - [여러 줄 문자]
			리본	[홈] 탭 - [주석] 패널
연속	DIMCONTINUE (DCO)		메뉴	[치수] - [연속]
			리본	[주석] 탭 - [치수] 패널
연장	EXTEND (EX)		메뉴	[수정] - [연장]
			리본	[홈] 탭 - [수정] 패널
이동	MOVE (M)		메뉴	[수정] - [이동]
			리본	[홈] 탭 - [수정] 패널
자르기	TRIM (T)		메뉴	[수정] - [자르기]
			리본	[홈] 탭 - [수정] 패널
정렬	DIMALIGNED (DAL)		메뉴	[치수] - [정렬]
			리본	[홈] 탭 - [주석] 패널
중심점, 반지름	CIRCLE (C)		메뉴	[그리기] - [원] - [중심점, 반지름]
			리본	[홈] 탭 - [그리기] 패널
지름	DINDIAMETER (DDI)		메뉴	[치수] - [지름]
			리본	[홈] 탭 - [주석] 패널
지시선	MLEADER (MLD)		메뉴	[치수] - [다중 지시선]
			리본	[홈] 탭 - [주석] 패널
지우기	ERASE (E)		메뉴	[수정] - [지우기]
			리본	[홈] 탭 - [수정] 패널
직사각형	RECTANG (REC)		메뉴	[그리기] - [직사각형]
			리본	[홈] 탭 - [그리기] 패널
축척 변경	SCALE (SC)		메뉴	[수정] - [축척]
			리본	[홈] 탭 - [수정] 패널
치수 스타일	DIMSTYLE (DM)		메뉴	[형식] - [치수 스타일]
			리본	[홈] 탭 - [주석] 패널
특성	PROPERTIES (PR)		메뉴	[도구] - [팔레트] - [특성]
			리본	[뷰] 탭 - [팔레트] 패널
특성 일치	MATCHPROP (MA)		메뉴	[수정] - [특성 일치]
			리본	[홈] 탭 - [특성] 패널
폴리선	PLINE (PL)		메뉴	[그리기] - [폴리선]
			리본	[홈] 탭 - [그리기] 패널
해치	HATCH (H)		메뉴	[그리기] - [해치]
			리본	[홈] 탭 - [그리기] 패널
현재로 설정	LAYMCUR		메뉴	[형식] - [도면층 도구] - [객체의 도면층을 현재 도면층으로 지정]
			리본	[홈] 탭 - [도면층] 패널
회전	ROTATE (RO)		메뉴	[수정] - [회전]
			리본	[홈] 탭 - [수정] 패널

찾아보기